58 A

AF341760

LE VÉNÉRABLE

GUILLAUME

ABBÉ DE SAINT-BÉNIGNE DE DIJON

LE VÉNÉRABLE

GUILLAUME

ABBÉ DE SAINT-BÉNIGNE DE DIJON

RÉFORMATEUR DE L'ORDRE BÉNÉDICTIN AU XIe SIÈCLE

PAR

M. L'ABBÉ G. CHEVALLIER

ÉTUDE

SUR L'INFLUENCE RELIGIEUSE ET SOCIALE DES INSTITUTIONS MONASTIQUES AU MOYEN-AGE

> « Unus præcipue refulsit qui nuper rebus humanis
> » excessit et qui plus nobis omnibus laboravit, Domnus
> » videlicet abbas Willelmus, de cujus clarissimis ac-
> » tibus et vita laudabili et mirabili conversatione par-
> » vitas nostra non sufficit quod sentit ad plenum
> » referre. »
>
> (S. Odilo. *De actibus S. Maïoli.*)

PARIS	DIJON
LIBRAIRIE DE V. PALMÉ	LIBRAIRIE DE RATEL
25, rue de Grenelle-St-Germain	place Saint-Jean

1875

TOUS DROITS RÉSERVÉS

Charmé de la lecture qu'enfin j'ai pu faire de votre ouvrage sur la vie et l'histoire de notre saint Guillaume, qui fut jadis l'édification, et qui demeurera à jamais l'honneur de la France et de l'Italie, j'accomplis un bien doux devoir en vous adressant mes compliments et mes remerciements. Vous avez réuni par des recherches innombrables et par des études très-laborieuses tout ce que le *siècle de fer*, qui fut le théâtre de sa vie et de ses saintes œuvres, nous a transmis de ce grand homme. Vous avez bien mérité de la Religion et de la Patrie qui sauront apprécier ce livre inspiré des plus louables sentiments, et qui contient tant de beautés littéraires.

Certainement vous avez fait preuve d'un profond respect pour les décrets d'Urbain VIII, en ne donnant à votre héros que le titre de *Vénérable*. En s'appuyant sur la doctrine de Benoit XIV : *De Beat. et Can. SS., lib. 4, c. 18, n. 11 et 14*, il est évident qu'il était en possession du culte et du titre de *Saint* 150 ans avant la décrétale d'Alexandre III, et 600 ans avant Urbain VIII et Clément XIII. D'ailleurs, la Sacrée Congrégation des Rites lui a reconnu le titre de *Saint* dans le décret d'approbation des leçons pour l'Office de saint Bénigne.

Je suis bien reconnaissant envers Monseigneur Rivet, votre excellent Evêque, qui vous a adressé à moi, et je me rappelle avec bonheur les jours que vous avez passés à l'Évêché où j'espère vous revoir, lors de la solennité que je projette en l'honneur de notre grand saint Guillaume.

En attendant, avec mes compliments pour votre beau livre, recevez, Monsieur l'abbé, l'expression sincère de ma considération la plus distinguée.

† LOUIS, Évêque d'Ivrée (Piémont).

Rapport fait à Monseigneur le Cardinal-Archevêque de Rouen, sur l'Histoire du *Vénérable Guillaume,* *abbé de Saint-Bénigne de Dijon.*

Éminence,

« J'ai lu, avec l'attention qu'il mérite, le livre sur le *Vénérable Guillaume* dont vous avez daigné me confier l'examen.

» C'est un ouvrage sérieusement fait, écrit avec distinction et d'une lecture intéressante. Il rend dignement hommage aux œuvres et aux vertus du Vénérable Guillaume, loué d'ailleurs unanimement par les contemporains et les historiens ecclésiastiques.

» Tout ce qui a rapport à la Normandie, notamment à l'abbaye de Sainte-Trinité de Fécamp est d'une rigoureuse exactitude....

» L'abbé J. Goth, *du diocèse de Rouen.* »

A SA GRANDEUR

Monseigneur RIVET

ÉVÊQUE DE DIJON

———

Monseigneur

Vous avez daigné bénir et encourager ce travail à son début. C'est pour moi une joie bien douce de le déposer aujourd'hui aux pieds de Votre Grandeur comme un hommage de reconnaissance et de filial attachement.

Sous quel autre patronage, d'ailleurs, pouvait mieux s'abriter ce livre destiné à retracer la vie, les vertus et les œuvres de l'illustre abbé de Saint-Bénigne? Votre Grandeur, en faisant restaurer sous ses yeux cette magnifique crypte que le Vénérable Guillaume avait si splendidement ornée pour y déposer les restes précieux de l'apôtre de notre pays, n'a-t-Elle pas déjà prouvé combien Elle a pris à tâche de venger de l'ingratitude des souvenirs le moine qui fut, en des jours difficiles, la gloire de l'Église de Bourgogne?

Vous m'avez permis, Monseigneur, de vous dédier ce livre. C'était me faire entendre que Votre Grandeur tenait à ce que j'apportasse tous mes soins à réaliser une œuvre qui ne fût point trop indigne d'Elle. Je n'ose, Monseigneur, me flatter d'y avoir réussi. Mais, du moins, votre paternelle bienveillance me fait espérer que Votre Grandeur me pardonnera ce qui manque à la perfection de mon humble travail.

Daignez, Monseigneur, agréer, avec l'expression de ma vive gratitude, l'assurance des sentiments profondément respectueux avec lesquels j'ai l'honneur d'être,

Monseigneur,

de Votre Grandeur

le fils très-obéissant et très-humble,

Gustave CHEVALLIER.

PRÉFACE

—

Les grands hommes n'obtiennent pas toujours la gloire qu'ils méritent, soit que l'histoire les enveloppe dans les ténèbres de l'âge où ils ont vécu, soit qu'elle ne sache point les distinguer à travers l'éblouissement d'une grandeur nouvelle qui les surpasse.

Le Vénérable Guillaume, abbé de Saint-Bénigne de Dijon, dont la mission s'est accomplie à l'une des époques les plus tristes de nos annales et peu de temps avant le siècle de saint Bernard, n'a point échappé à cette injustice des traditions. Cet homme de génie, non moins admirable par ses vertus que puissant par ses œuvres, est demeuré, jusqu'à nos jours, trop incompris et trop oublié en France. Le Piémont, qui l'a vu naître, et la Bourgogne, qui fut sa patrie adoptive, ont seuls conservé son nom avec honneur et vénération.

Ce livre n'a d'autre but que de restituer à ce fils de saint Benoît le rang qui lui appartient parmi nos illustrations religieuses, en faisant mieux connaître et ressortir le rôle qu'il joua dans l'Eglise et dans la société, au xie siècle.

Parmi les anciens chroniqueurs qui ont rendu hommage à la mémoire du vénérable abbé, un seul, Raoul Glaber, qui fut son disciple, a réuni dans une biographie trop abrégée les traits principaux de sa vie. Ce récit, dont il n'existe point encore de traduction, a servi de base à notre travail. Mais nous avons dû le compléter par les *Chroniques de Saint-Bénigne de Dijon* et de *Sainte-Trinité de Fécamp*, et par l'étude de l'histoire politique et religieuse de cette époque du moyen-âge.

Toutefois nous n'aurions pas osé produire notre œuvre, avec autant de confiance, si nous n'avions été aidé dans nos recherches.

Nous devons à Sa Grandeur Monseigneur Louis Moréno, évêque d'Ivrée (Piémont), avec qui nous fûmes mis en rapport par la bienveillante recommandation de Monseigneur l'Évêque de Dijon, d'avoir pu puiser à des sources plus abondantes et mieux éclaircies. Monseigneur Moréno, après avoir, pendant quarante ans,

recueilli avec soin tous les documents historiques relatifs au Vénérable Guillaume, a bien
voulu nous permettre d'user du fruit de ses
travaux, avec un désintéressement qui honore
autant sa générosité qu'il provoque notre reconnaissance. Grâce à l'hospitalité affectueuse
que nous avons reçue de Sa Grandeur, il nous
a été facile d'étudier, sur place, les documents
curieux et inédits, les traditions nationales, et
même les lieux qu'il importait de connaître pour
faire l'histoire de l'abbé de Saint-Bénigne.

Outre la vie du Vénérable Guillaume, nous
donnons à la fin de ce volume ses œuvres, sermons et lettres. Publiées dans le seul recueil
d'Eugène de Levis, il y a un siècle, elles sont
devenues extrêmement rares, et nous avons
cru, en les répandant davantage, ne pas
contribuer moins à la gloire de l'abbé de Saint-
Bénigne qu'à l'édification des âmes chrétiennes.

INTRODUCTION

—

L'ÉGLISE ET L'ÉTAT MONASTIQUE AU Xᵉ SIÈCLE

—

L'Église catholique, divine par la puissance qui
l'a fondée et l'inspiration qui la soutient, humaine
par les éléments qui entrent dans les lois de sa
vie et de son développement, subit toujours l'influence des progrès ou des retards des sociétés
qu'elle a mission de vivifier.

Selon que l'humanité s'égare dans les ténèbres
de l'intelligence et du cœur, ou bien qu'elle réagit
contre l'empire des tendances mauvaises, l'Église se
montre tour à tour affaiblie ou pleine de force. De
là, tantôt ces courants de lumière et de sainteté
qui entraînent le monde à des destinées meilleures,

et tantôt cette stérilité désolante qui, frappant toutes les âmes, semble annoncer l'approche de la décadence et de la mort.

Toutefois, phénomène remarquable et propre aux sociétés chrétiennes! quelles que soient les ténèbres de l'ignorance, quels que soient les écarts des passions, tant que la Foi demeure au sein des peuples, tant que l'Église catholique reste maîtresse du terrain, la décadence n'est jamais qu'apparente : le mal est remédiable, et l'on peut trouver, sous des dehors quelquefois désespérés, des germes de vie qui n'attendent qu'un rayon de soleil pour paraître et se développer.

Je ne sache rien qui prouve mieux cette loi de fécondité de l'Église que l'étude impartiale de l'époque la moins florissante des siècles chrétiens. Dans cette période qui s'écoule depuis le Bas-Empire jusqu'au xiiie siècle, il n'est pas d'âge plus obscur que le xe siècle, appelé par Baronius lui-même *le Siècle de fer* (1). L'histoire l'a peint comme une époque de confusion, de barbarie et d'affaissement où tous les éléments de la civilisation auraient dû périr à jamais. Sans doute l'on ne saurait nier la réalité des grandes misères sociales et religieuses du moyen-âge. Mais peut-être n'a-t-on pas assez

---

(1) Sui asperitate ac boni sterilitate ferreum, mali exundantis deformitate plumbeum, inopiâ scriptorum obscurum.

Ann. ad ann. 900. n. I.

remarqué, à côté des scandales du clergé et des princes, les éléments de vie qui, dans le silence et lentement, luttaient contre les maux présents et préparaient une régénération de l'Église et de la société.

Le x° siècle fut avant tout une époque de transition, une époque laborieuse où l'Église opprimée par l'ignorance et la corruption, jetait toutefois les fondements de ces œuvres durables qui devaient bientôt faire rayonner sur le monde la science et la sainteté. Une esquisse rapide des faits pourra montrer que si d'une part le mal était à son comble, l'Eglise alors avait des ressources d'une efficacité merveilleuse, pour arrêter la décadence prochaine.

A peine Charlemagne est-il descendu au tombeau que l'Occident se voit ravagé par la guerre et l'invasion. Les Normands, qu'avait éloignés la crainte du grand empereur, recommencent leurs déprédations; les Hongrois parcourent la Lorraine, la Champagne, la Bourgogne, et les Sarrasins quittent les plaines de la Lombardie pour se répandre dans le midi de la France. Partout ces barbares marquent leur passage par des ruines. Les villes sont saccagées; les châteaux sont détruits; les monastères surtout, riches et sans défense, sont livrés à la spoliation et à l'incendie. Avec eux disparaissent les plus précieuses bibliothèques sans laisser aucune ressource pour l'étude.

Les abbayes qui n'ont point été livrées aux flammes, ont vu les moines timides déserter le toit qui avait abrité leurs travaux et leurs vertus, et le patrimoine du Christ tomber aux mains de laïques avides. La cupidité, la licence des mœurs, l'ignorance envahissent bientôt ces lieux profanés. Les cénobites en quittant leurs cellules, n'ont point gardé la règle qui devait protéger leur piété. Ils s'en vont à l'aventure, peu soucieux des traditions d'un autre âge. Désormais chassées des cloîtres, les lettres et les sciences demeurent sans asile et le xe siècle devra s'achever au milieu de l'ignorance la plus profonde.

C'est le temps où l'on trouve difficilement des laïques qui sachent lire et écrire, et où l'on se voit forcé de confier à des clercs la simple rédaction des actes publics. La langue vulgaire tend alors à dominer au détriment de la langue latine dont la connaissance, s'affaiblissant de jour en jour, n'est plus entendue que dans les rares monastères échappés au naufrage. Bien plus, l'ignorance venue du cloître dans le peuple atteint le clergé lui-même. Il y a des pasteurs qui n'entendent plus le texte des saintes écritures, et l'on voit Frotier, évêque de Poitiers, unir ses prières à celles de Fulrade, archevêque de Paris pour déterminer Abbon, moine de Saint-Germain-des-Prés, à composer des discours ou prônes pour l'usage des fidèles laissés sans instruction. Les évêques eux-mêmes perdent l'habitude de la langue liturgique, témoin cet Aimon, évêque de Verdun, qui, pour être entendu de tous les Pères au concile de Mousson (994), s'exprime en idiôme celtique. Ces faits nous aident à comprendre l'anathème jeté à la face de Gerbert d'Aurillac (Silvestre II) et d'Abbon de Fleury quand ils tentent de rallumer le flambeau qui s'éteint. On leur fait un crime d'enseigner la géométrie et les mathématiques, et le peuple les poursuit comme d'indignes magiciens.

Ce n'est point quand l'esprit humain sommeille que la philosophie songe à s'élever contre le dogme révélé ; c'est seulement aux époques de lumière et de progrès que se produisent ces écarts de la raison. Mais si le xe siècle échappa aux dangers de l'hérésie formelle et systématique, il ne put se garder des croyances et des superstitions les plus ridicules. L'astrologie se répand partout : on consulte le cours des astres pour prendre les décisions les plus importantes. L'épreuve des jugements de Dieu devient presque l'unique moyen d'informer et de satisfaire la justice dans les choses criminelles.

Cette décadence intellectuelle, conduisant les âmes à l'oubli des lois religieuses et des saints canons, devait nécessairement favoriser l'indiscipline parmi le clergé. Aussi il n'est point rare alors de rencontrer des prélats plus soucieux de leur rôle de vassaux et de seigneurs suzerains que de leurs devoirs de pasteurs des âmes. La parole divine ne descend plus du haut de la chaire chrétienne sur le peuple, qui bientôt oublie les premiers éléments de la foi. On compte, disent les chroniqueurs, en grand nombre, les fidèles baptisés qui meurent sans même savoir l'oraison dominicale ni le symbole des apôtres. En vain le concile de Trosly (1) (909) demande une réforme à tant d'abus; en vain un saint Evêque, Turpion de Limoges (944), retraçant dans son testament les maux qui désolent l'Église, supplie les quelques âmes sacerdotales qui restent encore de prendre soin de l'héritage du Christ. Il n'y a point dans l'Occident de force assez puissante pour arrêter ce fleuve débordé. La papauté elle-même, livrée aux caprices des pouvoirs qui l'oppriment, n'a ni assez de stabilité, ni assez d'influence pour opérer une réforme.

Aussi bien, des prêtres oublieux des plus saints engagements désertent les saints autels. Ils préfèrent le mariage à la virginité promise, et deviennent un sujet de scandale pour ces farouches Normands qu'ils ont naguère gagnés à l'Église de Jésus-Christ. Les moines qui n'ont point quitté leur retraite y mènent une vie toute de plaisirs et d'intérêt; on en voit qui portent les armes,

____

(1) Darras. *Hist. de l'Église.* — Tome XIX, p. 341.

vont à la chasse, se livrent aux trafics les plus vulgaires.

Les dignités ecclésiastiques ne sont plus qu'un vain honneur qu'on achète à prix d'argent ou qu'on obtient par la faveur des princes, au mépris de toutes les règles canoniques. C'est ainsi qu'on voit passer sur le siége de Reims un enfant de cinq ans, le fils d'Herbert, comte de Vermandois (925), et un adolescent, Arnoul, fils naturel de Lothaire (988) . « *Prélats*, dit un auteur de l'époque, *à qui il eût fallu la férule d'un précepteur au lieu de la crosse épiscopale.* »

On conçoit quelle devait être l'immoralité du peuple. Quand ceux à qui est confiée la garde de la vérité et des mœurs viennent à trahir leur mission ; quand ceux qui sont la lumière du monde ne projettent plus aucun éclat ; quand enfin ceux qui sont le sel de la terre sont affadis, que faut-il attendre, sinon l'ignorance et la corruption qui aveuglent et qui flétrissent les âmes (1)?

Qu'il suffise pour comprendre l'état de la société au Xᵉ siècle, de relire cette peinture faite par un auteur contemporain : « Le monde, dit Saint Pierre

______

(1) Fulbert de Chartres effrayé des maux de l'Eglise ne sait point d'où attendre le salut : « O derelicta, o mœsta, o desolata Galliarum ecclesia ! quæ jam spes erit salutis ulterior ? »

(Epistola 21.)

Damien, se précipite violemment dans l'abîme de tous les vices ; et plus il approche de sa fin, plus il voit grossir la masse énorme de ses crimes. La discipline ecclésiastique est presque universellement négligée. Les prêtres ne reçoivent plus les marques du respect qui leur est dû, les saints canons sont foulés aux pieds, et l'ardeur, qu'on devrait avoir pour le service de Dieu, est uniquement employée à la poursuite des biens de la terre. L'ordre légitime du mariage est confondu, et, à la honte du nom chrétien, on y vit à la manière des Juifs! Où ne voit-on pas régner la rapine et la fraude? Qui rougit du parjure, de l'impudicité, du sacrilége et des plus horribles forfaits? Il y a déjà longtemps que nous avons renoncé à toute vertu, et que les désordres de toute espèce nous inondent de toutes parts. Un mauvais génie précipite le genre humain dans un abîme de forfaits, et répand de tous côtés les haines et la jalousie, sources de divisions. Les guerres et les irruptions des ennemis, se multiplient à tel point, que l'épée fait périr un plus grand nombre d'hommes que les maladies et les infirmités attachées à la condition humaine. Le monde entier est comme une mer agitée par la tempête ; les dissensions et les désordres, semblables à des flots irrités, agitent tous les cœurs. L'affreux homicide fait partout des victimes ; il semble parcourir tous les pays du monde pour les réduire à une affreuse stérilité. (1) »

Ajoutez à cela la terreur universelle qui s'empare des âmes à l'approche de l'an mil. Bernard, l'ermite de Thuringe, vient d'annoncer (960) que le monde doit finir avec le siècle. Ce bruit se répand partout, accrédité par une fausse interprétation de l'Apocalypse, et les âmes terrifiées languissent dans l'attente du bouleversement prochain. Ainsi s'en va ce siècle chancelant et incertain, semblable au vieillard épuisé qui s'achemine vers la tombe.

Toutefois, au milieu des ténèbres qui enveloppent l'Église et la société au Xe siècle, on voit poindre une lueur d'espérance. La grande institution monastique, qui a reçu au moyen-âge la mission d'élever les peuples barbares, reste encore debout.. Si la ferveur s'est refroidie dans le cloître; si un grand nombre de religieux ont préféré une vie toute mondaine à cette existence paisible qu'ils menaient dans le silence, dans le travail, et dans la prière, le naufrage cependant n'a pas été universel, et, malgré le malheur des temps, la Providence a permis qu'il se trouvât encore parmi les fils de Saint Benoît

(1) On peut au témoignage de Saint-Pierre Damien joindre celui de Raoul Glaber, historien du temps :

« Fraus, raptus, quodcumque nefas dominatur in orbe :
  Nullus honor Sanctis, nulla est reverentia sacris,
  Hinc gladius, pestisque, fames populantur ubique.
  Nec tamen impietas hominum correcta pepercit. »

des âmes fortement trempées, généreuses et prêtes à s'immoler pour l'honneur de la parole et de la loi du Christ.

Aussi, pendant que l'épiscopat tombé en des mains indignes, déserte le ministère des âmes; tandis que le clergé ignorant et corrompu s'oublie dans les délices d'une mollesse fatale; tandis enfin que les plus célèbres abbayes succombent sous le poids de leur opulence, on voit apparaître quelques hommes héroïques, résolus à défendre à outrance la civilisation chrétienne.

Quatre surtout méritent l'éternelle reconnaissance des siècles, parce que, portant sur leur front la double auréole du génie et de la sainteté, ils ont été la lumière et la force du catholicisme dans les temps les plus difficiles. J'ai nommé Saint Odon, Saint Mayeul, Saint Odilon et le Vénérable Guillaume. Les trois premiers ont jeté les fondements de la puissance Clunisienne, si célèbre dans les fastes de l'histoire religieuse. Le dernier, enfant de l'Italie, formé à l'école de Cluny ne s'est détaché du tronc principal que pour porter sous un autre ciel une floraison aussi radieuse. Ces grands cénobites que le monde oublie, avaient reçu de leur siècle l'illustration de la naissance : ils lui ont légué en retour la gloire désintéressée de leurs œuvres et de leurs vertus.

Saint Odon (879-942) après avoir été successivement chanoine de Saint-Martin de Tours, disciple à Paris de Remy d'Auxerre, et maître de la célèbre école de Tours, quitte brusquement les espérances d'une carrière brillante pour s'ensevelir au désert de la Baume. Entré l'année suivante au monastère de Cluny, il est chargé de l'instruction de la jeunesse. C'est là qu'avec une patience que rien ne peut lasser, il lutte contre le relâchement et la paresse des moines dégénérés ; qu'il relève les études tombées en défaveur, et continue ainsi les traditions de la science sacrée parmi ses frères du cloître. Il n'est pas plus tôt devenu Abbé de Cluny (927), que son influence s'étend avec la réputation de son mérite. Les papes s'éclairent de ses conseils et les princes chrétiens s'adressent à lui pour solliciter la réforme des monastères situés dans leurs États. Non-seulement Odon ressuscite l'ancienne ferveur et la régularité dans les abbayes de Fleury (Saint-Benoît-sur-Loire), d'Aurillac, de Bourg-Dieu et Massay en Berry, de Tulle, de Sarlat, de Pierre-le-Vif de Sens, de Saint-Julien de Tours, de Saint-Allire de Clermont et de Roman-Moutiers dans le pays de Vaux : toutes réformes qui eussent suffi pour lui assurer un nom glorieux dans les annales ecclésiastiques ; mais il étend encore sa sollicitude sur les monastères d'Espagne et d'Italie. Il est à la lettre en ces temps, comme le dit un vieil auteur (1) « *Le réparateur de la règle de Saint Benoît.* »

Saint Mayeul (906-994) vient à Cluny l'année même de la mort de Saint Odon. Il n'est point le successeur immédiat du saint abbé, mais il hérite de son zèle pour la réforme des mœurs et le développement de la science ecclésiastique. Archidiacre de Mâcon, il jouissait d'une grande renommée quand, le siége de Besançon étant venu à vaquer, le clergé et le peuple jetèrent les yeux sur lui pour en faire leur évêque. Mayeul effrayé d'un tel fardeau s'enfuit et vint demander au monastère de Cluny le secret de vivre inconnu et ignoré.

Ses talents supérieurs, rehaussés par une rare piété, le désignaient aux suffrages de tous. L'abbé Aymard, déjà accablé d'infirmités, devança le cours des événements et se démit en sa faveur de ses trop lourdes fonctions. « Doué d'une mémoire
» admirable, d'une incroyable ténacité de travail,
» en voyage, à cheval, Mayeul avait toujours un
» livre à la main : et l'on montrait encore à Cluny,
» dans le siècle dernier, des manuscrits de Saint
» Augustin copiés par ses ordres. Il était également
» versé dans les poètes et les philosophes profanes,
» dans les lois civiles et canoniques et dans toute
» la science de l'Église et des monastères. Il parlait

(1) Frodoard.

» avec facilité, onction et grâce, et les avantages de
» la beauté corporelle achevaient de le rendre maî-
» tre de tous ceux qui le voyaient ou l'enten-
» daient (1). » Mais Mayeul avait surtout ce coup
d'œil vif et pénétrant qui devine les personnes et
semble régler l'avenir. Quand il rencontrait de ces
âmes ardentes par le désir et timides dans l'action,
dont l'hésitation semble le perpétuel tourment, il
comprenait bien vite ce combat secret de la grâce et
de la nature, et disposant tout pour la gloire de
Dieu, il leur laissait une parole, un conseil qui devenaient pour elles une lumière et une force. Ainsi
en agit-il avec Heldric qu'il arracha à la cour du roi
d'Italie pour le donner à Dieu, avec Guillaume,
comte de Provence, dont il éclaira les doutes, et
surtout avec le vénérable Guillaume de Saint-Bénigne, dont il consola les tristesses et assura la
destinée.

La gloire que Mayeul a fuie en quittant le monde le recherche jusque dans sa solitude. Les
grands et les princes viennent à lui, et l'empereur
Othon-le-Grand, lui vouant son amitié et sa confiance, lui donne le gouvernement de tous les monastères de Germanie et d'Italie. C'est à lui spécialement que la France doit la réforme des abbayes de
Saint-Maur-les-Fossés, de Marmoutier, de Saint-

(1) *L'Abbaye de Cluny*, par Lorain, p. 36.

Germain d'Auxerre, de Lérins et en quelque sorte de Saint-Bénigne, où il envoya son disciple, l'abbé Guillaume. Othon II, grand admirateur de Mayeul, rêvait pour lui la première dignité de l'Église, et, à la mort du pape Donus (975), il fit offrir la tiare à l'abbé de Cluny. Le saint religieux, fidèle aux vœux de sa jeunesse, répondit simplement : « *Je veux mourir comme j'ai vécu, obscur et pauvre* » et comme le prince et plusieurs évêques le pressaient davantage, il refusa de nouveau en des termes qui honorent à la fois son caractère et sa vertu : « *Je sais que je n'ai point les qualités nécessaires à une si haute dignité. D'ailleurs, les Romains et moi, nous sommes autant éloignés de mœurs que de pays.* »

Pendant plus de quarante ans, Saint Mayeul fut par l'ascendant de son génie et de sa sainteté l'appui et la gloire de tout l'ordre monastique. Restaurateur et gardien des saines traditions, il avait passé sa vie dans la lutte, dans le travail et dans les austérités, quand la mort vint l'appeler à recevoir la récompense de ses œuvres (994). Il laissait à ses successeurs des institutions qui devaient assurer l'avenir de l'Église et de la société au XIe siècle.

Saint Odilon (962-1049) que Saint Mayeul avait choisi pour son successeur, se montra digne des leçons et des exemples de son maître. Sous lui, l'abbaye de Cluny prit encore de nouveaux accroissements, par l'affiliation des monastères de Saint-

Jean-d'Angélis, en Saintonge, de Saint-Flour, de Thiern, de Talui, de Saint-Victor de Genève, de Farfa, en Italie, et de Saint-Denis, près de Paris, qu'il réforma et qu'il garda ensuite sous sa juridiction.

A une sainteté que le don des miracles rendait plus éclatante, Odilon joignait une ardeur passionnée pour les sciences ecclésiastiques. Aussi, favorisat-il de tout son pouvoir le développement des études dans tous ses monastères. Il prenait soin de recueillir les ouvrages devenus rares pour les faire copier et distribuer, et grâce à lui, la bibliothèque de Cluny devint le précieux trésor de tous les livres connus à cette époque. C'est sur son ordre que Raoul Glaber entreprit l'histoire de son temps et que Syrus écrivit la vie de Saint Mayeul. Lui-même a laissé quelques pages qui témoignent de son érudition et de son talent littéraire.

Charitable, jusqu'à vendre les vases sacrés et les ornements du sanctuaire pour secourir les pauvres, pendant l'horrible famine de 1029, Saint Odilon eut l'humilité de refuser le siége archiépiscopal de Lyon, malgré les sollicitations du clergé et du peuple, et les instances du pape Jean XIX qui, lui envoyant l'anneau et le pallium, le menaçait de sa disgrâce, s'il n'accédait à ses désirs. Tant de vertu jointe aux progrès toujours croissants de l'ordre de Cluny, font d'Odilon un des personnages les plus considérables de son siècle. Les papes Silvestre II, Benoît VIII, Jean XVIII, Jean XIX, Clément II, traitent familièrement avec lui, et les princes, Othon et Saint Henri, Hugues Capet et Robert, Saint Étienne, roi de Hongrie, Guillaume-le-Grand, comte de Poitiers, l'entourent de leur vénération.

Non-seulement sa réputation attire à Cluny un grand nombre de religieux, mais l'épiscopat même ne peut résister au charme de sa sainteté. Sanche, évêque de Pampelune, Gauthier, évêque de Mâcon, Richard, évêque de Hongrie et un certain Ledbald, dont le siége est inconnu, renoncent à leur charge pour vivre sous l'autorité et la direction du saint Abbé. Pour dire l'influence universelle de Saint Odilon, il suffirait de rappeler l'institution de la fête des Trépassés qu'il établit à Cluny et qui bientôt se répandit dans toute l'Église.

A côté de Saint Odilon, se place le vénérable Guillaume, abbé de Saint-Bénigne (962-1031), son ami et son frère dans l'œuvre de la restauration des mœurs et des études en France. Le travail que nous entreprenons montrera ce que fut ce moine illustre, versé dans toutes les connaissances de son époque, réformateur de la vie monastique et digne de l'auréole des Saints.

Grâce aux efforts de ces fils de Saint Benoît, quand s'ouvre le XIe siècle, l'Église et la société présentent un tout autre spectacle. Les principales abbayes de France ont subi la réforme clunisienne, et plus de trente écoles ouvertes à tous, au pauvre comme au riche, au laïque comme au clerc, deviennent florissantes par l'éclat des maîtres et par le nombre des disciples (1).

Désormais les mauvais jours sont passés : la discipline ecclésiastique se relève, les lettres reprennent faveur, et l'on voit, sur le siége épiscopal des cathédrales ou dans les écoles des monastères, des hommes qu'illustrent leur savoir et leur vertu. Sans doute on ne saurait méconnaître le concours de certains évêques du Xe siècle pour porter remède aux maux de l'Église (2) ; mais c'est aux moines qu'il faut attribuer le principal honneur de cette transformation. C'est à eux que revient la gloire d'avoir lutté contre l'ignorance et le débor-

(1) Parmi les écoles fondées ou restaurées au Xe siècle et au début du XIe, il faut citer celles de Cluny, d'Aurillac, de Reims, de Saint-Denis, de Saint-Germain-des-Prés, de Sainte-Geneviève, à Paris, de Saint-Martin de Tours, de Lyon, de Gorze, de Metz, de Verdun, de Toul, de Fécamp, de Saint-Benigne de Dijon, de Strasbourg, de Saint-Germain d'Auxerre, de Fleury, de Saint-Mammès de Langres, de Chartres, etc., etc...

(2) Plusieurs conciles provinciaux furent tenus à l'effet de pourvoir aux moyens de réformes. Entre autres, les quatre conciles de Trosly en 909, 921, 924, 925; celui de Jonquières, au diocèse de Maguelone (909), convoqué par Arnust, évêque de Narbonne; celui de Châlons (915), réuni par Austier de Lyon, Eymin de Besançon et Agius de Narbonne; ceux d'Auch, en 990 et 994.

dement des mœurs ; d'avoir purifié et éclairé le clergé séculier; d'avoir arraché le peuple aux soins trop vulgaires qui absorbaient sa vie, et d'avoir fait l'éducation de toutes ces âmes délaissées, en leur donnant les leçons de la foi et les exemples de la vertu.

Les moines ont été, au Xe siècle, l'instrument dont l'Église s'est servi pour sauver la civilisation chrétienne.

LE VÉNÉRABLE [1]

GUILLAUME

ABBÉ DE SAINT-BÉNIGNE DE DIJON

CHAPITRE I

NAISSANCE ET PREMIÈRE ÉDUCATION DE GUILLAUME

Genèse de Guillaume. — Guerre d'Italie. — Naissance de Guillaume dans la forteresse de Saint-Jules. — L'empereur Othon est son parrain. — Vision de Périnza. — Premières années de Guillaume. — Ses heureuses dispositions.

Guillaume, que la France doit compter parmi ses grands hommes, appartient à l'Italie par le lieu de sa naissance et à l'Allemagne par ses ancêtres. Son aïeul, Vibon, de la race des Suèves, s'étant attiré la haine de quelques rivaux d'armes, chercha

(1) Un grand nombre de martyrologes et de ménologes particuliers donnent à l'abbé Guillaume le nom de *Bienheureux* ou de *Saint*. Toutefois nous lui avons conservé ici le titre de *Vénérable*, le seul que l'Église ait autorisé jusqu'à ce jour. Si dans le cours de cet ouvrage il nous arrive de l'appeler *Saint*, ce sera pour emprunter le langage de ses biographes et de ses dévots admirateurs ; mais nous déclarons formellement ne vouloir devancer en rien le jugement réservé au Saint-Siége.

dans l'exil la sécurité de sa vie, et vint avec sa famille se fixer dans la province de Novare (1). La haute considération dont il jouissait, grâce à ses talents et à ses richesses, permit à Robert, son fils, de prendre le titre de Comte de Volpian, en Piémont, et de rechercher en mariage la main de la noble Périnza, fille d'un prince lombard, et sœur d'Ardoin V, marquis d'Ivrée et plus tard roi d'Italie (2). Cette union bénie donna naissance à plusieurs enfants. Entre tous, Guillaume fut le plus richement orné des dons de la grâce et de la nature. Il vint au monde au milieu des plus grands périls ; mais Dieu, qui le réservait pour de grands desseins, veilla sur son berceau.

Othon-le-Grand, maître de la révolte qu'avaient excitée ses deux fils, Ludolphe et Conrad, venait de tourner ses armes contre Bérenger, roi d'Italie (962). Il avait reçu sa soumission dix ans auparavant (952), mais jaloux d'étendre sa domination, et d'ailleurs, soutenu en Italie par les sympathies d'un parti puissant, il avait résolu d'en finir avec ce vassal inquiet et turbulent. Il entre dans le Piémont à la tête de son armée, rassemble à Pavie une Diète

(1) Radulphus Glaber. — *Vita Sancti Guillelmi.* c. 1.

(2) « Eravi allora nel Canavese il conte Roberto Signore di Volpiano discendente dai Principi di Suevia uno de'circoli delle'Impero, il quale sposo Perinza sorella del Re Ardoino. »
(*Breve Istoria del santuario di Belmonte.* — Torino 1788.)

des grands du royaume, prononce la déchéance de Bérenger, et se hâte de marcher contre lui. Epuisé par une suite de revers, trahi par ses plus fidèles alliés, Bérenger n'a plus d'espoir de salut, et se voit réduit à s'enfermer lui-même dans son château-fort de Montferrat, où son ennemi l'atteindra bientôt.

Toutefois cette victoire de l'Empereur d'Allemagne avait blessé profondément le sentiment national, et les acclamations, qui avaient salué la marche triomphale de l'empereur, étaient loin d'être unanimes. Il se forma contre Othon une faction puissante qui, se groupant autour de Willa, l'infortunée reine d'Italie, se réfugia en armes dans la forteresse de l'Ile Saint-Jules, au lac d'Orta, sur le territoire de Novare. C'était comme le dernier boulevard, où pût flotter encore quelque temps le drapeau de l'indépendance nationale.

. Le Comte Robert de Volpian, resté dévoué à la cause de Bérenger, dut à son nom et à sa valeur d'être élu chef de l'armée italienne. Il organisa promptement les moyens de défense, et, dès les premiers jours d'Avril (962), il s'enferma dans la forteresse avec Périnza, son épouse, et ses deux jeunes enfants, Nitard et Godefroy. Pendant plusieurs mois, il soutint l'échec de l'armée impériale, pressé par les rigueurs d'un siége opiniâtre. Vainement Othon eut recours aux promesses ; vainement il lui offrir une fortune considérable, s'il consentait à déserter le parti de Bérenger ; Robert se montra inébranlable, et repoussa avec fierté toute vénale séduction, plus disposé à sacrifier sa vie que son honneur.

C'est au milieu de ces angoisses que Périnza mit au monde Guillaume, son troisième fils. (1) Cet événement qui, en d'autres temps, eut rempli de joie le cœur de Robert et de son épouse, fut le sujet de nouvelles alarmes. Qu'allait devenir ce frêle berceau? Comment échapperait-il aux dangers de la guerre? L'âme même d'une mère pouvait-elle s'ouvrir à l'espérance, au milieu de ces tristesses déchirantes?

Toutefois, quel que fût l'héroïsme des soldats de Robert, la défense devint impossible. Chaque jour le nombre des assiégés diminuait, et le manque absolu de ressources ne laissait d'autre issue que celle d'une mort prochaine. Vaincu par la nécessité, le comte de Volpian voulut assurer la vie de ceux qui l'entouraient. Il se rend auprès de Willa et lui dépeint, avec les maux de sa situation, l'inutilité d'une plus longue résistance. La reine se laisse toucher, et consent à faire cesser les horreurs du siége par les premières ouvertures de la capitulation.

(1) « Or mentre durava l'ostinato assedio, si compiacque Iddio di dare a Roberto un terzo figliuolo, che fu Guglielmo Abate di St Benigno di Digione. »

(Atti de Santi della reale casa di Savoya. 1758.)

L'empereur, quoique exaspéré par la constance de ses ennemis, eut la magnanimité de se montrer clément. Il épargna les vaincus et traita la reine avec égards, lui laissant le choix du lieu de sa retraite. Robert fut aussi l'objet d'une générosité qui honore le vainqueur. Othon lui accorda la liberté, le combla de bienfaits, et voulut être le parrain du jeune enfant qui lui était né pendant le siége. Il le fit inscrire lui-même au nombre des futurs catéchumènes (1), le prit dans ses mains, suivant le rite en usage, et lui imposa le nom de Guillaume (2). Cette distinction en appelait une autre; et quand vint le jour de conférer solennellement le baptême, l'impératrice Adélaïde ne dédaigna point de tenir sur les fonts le fils de Robert et de Périnza.

Le comte fut touché de ces honneurs; mais personne n'en comprit mieux la raison providentielle que Périnza. Déjà un gracieux présage avait révélé à la mère de Guillaume, le secret de son avenir. « Une » nuit, racontait-elle, je me vis revêtue d'une robe

(1) A cette époque, le baptême solennel des enfants n'avait lieu qu'aux fêtes de Pâques et de la Pentecôte. On inscrivait successivement, par ordre de naissance, les nouveaux-nés qui conservaient le nom de catéchumènes jusqu'au jour de la cérémonie.

(2) Guillaume était le nom de l'archevêque de Mayence fils particulièrement chéri d'Othon qui l'avait eu de son premier mariage avec la pieuse Edithe.

» éclatante. Les rayons du soleil m'enveloppaient
» et dirigeaient leurs plus vives flammes sur le sein
» qui allaitait mon jeune enfant. Au milieu de cette
» lumière, je vis une légion d'esprits d'une éblouis-
» sante beauté : c'étaient des anges qui, prenant
» mon enfant, le soulevèrent vers le Ciel, et me le
» montrèrent tout rayonnant de gloire. A cette vue,
» je sentis me manquer le souffle et la parole, et
» dans mon effroi, j'eus à peine la force de m'a-
» dresser à la reine des cieux, lui disant : Sainte
» Mère de mon Dieu, sauvez cet enfant, je vous le
» confie ; prenez-le sous votre protection (1). »

C'était comme une première consécration en
attendant le jour, où Guillaume serait amené dans
le temple du Seigneur pour y être voué à son service !

Rapprochant les dangers, qui avaient entouré
la naissance de Guillaume, de la vision qu'elle avait
eue, Périnza se sentait inclinée plus tendrement
vers cet enfant dont la vie s'ouvrait sous de tels
auspices. Aussi mit-elle tous ses soins à culti-
ver sa jeune âme, la préparant à la haute destinée
qu'elle entrevoyait. D'ailleurs, elle n'eut pas de peine
à faire descendre dans son cœur les précieuses se-
mences de la foi et de la piété. Comme une fleur

(2) Radulphus Glaber -- D'Ormea. Monachismo illust. —
Vita di s. Guill. p. 6.

charmante, Guillaume s'épanouissait sous le regard maternel et semblable à cet enfant, dont parle l'Écriture, « qui ne fit jamais rien de futile (1), » il donnait des signes de sa vertu et de sa tendre dévotion, dans un âge où les autres enfants ne donnent au plus que des espérances. Ses frères et ses jeunes amis rendaient témoignage à sa précoce sagesse, et se sentaient, à sa vue, comme saisis de respect. Guillaume les tenait sous le charme de sa naïve innocence, et les portait à Dieu par la douce séduction qu'exerce la beauté d'une âme restée pure.

On ne sait point où Guillaume passa sa première enfance. Après la capitulation de la reine Willa, Robert retourna-t-il dans sa terre de Volpian, ou bien, l'île de Saint-Jules, que lui aurait cédée Othon, devint-elle le lieu habituel de sa résidence? L'histoire ne le dit pas. Pour nous, qui avons eu la joie de contempler cette terre qui fut le berceau de Guillaume, en face de ce lac d'azur, où l'œil s'étonne de rencontrer le merveilleux contraste d'une verdure toujours fraîche et riante, au pied de pics qui se découpent abrupts et dénudés sur le beau ciel d'Italie, nous ne pouvions nous défendre de saisir comme une analogie mystérieuse entre ce site d'Orta, à la fois si pittoresque et si majestueux, et le génie artistique et austère de l'abbé Guillaume.

(1) Tobie c. IV.

N'est-il pas vrai qu'il existe entre le monde sensible et le monde des âmes des rapports intimes? N'est-il pas vrai aussi que le spectacle de la nature a une influence réelle sur l'âme sensible et virginale de l'enfant?

Robert et Périnza avaient l'esprit trop chrétien pour n'être pas touchés des merveilles de grâce que révélait la vie de leur fils. Dans leur joie, ils ne cessaient de remercier le Ciel d'une telle faveur, et déjà ils pressentaient que Dieu avait destiné cette âme si pure et si belle à vivre à l'ombre du sanctuaire. Périnza surtout aimait à se rappeler la vision merveilleuse ; et son cœur, si plein de piété et de tendresse, ne rêvait plus pour Guillaume d'autre gloire que celle du sacerdoce de Jésus-Christ.

Cependant l'enfant grandissait. Sa mère, en lui inspirant de bonne heure les principes de la foi et de la vertu, avait accompli, avec une minutieuse sollicitude, les devoirs de la première éducation de famille. L'intelligence de Guillaume s'ouvrait, de jour en jour, plus avide à la vérité et à la science. Il était temps de commencer ces études sérieuses qui ont toujours été la condition de l'entrée régulière du sanctuaire, parce qu'elles sont seules capables de préparer dignement les âmes qui doivent répandre la lumière.

A cette époque de barbarie et d'affaissement,

le savoir s'était renfermé dans le silence de quelques monastères. C'est donc à la porte du cloître que Robert dut solliciter les bienfaits de l'instruction qu'il voulait donner à Guillaume. Aussi bien ces moines du moyen-âge, si injustement calomniés, apparaissaient, au milieu de la confusion générale, comme les seuls soutiens de la civilisation. Seuls ils pouvaient encore former de grandes âmes, parce qu'ils avaient conservé religieusement, avec les traditions littéraires, la vertu et la sainteté comme un patrimoine de famille (1).

---

(1) « Pendant tout le cours du moyen-âge, on ne trouvait guère d'hommes de quelque mérite que dans les chapitres ou dans les couvents. Les monastères, assujettis à une discipline sévère, avaient au moins l'avantage d'offrir des moyens d'étude plus nombreux que ceux que possédait le clergé séculier et d'éloigner des séductions mondaines. »

(Hallam — *L'Europe au moyen-âge*, tome III. p. 313.)

CHAPITRE II

ARRIVÉE DE GUILLAUME A LOCÉDIA. — DÉBUTS DANS LA VIE RELIGIEUSE

Guillaume offert au monastère de Locédia. — Ses premières
études. — La légende prophétique. — Succès de Guillaume à Locédia, à Pavie, à Verceil. — Retour à Locédia
et premières difficultés. — Mort de Périnza. — Le comte
Robert se retire à Locédia.

Il y avait à Locédia (1), au diocèse de Verceil,
un monastère célèbre dédié à Saint Michel archange. Fondé vers le commencement du VIIIe siècle
par Gauthier, qui avait quitté la cour du roi
Lombard Aripert II, pour prendre l'habit monacal,

(1) *Locedia* ou *Lucedio, Laucedium, Luceium, Luciacum,*
qui rappelle *Lucus Dei*, bois sacré des anciens, dérive plutôt
de *Lux Dei*. Cette dernière étymologie s'accorde mieux avec
les légendes qui rapportent que les lieux consacrés à St Michel
archange avaient été désignés à l'avance par une apparition
lumineuse.

Ce monastère de Locédia successivement désigné sous le
vocable de Saint Michel, puis de Saint Janvier, fut d'abord
occupé par les Bénédictins et passa ensuite à l'ordre de Citeaux
(*Annales Benedictini* lib. XLI p. 312) Ughelli et Monsignor de
la Chiesa.

il avait dû à la protection des évêques de Verceil,
et à de nombreuses donations territoriales, l'importance qu'il avait acquise. On y suivait la règle de
Saint Benoît, et malgré le relâchement général de la
discipline religieuse, on y avait gardé les anciennes
traditions d'étude et d'observance régulière. Ces
circonstances fixèrent le choix de Robert et de Périnza. C'est au monastère de Locédia qu'ils amenè-
rent le jeune Guillaume, à peine âgé de sept ans, et
le vouèrent au service de Dieu par une consécration toute spéciale.

A peine le jeune enfant est-il introduit dans la
chapelle que l'abbé, et plusieurs religieux, se présentent en habit de chœur et invitent le postulant
à entrer dans le sanctuaire. Robert et Guillaume en
franchissent les degrés ; puis tandis que les moines
récitent les prières liturgiques, le père prenant la
main droite de son fils, l'enveloppe dans le voile de
l'autel, avec l'oblation et la promesse écrite de vivre
selon la règle de Saint Benoît (1). Guillaume se
prosterne ensuite aux pieds de l'abbé, et reçoit la
bénédiction qui met le sceau à sa consécration. Tel
était alors le rite en usage pour la réception des
jeunes enfants offerts aux monastères bénédictins.

Cette cérémonie impliquait, d'une part, l'espérance fondée que l'enfant embrasserait la vie reli-

(1) Regula Sancti Benedicti. cap. LIX.

gieuse, dès qu'il serait en âge de prononcer ses vœux ;
et de l'autre, la séparation absolue de sa famille
naturelle qu'il échangeait contre sa nouvelle famille
du cloître. C'était une espèce de contrat entre le
monastère et le postulant, où celui-ci avait tout
l'avantage. Une fois son éducation terminée, il recou-
vrait sa liberté d'élection et, s'il reconnaissait n'être
point dans sa vocation, il pouvait être délié d'une
promesse faite dans un âge tendre et peu éclairé (1).

Ces mœurs d'un âge de foi, choquent peut-être nos
idées modernes. Mais l'Église approuvait ces pieuses
coutumes qui lui avaient donné, par une éducation
rude et profondément chrétienne, tant de savants
docteurs et de saints illustres ! Combien le recueillement et les exemples du cloître valaient mieux,
pour former le cœur et l'esprit de la jeunesse, que
cette vie perpétuellement dissipée de nos bruyants
colléges !

L'abbé de Locédia, soit qu'il fût éclairé déjà par
quelque pressentiment surnaturel (2), soit qu'il eût
le coup d'œil assez pénétrant pour discerner le prix
d'une âme d'élite, comprit que l'enfant qui lui était
présenté, ne devait point avoir une destinée vul-

----

(1) D'après le xme concile de Tolède (656), les enfants offerts
par leurs parents, pour recevoir dans un monastère la tonsure
et l'habit monacal, pouvaient rentrer dans la vie séculière lorsqu'ils étaient parvenus à l'âge de puberté — (v^e canon.)

(2) Radulph. Glab. Vit. S. Guill. c. IV.

gaire. Il l'accueillit donc avec joie, et le fit aussitôt
revêtir de l'habit des moines. Ce vêtement se composait, comme celui des autres religieux, d'une robe
blanche, d'une cuculle et d'un scapulaire noirs.
L'étoffe seule différait quelquefois, étant moins gros-
sière pour les fils de famille qui n'avaient pas encore été admis à la profession.

C'en est fait. Loin de ses parents, loin du monde
qu'il ignore encore, Guillaume va grandir dans le
silence, partageant sa vie entre l'étude et la prière,
heureux de retrouver, dans la paternelle affection de
ses frères plus âgés, une douce compensation aux
joies de la famille.

Le cœur de Périnza dut se serrer au moment
d'une séparation qui atteignait si profondément sa
tendresse. Guillaume était, entre tous, l'enfant de
prédilection. Jamais il n'avait contristé sa mère par
la plus légère faute. Docile, pieux, ouvert à toutes
les suaves inspirations de la vertu, il croissait
chaque jour en grâce et en sagesse. Tout jeune, il
avait déjà ce regard sérieux, cet air réservé qui,
s'alliant merveilleusement avec la douce expression
d'une physionomie enfantine, donnaient à ses traits
le caractère d'une angélique beauté. Toute âme est
sensible à ces charmes mystérieux, mais combien
plus l'âme d'une mère !

Les heureuses dispositions de Guillaume, rehaus-
sées par l'éclat de sa naissance, le recommandaient

trop pour que son éducation ne fût pas entourée
de tous les soins. L'abbé de Locédia ne voulut d'a-
bord confier à personne ce précieux élève ; il lui
enseigna lui-même les premiers éléments des lettres
et des sciences, et quand, absorbé par les fonctions
de sa charge, il dut renoncer à le garder plus longtemps sous sa direction immédiate, il choisit, pour
le remplacer, le religieux le plus capable du monastère. Ce nouveau maître, dit le biographe, fut lit-
téralement « *effrayé des progrès de son disciple* (1). »
Guillaume était si bien doué ; son intelligence
était si prompte et si vive ; sa mémoire si heureuse qu'en peu de temps il surpassa ceux mêmes
qui étaient plus âgés que lui. Aussi les vieux
moines, ravis des espérances qu'il donnait pour
l'avenir, se sentaient doucement inclinés vers lui,
par le double sentiment de la tendresse et de l'admiration.

C'est ici que se place une gracieuse légende que
nous nous reprocherions de dénaturer.

Dans le voisinage de l'abbaye de Saint Michel,
habitait une pieuse dame, très-avancée en âge,
dont les libéralités étaient une grande ressource
pour les religieux. Souvent les frères allaient chez
elle, assurés d'y trouver toutes les provisions nécessaires. Le jeune Guillaume aimait à se joindre à eux.

______

(1) « Cujus animum stupor invasit. » — Radulph. Glab. c. IV.

Or, un jour d'hiver, il arriva, transi de froid, à la
demeure de la bienfaitrice de Locédia. Celle-ci,
touchée de compassion pour l'enfant, le prend sur
ses genoux et le serre contre elle pour le réchauf-
fer. Aussitôt, comme si elle eût retrouvé une nouvelle jeunesse, elle sent son sein se gonfler et dis-
tiller quelques gouttes de lait (1).

La pieuse femme comprit-elle le sens du prodige? Cependant ce phénomène n'était-il pas le
symbole de la puissance qui serait donnée à Guillaume? Un jour, il devait toucher le corps vieilli et
débile de l'ordre monastique et lui rendre la vie et
la sève de sa première jeunesse.

On sait avec quel soin pieux le moyen-âge
recueillait ces récits tout parfumés de naïve poésie!

Pendant plus de dix ans, le jeune Guillaume fut
la joie et l'espoir du monastère de Locédia. Depuis
son arrivée, il avait appris la lecture, la grammaire,
le chant et les cérémonies du chœur : études élé-
mentaires qu'on savait alors traiter avec tout

(1) « Præterea in vicino monasterio quædam anus cujus erat
maritus jam senior, congruum habebat domicilium, ad quod
prædictus puer familiaris curæ providentia, per dies duceba-
tur; in quo etiam aliquoties quietis noctium gratia suscipieba-
tur. Cum igitur prædicta anus cum aliquando diligentia fovendi
in sinu proprio brachiis complexa fuisset, mammæ, quæ laxis
pendebant ac rugosis pellibus, subito turgentes lac fudere
uberrime. At illa, ut erat piæ mentis ac Deum timens, religio-
sis quibusdam.....

Radulph. Glab. Vita S. Guill. c. v.

le respect qu'elles méritent. Il y avait, de plus, joint
la connaissance de la philosophie, de la théologie
et des saintes Écritures. Pour lui donner ce brillant
de l'esprit, qui ne s'acquiert qu'auprès des maîtres,
ses supérieurs jugèrent à propos de l'envoyer fré-
quenter les écoles renommées de l'Italie. Il étudia
successivement à Verceil (1) et à Pavie : toujours également admiré pour ses talents et ses
rares vertus. L'histoire malheureusement n'a rien
conservé des souvenirs de son séjour dans ces deux
villes.

Au bout de deux ans environ, il fut rappelé à
Locédia pour y remplir d'importantes fonctions.
Chargé d'abord de la direction du chœur et de
l'école du monastère, il put transmettre à ses frères
les connaissances nouvelles qu'il avait acquises durant ses voyages. Sa réputation de savoir et de prudence le fit ensuite désigner pour les premières
dignités. On lui confia l'administration de la chan-
cellerie, la garde des trésors du sanctuaire et enfin

(1) Les écoles de Verceil, qui plus tard (1223) devaient recueillir l'Université de Padoue, jouirent d'une grande célébrité
au moyen-âge. L'acte de convention passé entre le Conseil de
Verceil et le Podestat de Padoue en fait foi : *Statutum est*, y
est-il dit, *quod in civitate Vercellarum quæ inter cæteras
civitates Italiæ studiis scientiarum et artium est laudibus
ipsorum et privilegiis prædotata, in qua etiam ex antiquo
studium esse consuevit.....* »
(Charta studii et scholarium commorantium in studio Vercellarum.)

l'expédition de toutes les grandes affaires de l'abbaye : ministère difficile qui exigeait une sagesse et une habileté peu communes, et rarement remis à de jeunes religieux !

Toutefois, si Guillaume recevait à Locédia les honneurs dûs à son mérite, il ne devait plus compter sur cette fraternelle affection, qui avait fait le bonheur de sa studieuse adolescence. L'élévation subite du jeune moine avait-elle allumé, dans le cœur de ses frères, un sentiment de jalousie mal déguisé sous les formes d'une froideur calculée ? Ou bien, Guillaume lui-même, avec ce caractère ardent et ferme que nous lui connaîtrons bientôt, avait-il manqué de ménagements dans l'exercice de sa charge ?... Il est si facile de paraître exagéré, quand l'autorité n'a point reçu la consécration des années ! Toujours est-il que le vide se faisait autour de lui, et qu'il ne rencontrait déjà plus, dans le cloître, un seul cœur qui pût comprendre et consoler sa tristesse.

Cette situation, terrible pour toute âme généreuse et aimante, ne fut cependant point au-dessus de son courage. Il trouva dans ces épreuves le moyen de se donner davantage à Dieu, par la prière et par l'immolation, et il continua à professer dans sa conduite la même régularité qu'auparavant.

C'est vers ce temps qu'il perdit sa mère, la ver-

tueuse Périnza. Une longue séparation n'avait point
éteint dans le cœur de Guillaume les sentiments
de l'amour filial. Il pleura cette digne mère dont
il avait reçu, avec la vie du corps, les suaves inspirations qui l'avaient intimement attaché à son
Dieu. Laissons le parler lui-même. L'affection, dont
son cœur était rempli, ne se révèle pas moins que
sa chrétienne résignation, dans cette lettre qu'il
écrit à son père : « Il faut que la mort succède
» à la vie, mon cher père; il faut subir cette
» loi de notre misérable condition. La grâce seule
» peut nous aider à mourir dans la paix du
» Seigneur. Celui dont la vie fut sainte et pieuse
» trouve dans la mort le terme de ses maux.
» Tout homme entre dans la vie en gémissant ;
» mais le juste en sort avec joie et allégresse.
» Périnza, votre épouse chérie, n'est plus de ce
» monde. Fille d'Adam, elle a subi sa peine. Riche
» de vertus et de mérites, elle n'a quitté la terre que
» pour posséder le ciel. Qu'un amour trop sensible,
» mon cher père, ne vous égare point! Que votre
» douleur et votre deuil n'aient rien d'exagéré !...
» Modérez votre chagrin et la tristesse de votre
» cœur. Si Périnza ma mère est parmi les bienheu-
» reux, qu'a-t-elle besoin de vos larmes? Si vous
» la croyez éternellement perdue..... Mais comment
» osé-je parler ainsi? Douter de son salut, c'est
» insulter à sa vertu et à votre affection ; c'est in-

» sulter à cette tendre piété qu'elle avait pour Dieu.
» Ah ! réjouissons-nous plutôt de cette mort. Pé-
» rinza a quitté, sans regrets, la terre pour s'envo-
» ler au ciel, d'où elle nous tend les bras. D'ailleurs
» vous savez en quels termes l'Écriture parle
» de la mort des Saints. Elle l'appelle un doux
» sommeil : « *Le Seigneur donnera le som-*
» *meil à ceux qui lui sont chers* (1). — *Lorsque vous*
» *sommeillerez, votre repos sera plein de dou-*
» *ceur* (2). » Oui, la mort du juste est un sommeil;
» c'est un repos assuré. Vous l'avez compris par la
» mort de votre chère épouse. Pourquoi donc vous
» tourmenter? Pourquoi vous laisser abattre par la
» douleur? Pleurez plutôt vos fautes et votre vie
» passée que la perte de Périnza. Pleurez plutôt la
» mort de ce Dieu qui, victime pour nous, nous a
» ouvert la porte du ciel. Les larmes données à
» une autre cause sont inutiles. Toutefois, combien
» je souhaite que celle que vous avez aimée reste
» toujours présente à votre mémoire! Puissiez-vous
» toujours avoir devant les yeux ce modèle si par-
» fait! Louez-la, honorez-la le plus possible, afin
» de mériter, comme elle, le souverain bonheur.
» Bannissez les pensées terrestres qui vous obsè-
» dent; bannissez tout sentiment qui part d'une
» affection trop naturelle. C'est le vœu de mon âme :

(1) Ps. 126.
(2) Prov. 3.

» c'est le vœu que je forme pour vous avec toute
» ma tendresse de fils. Une autre pensée me pré-
» occupe en ce moment. Je voudrais pouvoir vous
» la faire connaître aujourd'hui. Mais je préfère
» vous ouvrir mon cœur quand le Seigneur, à qui
» appartient toute puissance, aura calmé votre lé-
» gitime tristesse. Adieu. (1) »

Ces consolations, que Guillaume puisait surtout
dans sa foi, firent une vive impression sur
l'âme de Robert. Elles le ramenèrent à la sérieuse
pensée des choses éternelles, et lorsque le temps
eut rendu sa douleur moins vive, Guillaume lui
écrivit de nouveau, pour lui exprimer la joie qu'il
trouvait dans le cloître, et lui révéler son secret
désir.

« A d'autre qu'à vous, dit-il, je ne tiendrais point
» le seul langage de l'affection ; je chercherais
» plutôt à appuyer mes paroles sur une autre auto-
» rité. Mais c'est à vous, mon père, que je m'adresse,
» à vous que j'aime de l'amour le plus tendre. Mon
» cœur seul doit m'inspirer ce que je dirai..... Je
» suis votre fils ; je suis religieux ; j'ai renoncé aux
» joies de la famille. Mais je n'oublie point l'affec-
» tion filiale qui m'est commandée. Votre souvenir
» remplit encore mon cœur et ma vie. Ne croyez
» point que cet attachement me soit défendu par

(1) V. notes et pièces justificatives. — Epistola ı ad Patrem.

» la règle du monastère; car, si je hais, si je
» méprise toutes les richesses, tous les avantages
» terrestres auxquels j'ai dit adieu, je sens trop que
» je ne pourrais vous oublier, sans pécher contre
» moi-même et surtout contre ce Dieu qui, nous
» imposant la loi de la charité, veut que nous
» aimions plus particulièrement ceux qui nous ont
» donné la vie.....

» Ah! vous êtes mon père, et c'est vous-même
» qui provoquez cet amour, que je vous donne avec
» tant de générosité. Mais, laissez-moi vous le dire,
» s'il m'était un jour accordé de vous voir, comme
» moi, revêtu de l'habit des moines, combien je
» vous aimerais encore davantage! Renoncez au
» monde, mon père, et les liens, qui unissent nos
» âmes, seront plus forts, en devenant plus sur-
» naturels; renoncez au monde, et vous assurerez
» à la fois votre salut et le bonheur de votre
» fils.....

» Je sais les obstacles qui vous arrêtent : vos
» vastes domaines, vos richesses, les honneurs
» qui vous entourent, votre famille surtout. Mais
» quelle folie, quelle chimère de s'attacher à ces
» vanités! Tous ces biens, loin de satisfaire les
» aspirations de notre cœur, ne font que les
» rendre plus vives et plus insatiables....... Je
» songe aussi à votre épée, tant de fois victo-
» rieuse, à ces tombeaux de vos aïeux, chargés des

» trophées de leur gloire..... Je n'ignore point
» qu'en ce moment, la Lombardie, l'Italie, la France,
» l'Allemagne et toutes les nations célèbrent vos
» exploits. Mais si vous rompez avec le monde,
» combien plus serez-vous loué et admiré ! Rappe-
» lez-vous les éloges décernés aux empereurs, aux
» rois, aux comtes qui ont eu le courage de quit-
» ter spontanément leurs richesses et leurs fastueu-
» ses dignités, pour se donner tout à Dieu.

» Direz-vous maintenant que votre famille, que
» vos fils, que mes frères vous retiennent dans le
» siècle? Mais qu'il vous est facile de surmonter
» ces obstacles! Qui sait même si votre exemple
» ne leur rappellera point les devoirs, qu'ils ou-
» blient trop, et ne les rapprochera point de Dieu,
» source de tout bien...? Invoquerai-je enfin le sou-
» venir de Périnza? Sa mort n'est-elle pas pour
» vous un avertissement? Le Seigneur n'a bri-
» sé ces liens si tendres, et ne vous a laissé seul
» que pour vous donner une plus grande liberté
» d'embrasser la vie religieuse.....

» Inutile de m'étendre sur les joies dont jouis-
» sent ceux qui se consacrent à Dieu. Le désert,
» où ils se retirent, voit chaque jour tomber la
» manne céleste des vraies consolations et des
» pures jouissances. Moi-même, me sentant sous
» la double protection de Marie, ma reine et
» ma mère, et de saint Michel, le prince de la

» cour archangélique, je vis comblé d'ineffables
» délices.

» Ah! mon père, rendez-vous, laissez-vous tou-
» cher par mes larmes et par mes instances. Parce
» que je suis votre fils, je ne puis jouir seul de
» mon bonheur, je veux que vous le partagiez.
» Puisse-t-il m'être donné de vivre avec vous en
» l'amour de Jésus-Christ Notre-Seigneur. C'est,
» mon père, toute mon ambition ; ce serait toute ma
» joie! (1) »

Les vœux de Guillaume furent exaucés. Vaincu par ses pieuses instances, Robert se décida à rompre les liens, qui l'attachaient au monde, et à venir à Locédia près de son fils. Dès son entrée, il abandonna au monastère tous ses revenus personnels et, jaloux de vivre désormais pauvre et pénitent, il demanda l'habit religieux.

Guillaume n'épargna rien pour que son père pût trouver, dans le cloître, cette paix de l'âme qu'il avait vainement cherchée dans le siècle. Il l'entoura plus que jamais de soins et de délicates attentions, le préparant à couronner sa vie par une fin précieuse devant Dieu.

Le comte de Volpian vécut peu de temps dans cette retraite bénie. Une santé, altérée par les priva·tions et les fatigues des camps, avait hâté pour lui

(2) **V.** notes et pièces justificatives. — Epistola **ii** ad Patrem.

les infirmités de la vieillesse, et la mort ne tarda point à faire sentir ses premières atteintes. Il s'endormit paisiblement dans le Seigneur, au milieu de ses nouveaux frères. Guillaume eut la suprême consolation de lui fermer les yeux, et, s'il ne put retenir ses larmes à la vue d'un père si chéri, du moins il ne le pleura pas, comme ceux qui sont sans espérance. Déjà il voyait réunis, dans la gloire et dans l'éternel amour, ceux que son cœur n'avait jamais séparés, Robert et Périnza.

Guillaume, en perdant son père, voyait s'évanouir les dernières joies qu'il dût goûter à Locédia. La Providence, qui avait sur lui de profonds desseins, allait, en effet, lui envoyer des épreuves, d'où sa vertu et son caractère devaient sortir plus grands et plus affermis.

CHAPITRE III

Les avantages considérables, que la protection
du Comte de Volpian assurait au monastère de Locédia, avaient fait taire la voix des contradictions, et
Guillaume pouvait croire que l'orage était passé.
Mais à peine Robert eut-il fermé les yeux, que
toutes les mesquines passions, qui avaient d'abord
poursuivi le jeune religieux, se réveillèrent plus
ardentes et plus acharnées. Guillaume tint bon:
supérieur à tout ressentiment, il continua à se
montrer doux et affable envers ses frères ; et,
comme s'il eût voulu, par la régularité de sa

conduite, racheter les fautes qu'il voyait commettre autour de lui, il s'attacha à remplir plus exactement toutes les prescriptions de la vie religieuse. Il parut au milieu de ces persécutions plus grand et plus respecté; et s'il ne parvint pas à gagner l'affection de ses ennemis, il n'y eut bientôt à Locédia personne qui ne se vît forcé de rendre justice à son mérite. Les sympathies peuvent rester libres; mais l'estime s'impose, quand la vertu est sincère.

Guillaume fut alors appelé à recevoir les ordres sacrés. Sa modestie avait retardé pour lui l'honneur du sacerdoce. Depuis quatorze ans qu'il était à Locédia, il n'avait encore franchi que les degrés inférieurs de la hiérarchie ecclésiastique.

Quelle âme cependant était mieux préparée à ces grandes grâces? Elevé à l'ombre du cloître, le pieux moine avait passé de l'ignorance à la haine du mal. Son cœur, prémuni de bonne heure contre toute influence dangereuse, avait conservé intacte cette pureté virginale qui est la plus belle couronne des âmes sacerdotales, et sa piété, s'inspirant des sacrifices qu'il avait déjà faits pour appartenir plus étroitement à Dieu, devenait de plus en plus tendre et généreuse, comme celle des Saints.

Guillaume était prêt. Il aurait été ordonné, si c'eût été l'heure de Dieu. Mais il fut tout à coup jeté dans de nouvelles perplexités qui, en contrariant ses pieux désirs, devaient cependant décider de sa future grandeur.

Le monastère de Locédia était situé sur les terres de l'évêque de Verceil, Pierre I (1). Ce prélat jouissait d'une souveraineté temporelle assez étendue, établie et confirmée, sous ses prédécesseurs, par Charles-le-Gros, Bérenger, et les Othon. Mais il n'avait qu'une autorité indirecte sur l'abbaye de Locédia qui, affranchie au spirituel de toute dépendance étrangère, ne relevait que du pape. Jaloux de son autorité, Pierre I voulut contraindre les religieux à lui prêter le serment de vassalité et, pour triompher de toute résistance, il décréta que nul désormais ne serait promu aux saints ordres, avant d'avoir contracté l'engagement de lui demeurer entièrement soumis au spirituel et au temporel. C'était s'élever à la fois contre les priviléges d'exemption, accordés par le Saint-Siége aux monastères de l'ordre bénédictin, et contre les lois canoniques ; car ce serment, imposé aux moines comme condition *sine quâ non* de l'ordination, impliquait, en quelque sorte, un contrat simoniaque : la collation d'un pouvoir purement spirituel en échange d'un avantage exclusivement temporel.

(1) Aripert II donna la Ligurie et les Alpes Cottiennes à l'évêque de Verceil, et plaça, par un diplôme du 9 octobre 707, sous sa dépendance, le monastère de Locédia récemment fondé par Gauthier, son vassal.

Cédant à la crainte, les religieux de Locédia n'avaient point réclamé contre les prétentions de Pierre I. Plusieurs même avaient reçu les ordres sacrés à ces conditions irrégulières.

Mais, lorsque vint le tour de Guillaume, il ne consentit point à prêter le serment. Il voulait bien rester sous la juridiction de son évêque ; mais il protestait contre tout engagement inutile ou illicite, qui, retenant le prêtre par des liens tout séculiers et arbitraires, pouvait entraver la liberté et la fécondité de son ministère. Il avait une si haute idée du sacerdoce de Jésus-Christ ; il avait le sentiment si vif des maux de l'Église qu'il ne voulait, à aucun prix, ratifier, par une obéissance servile, un usage contraire aux lois ecclésiastiques.

Sa conduite produisit une surprise générale : on s'étonnait de voir un moine si pieux, si régulier, si humble surtout, oser ainsi résister à la volonté de son évêque. D'ailleurs cette opposition à l'autorité épiscopale pouvait devenir funeste au monastère. Observations fraternelles, conseils, ordres et menaces des supérieurs, tout fut employé pour le fléchir. Ce fut en vain. Guillaume, dans cette occasion, n'était point mû par un sentiment personnel d'indépendance. Il obéissait avant tout à une conviction profonde de son devoir. Il persista dans sa résolution ; et, quand l'abbé lui-même voulut le presser, il ne craignit point de blâmer la faiblesse des moines qui jusqu'alors avaient prêté le serment exigé par les évêques de Verceil. Il appuya son sentiment sur les paroles de Jésus-Christ et sur les décisions formelles de l'Église, et déclara que, quelles que fussent les instances qui lui seraient encore faites, jamais il ne consentirait à se laisser ordonner à ces conditions.

On imagine quelle tempête Guillaume souleva contre lui. Universellement blâmé par ses frères, il eut à essuyer les reproches les plus sévères de la part de l'abbé. L'évêque de Verceil blessé au vif lui fit sentir tout le poids de son mécontentement, et le menaça des peines canoniques. Ainsi tout se tournait contre le jeune religieux. Éloigné désormais des ordres ; tenu en défiance par ceux mêmes qu'il avait d'abord édifiés ; incompris et méconnu ; passant pour rebelle à l'autorité, au moment où il se montrait le défenseur de la discipline ecclésiastique, qu'avait-il à attendre dorénavant, sinon le blâme, la raillerie, et les plus dures humiliations ?

Et pourtant que sa conduite fut admirable de fermeté et de délicatesse ! Dans cette lutte contre son évêque, Guillaume eut pour lui le droit : il garda le respect et la modestie que lui imposait sa situation ; mais, disons-le, il eut surtout l'héroïque courage que lui inspira son amour pour l'Église. S'il fut une pierre de scandale pour les autres, c'est que déjà le relâchement, l'oubli des règles canoniques et l'abaissement des âmes avaient singulièrement envahi le monastère de Locédia, et qu'il était difficile à ce grand caractère et à cette grande vertu de vivre au milieu de moines dégénérés, sans heurter les idées et la conduite des faibles.

Guillaume, toujours ferme et plein de confiance en Dieu, ne s'était point laissé abattre par ces épreuves. Il avait continué à mener une vie exemplaire. Toutefois, quelle que fût sa piété, quels que fussent les liens qui l'attachaient au monastère de Saint-Michel, où il avait passé sa jeunesse et reçu le dernier soupir de son père bien-aimé, il comprit qu'il ne pouvait demeurer plus longtemps à Locédia. Fidèle à sa sainte vocation et aux engagements de sa profession religieuse, il ne songea point à rentrer dans le monde, mais il se mit à chercher un asile, où il pût rencontrer, avec le calme de l'esprit, les avantages d'une vie religieuse plus fervente.

Avant de rompre définitivement avec Locédia et de se fixer dans un autre monastère, il obtint de se retirer quelque temps à l'ermitage du Sacre de Saint-Michel. Bâti au sommet du mont Picheriano par Jean Vincent, évêque de Ravenne, (1) qui venait

---

(1) Voici comment la chronique de Saint Michel raconte la fondation.

« Erat quidem Ravennas Johannes cognomento Vincentius,

de quitter son siége épiscopal pour vivre dans la retraite, ce modeste sanctuaire était encore inconnu au monde. Guillaume espérait y trouver, avec le silence et la paix de l'âme, les exemples et les conseils d'un véritable saint.

Raoul Glaber nous a conservé la légende du fait

» vir miræ simplicitatis et spiritualis intelligentiæ gratia ad-
» prime ornatus : qui genitali quidem solo episcopali fertur
» fruitus dignitate. Sed solitariæ vitæ ardore flammatus, mul-
» tis provinciis perlustratis in montem qui Caprasius dicitur,
» monte Pircheriano a parte septentrionali oppositum sese
» conduxerat. Huic per visionem sanctus Domini Archangelus
» Michael apparens sic familiariter alloquitur. « Quid agis, o
» Johannes : Basilicam mihi construe. » Sequenti die... viderat
» quoque jamdudum noctis vigiliis inserviens e præfato monte
» globum igneum frequenter usque ad cœlum longo tractu
» porrigi. Expergefactus vir Dei oppositi montis celsam rupem
» subiit... et Ecclesiam in brevi consummat.

« .....Altare quoque de rupe nativa in honorem Archange-
» lorum principis Michaelis, miro opere, sed humanæ artis
» industria non satis polito incidit. Tandem in eminenti sco-
» pulo quibus potuit impensis perfecto edificio, Taurinensem
» episcopum Amizonem nomine adiit, et qualiter per visionem
» angelicam in dicto loco ecclesiam edificaverat ordine pandit :
» illiusque consecrationem humili prece exposcit. At ille sanctus
» Pontifex audiens B. Michaelem in loco suæ diœcesis voluisse
» revelari... in laudes prorupit Creatoris.... Unde ad illius
» postulata libenter assensum præbuit, diem dedicationis illi
» præstituit omnique clero et populo ut illuc solemniter con-
» veniant indixit.... . confluxit hominum multitudo innumera-
bilis. »

(*Chronique de Saint Michel.* Leçon 1, II, III, IX, monument inédit faisant partie de la magnifique collection des documents historiques publié par le chevalier Louis Provana,
Turin 1844.)

merveilleux qui signala l'arrivée de Guillaume à l'oratoire du Sacre de Saint-Michel.

Après avoir traversé la Doria Ripense, le pieux voyageur était descendu de cheval et gravissait péniblement le mont Picheriano, tenant sa monture par la bride, quand tout à coup, parvenu à un étroit sentier, au-dessus d'un précipice, l'animal fait un faux pas, glisse et roule dans l'abîme. Sans se déconcerter, Guillaume poursuit son ascension. Arrivé à la chapelle, il se jette à genoux, reste long-temps en prière; puis, se levant avec confiance, il retourne au lieu de l'accident. Mais quelle n'est pas sa joie de retrouver là son cheval sain et sauf (1).

Ce prodige frappa vivement le jeune moine ; c'était une preuve évidente de la protection du ciel. Aussi bien, Jean Vincent de Ravenne le regarda comme le témoignage de la sainteté de son hôte ; il l'accueillit avec de grandes marques de bienveil-lance et s'attacha, dès ce jour, à lui, par les liens d'une douce fraternité. Ainsi Dieu fait le cœur de ses saints : peu sensible aux affections de la nature et plus tendre que le cœur d'une mère envers les âmes où règne en maître le divin amour.

La solitude, que Guillaume s'était choisie au sommet des Alpes, répondait pleinement à ses désirs.

____

(1) Radulph. Glab. *vit. S. Guillel.* c. VII.

Loin de toute distraction, loin de ses frères dégénérés de Locédia, il se trouvait seul, en face des
sublimes beautés de la nature. Son âme sur ces
hauteurs semblait prendre des ailes, et sa piété,
soutenue par les tendances mêmes de son génie
artistique, puisait de nouvelles ardeurs dans la
contemplation recueillie de Dieu et de ses œuvres.
Du reste, n'était-ce pas une situation de choix pour
le jeune moine, au moment où il devait, par une
dernière décision, fixer irrévocablement son avenir? Où donc eût-il pu espérer plus de lumière et
plus de liberté pour discerner et suivre l'appel de
Dieu?

Mais quelles que fussent les délices de cette vie
d'anachorète qui s'offrait à lui, Guillaume ne pensa
jamais à ensevelir sa destinée dans la retraite du
mont Picheriano. Sa première éducation, ses études,
ses attraits, son caractère, en un mot, l'appelaient
évidemment sur un autre théâtre. Il lui fallait une
tâche plus vaste et plus laborieuse. Son séjour à
l'ermitage de Saint-Michel n'était qu'une attente
et une préparation.

Sans dessein arrêté, Guillaume vivait paisiblement avec Vincent de Ravenne (1) dont la vie aus-

____

(1) « Cum autem sanctus Wilhelmus anachoreticam vitam
» valde prosecutus esset, relicto Lucediensi Monasterio ad
» illud Sancti Michaœlis de Clusa majoris perfectionis gratia
» migrasse, et aliquantisper commoratus sub disciplina Joannis

tère lui était une édification continuelle. Il attendait que la Providence lui fît connaître le secret de son avenir.

Sur ces entrefaites, saint Mayeul, abbé de Cluny arriva à Locédia. Ce grand serviteur de Dieu, dont la réputation s'était répandue partout en France et en Italie, faisait la visite des monastères de l'ordre bénédictin ; et telle était la vénération dont les peuples l'entouraient, que son voyage ressemblait à un triomphe. Tous voulaient voir cet illustre cénobite qui naguère avait refusé la tiare pontificale, et dont l'autorité était généralement reconnue dans le silence des abbayes et dans les conseils des princes. Sitôt qu'il fut à Locédia, la nouvelle en vint jusqu'à l'ermitage de Saint-Michel, où elle troubla le calme des pieux solitaires.

Nous ne savons pas si Guillaume, encore enfant ou jeune novice, avait vu saint Mayeul, lors de sa première visite à Locédia. Du moins, il s'était trouvé à Pavie, au moment même où le célèbre abbé de Cluny était mandé pour les négociations qui devaient faire éclater son humilité (1). Guillaume avait donc entendu louer ce grand génie et cette rare vertu, et,

» Eremitæ Clusini, antequam cum Maïolo sanctissime Abbate » Cluniacensi in Gallias secederet. » (De Levis, *Acta Sancti Wilhelmi*. Præfatio p. IX).

(1) C'est à Pavie que la tiare fut offerte à saint Mayeul à la mort du pape Donus.

dès lors, il n'avait cessé de regarder saint Mayeul
comme la plus haute personnification de la grandeur et de la sainteté monastiques.

Attiré par le double sentiment de l'admiration
et de la confiance, il quitte sa retraite, et se rend
à Locédia pour consulter l'abbé de Cluny. Ces
deux hommes étaient faits pour se comprendre.
Mayeul n'eut pas plus tôt reçu le jeune moine
et entendu le récit de ses épreuves, qu'il se mit
à le consoler, et à lui prodiguer les témoignages
de la plus vive affection. Guillaume, de son côté, fut
séduit par le regard si pénétrant et si plein de bonté
du saint abbé. Il n'est pas rare que des âmes ordinaires éprouvent cette mutuelle correspondance
d'idées et de sentiments qui crée la sympathie et
les incline naturellement l'une vers l'autre, dès
qu'elles se rencontrent. Mais combien plus irrésis-
tible devient cette attraction mystérieuse, quand elle
s'inspire de ce qu'il y a de plus puissant au monde :
le génie et la sainteté ! Cette entrevue mit fin aux
incertitudes du jeune religieux. Il fut convenu que
Guillaume quitterait l'ermitage de Saint-Michel
pour se rendre à Cluny, en France. Là du moins
il pourrait suivre plus exactement la règle bénédictine qu'il avait embrassée par sa profession, et
mettre, au service de l'Église et des ordres monastiques, ses talents et ses nombreuses connaissances.

Toutefois, ce projet ne pouvait recevoir une prompte exécution, saint Mayeul devait poursuivre la visite des monastères et se rendre auprès du Souverain Pontife, avant de rentrer en France. Il congédia Guillaume, en lui promettant de le prendre à son retour et de l'emmener avec lui à l'abbaye de Cluny.

Ainsi se manifestaient les desseins de la Providence. Une rencontre fortuite allait arracher à l'Italie le jeune moine, hésitant et incertain, et le conduire en France, où son génie mieux compris devait rendre à l'Église et à la société de si éclatants services.

Guillaume, en rentrant à l'ermitage de Saint-Michel, n'échappa point à la tentation de défaillance qui suit d'ordinaire une résolution héroïque. Seul, en face de l'inconnu, à un âge où tout homme d'ordinaire a déjà entrevu ses voies, il sentit son cœur se déchirer et tout son être accablé d'une poignante mélancolie. Aussi bien le dernier sacrifice l'effrayait. Jusqu'ici il avait renoncé spontanément à sa famille, à l'héritage paternel, aux honneurs qu'il eût pu espérer de sa naissance et de son talent. Mais jamais il n'avait songé à quitter cette terre natale de l'Italie, si riche encore pour lui de souvenirs et d'affections. L'exilé seul peut dire ce que coûte l'adieu à la patrie ! Cependant Guillaume fut à la hauteur de sa vocation. Recueilli, et tout à

Dieu dans sa solitude, il demanda à son ardente piété le secret de ces immolations qui triomphent de la nature, et se tint prêt à partir quand l'heure serait venue.

CHAPITRE IV

GUILLAUME A CLUNY. — IL EST ENVOYÉ A DIJON

Saint Mayeul, à son retour de Rome, s'arrêta au
monastère de Locédia. Guillaume vint l'y rejoindre,
et tous deux se mirent en route, hâtant leur marche,
avant que l'hiver ne rendît trop difficile le passage
des monts. En traversant la vallée de Suse, Guillaume
put encore saluer l'ermitage de Saint-Michel, et
jeter un regard sur ces belles campagnes du Piémont qu'allait bientôt dérober à sa vue le gigan-
tesque rideau des Alpes.

Le mont Cenis passé, les deux voyageurs atteignirent en quelques jours les frontières de Bourgogne. Mais avant d'arriver à Cluny, saint Mayeul fit prévenir ses moines qu'il amenait avec lui un religieux italien du plus haut mérite. L'abbé ordonnait que toute la communauté sortît, en habit de chœur, et vînt à sa rencontre, pour donner à l'entrée de Guillaume une plus grande solennité. Ces honneurs extraordinaires ne doivent point nous étonner. Pendant le voyage, saint Mayeul avait souvent entretenu le moine de Locédia. Il avait reconnu en lui ces qualités éminentes de l'esprit et du cœur que rehaussait si bien la parfaite distinction de ses manières et de son langage. Il avait déjà de grandes vues sur lui, et il ne voulait prévenir l'admiration et les sympathies de ses religieux que pour lui donner aux yeux de tous une autorité plus imposante.

Ces ordres furent ponctuellement exécutés. En revoyant ses fils du cloître, le saint abbé fut attendri jusqu'aux larmes. Il leur prodigua à tous les témoignages de sa paternelle affection, les invita à remercier Dieu des bénédictions données à son voyage, puis il les pria de recevoir Guillaume comme un nouveau frère digne de tous leurs égards.

L'abbaye de Cluny, l'une des plus florissantes du siècle, n'avait pas encore l'importance que lui donnèrent les successeurs de saint Mayeul. Mais cette

famille spirituelle, animée du zèle de son pieux fondateur, était à la fois un foyer de science et de sainteté. Ces religieux, qui, pour la plupart, avaient renoncé aux grandeurs du siècle pour vivre incon-
nus et ignorés, n'avaient tous, comme les premiers
disciples, qu'un cœur et qu'une âme. Fraternité déli-
cieuse, qui semble la récompense de l'immolation
volontaire ! Union sainte, qui tire l'âme de son égoïste
personnalité pour la transfigurer et la combler !

Guillaume sut apprécier ces charmes. A peine
fut-il arrivé parmi ses nouveaux frères qu'il les
aima et se livra tout à eux. L'isolement forcé, qui
avait suivi les persécutions de Locédia, lui avait
donné le calme sans remplir ses aspirations. Il
manquait à cette nature, ardente et délicate, cette
correspondance intime, cette vie d'affection qui
s'impose à tous, dans une certaine mesure, mais qui
devient le tourment des âmes généreuses condam-
nées à la solitude. Cluny fut donc pour lui le commencement d'une existence nouvelle.

A côté des exemples que lui donnaient les cénobites formés au joug d'une discipline sévère (1),

(1) « On respectait si bien le silence à Cluny qu'un jour, comme l'un des religieux gardait un cheval au pâturage, un voleur
s'empara, sous ses yeux, de l'animal, le monta rapidement et
s'enfuit. C'était durant une heure, où le silence était prescrit
par la règle. Le moine aima mieux le garder que d'appeler
au secours ; l'abbé l'en félicita, etc. »
Darras. — *Histoire générale de l'Église*, tome XIX, p. 438.

Guillaume était heureux de trouver de nouvelles facilités pour l'étude qu'il avait dû délaisser depuis deux ans. La théologie, la philosophie, l'Écriture-Sainte, la copie des manuscrits précieux : telles étaient les occupations vers lesquelles saint Mayeul, naturellement porté aux travaux de l'esprit, avait dirigé plus particulièrement l'activité de ses religieux. Mais, il faut le dire, quels que fussent les efforts du saint abbé, les ressources littéraires manquaient trop en France, au Xe siècle, pour que les moines clunisiens ne le cédassent beaucoup, sous le rapport des connaissances acquises, au jeune italien de Locédia. Guillaume avait fréquenté les célèbres écoles de Verceil et de Pavie ; il avait puisé aux sources mêmes la science ecclésiastique ; ses fonctions au monastère de Saint-Michel, lui avaient encore imposé de fortes études : toutes circonstantances favorables, qui jointes à la pénétration à la vivacité de son génie, l'avaient familiarisé avec tous les secrets du savoir et de l'érudition, à un âge où tant d'autres commencent seulement à entrer dans cette voie.

Saint Mayeul s'en aperçut bientôt. Il lui confia la direction des écoles, charge des plus honorables que le jeune moine devait remplir avec d'autant plus de zèle et de succès que ses aptitudes l'y appelaient naturellement. Guillaume se croyait au comble de ses vœux. N'était-ce pas, en effet, cette vie de prière, d'étude et de fraternité, qui avait fait le rêve de sa jeunesse? N'était-ce point cette suave contemplation de la vérité, où le cœur et l'esprit, soutenus par l'influence de la grâce, se reposent si complétement en Dieu? Ah! les âmes virginales, éprises des charmes de l'éternelle beauté, connaissent ces aspirations qui arrachaient des soupirs et des larmes à saint Augustin, et qui seront toujours la perpétuelle déception des esprits qui voudront y voir autre chose qu'un désir et un avant-goût du ciel!

Mais la Providence avait son heure. Un jour et bientôt, elle devait demander à ce jeune religieux, si passionné pour l'étude, le sacrifice de ses attraits les plus aimés, et, changeant la direction de sa vie, le jeter dans les travaux d'un ministère tout exté-rieur. Guillaume quittera sa silencieuse cellule de Cluny : lui, qui ne connaît et n'aime que la loi de l'obéissance, recevra l'autorité du commandement; les voyages remplaceront ses loisirs studieux; les fondations de monastères, les réformes d'abbayes, les relations avec les princes et les papes absorbe-ront toute son activité. La lumière longtemps voilée sera mise en vue, et luira pour tous, au milieu des vents et des orages.

Le biographe du Vénérable Guillaume (1) se

----

(1) Rad. Glab. *Vita Sancti Guill.* c. IX.

plaît à peindre les rapports intimes du jeune religieux ét de l'abbé de Cluny. Saint Mayeul ne put jamais se départir d'une certaine prédilection à l'égard de Guillaume. Il l'avait gagné lui-même à son monastère ; il lui reconnaissait les plus hauts talents ; il le savait surtout épris d'un grand désir de la perfection. Aussi, souvent il oubliait son âge et sa dignité, pour converser fraternellement avec lui. Tous deux s'enflammaient d'amour pour la sainteté ; tous deux trouvaient, dans les pieux épanchements de leurs âmes, un soutien et un encouragement pour devenir toujours plus dignes de leur vocation.

La liberté de ces entretiens permit à l'abbé de Cluny de fléchir la modestie de son jeune ami : il parvint à le décider à recevoir les premiers ordres sacrés. Guillaume accepta d'abord par obéissance, puis le pria de s'en tenir là et de différer longtemps encore le sacerdoce. Saisi d'un saint effroi, il ne pouvait qu'en tremblant contempler la sublime dignité du prêtre de Jésus-Christ.

Il y avait déjà plus d'une année que Guillaume édifiait ses frères du cloître, quand arriva à Cluny un religieux inconnu. C'était l'abbé, ou plutôt, le prieur du monastère de Saint-Saturnin (1). Désolé du

(1) Le monastère de Saint-Saturnin, près d'Avignon, dépendait alors de l'abbaye d'Embrun (Hautes-Alpes).

relâchement qui s'était introduit parmi ses moines ; impuissant à leur imposer lui-même une réforme quelconque, il venait prier l'abbé Mayeul de lui donner, pour un temps déterminé, un de ses religieux les plus distingués qui pût, par l'ascendant de sa personne et par la pratique exacte de la règle bénédictine, porter remède aux maux qu'il déplorait. Cette mission était difficile ; il fallait pour la remplir un homme du caractère de Mayeul.

Le saint abbé le comprit. Il ne pouvait quitter lui-même le troupeau confié à sa sollicitude. Mais il ne crut personne plus capable de le remplacer, dans cette circonstance, que son jeune ami. Malgré l'affection qu'il lui portait, il ne voulut consulter que les intérêts de l'Église, et désigna Guillaume pour la réforme de Saint-Saturnin.

On ne tarda pas à voir combien ce choix était heureux. A peine arrivé, Guillaume s'était concilié, du même coup, l'estime et la confiance de ses nouveaux frères. D'ailleurs mandataire de saint Mayeul, il put tout par l'autorité de son nom. Les religieux les plus âgés, dont la conversion a toujours été si difficile dans les tentatives de ce genre, n'essayèrent pas même de résister. Leur exemple entraîna les autres ; et, en quelques mois, Saint-Saturnin, formé à l'image de Cluny, put rivaliser avec l'abbaye-mère pour la ferveur et l'observance monastique. Guillaume lui-même en faisait l'éloge dans sa vieillesse. Quand il rappelait les nombreux travaux qui avaient rempli sa vie, il aimait à citer Saint-Saturnin comme la famille religieuse, où l'esprit de saint Benoît avait le plus complétement pénétré, et, où lui, jeune et plein de zèle, avait trouvé les meilleures consolations.

C'est à cette époque qu'il faut rapporter les premières relations du Vénérable Guillaume avec saint Odilon (1). Il est à croire qu'ils se rencontrèrent pendant le voyage que fit le religieux de Cluny pour se rendre à Saint-Saturnin. Il inspira tant de confiance à Odilon que celui-ci lui ouvrit son âme, lui avoua la lutte qu'il avait longtemps soutenue, contre les sollicitations de la grâce, et son dessein de quitter bientôt le monde pour vivre dans le cloître. Guillaume l'affermit dans cette pensée, et

(1) « Odilon qui brilla entre tant d'autres abbés de son temps illustres par leur science et leur vertu, sortait d'une noble et ancienne famille qu'on croit être celle des Seigneurs de Mercœur. Il naquit en Auvergne en l'année 962 (même année que l'abbé Guillaume) et eut pour père Berald surnommé le Grand et pour mère Giberge qui se fit ensuite Religieuse à l'abbaye de Saint-Jean d'Autun. Dès son enfance il fut mis dans le clergé de Saint-Julien-de Brioude, où son avancement en âge fut marqué par le progrès qu'il faisait dans la connaissance des Lettres et la pratique de toutes les vertus. L'attrait qu'il se sentit pour la perfection évangélique lui inspira ensuite le désir de quitter le monde. *Le B. Guillaume, depuis abbé de Saint-Benigne, ayant eu occasion de le voir, le confirma dans son dessein,* et Saint-Maïeul passant par Brioude, acheva de le déterminer. »

(Hist lit. de la France, tome VII, p. 414).

lui conseilla de se mettre en rapport avec l'abbé de Cluny (1).

Je ne sais point si, dès ce jour, Odilon et Guillaume entrevirent les liens de la pieuse amitié qui devait les unir plus tard. Chose étonnante! ces deux hommes, nés la même année, avec des talents, des vertus et des aspirations semblables, offrent dans toute leur existence des harmonies que l'on rencontre rarement, à ce point, chez ceux que la nature a faits frères. Ce sont comme deux âmes sœurs que Dieu avait destinées à une même œuvre et à une égale sainteté.

Il y avait déjà dix-huit mois que Guillaume dirigeait le prieuré de Saint-Saturnin. Tout y était prospère. Mais un ordre de saint Mayeul allait bientôt rappeler à Cluny le moine qui avait transformé cette communauté, et l'enlever aux religieux qu'il avait, avec tant de zèle, ramenés au chemin de la perfection.

En ce temps là, venait de monter sur le siége de Langres un pontife selon le cœur de Dieu (2). C'é-

(1) Radulph. Glab. *Vita S. Guillelmi.* C. xviii.

(2) « Fuit itaque (Bruno) in eleemosynis largus, in vigiliis
» sedulus, in oratione devotus, in charitate perfectus, in
» humanitate profusus, in sermone paratus, in conversatione
» sanctissimus : erat irreverentibus terribilis aspectu, metuen-
» dus severitate, reverendus incessu, venerandus benignitate...
» Non personæ potentiam sed morum elegantiam attendebat
» in singulis, et tanto eminentius unumquemque honorabat,
» quantò sanctius vivere didicisset. Clericorum ac Monacho-

tait un jeune chanoine de Reims, fils du comte de cette ville, petit-fils des ducs de Lorraine et disciple de Gerbert : il se nommait Brunon. Plein de zèle pour la maison du Seigneur, il déplorait vivement les abus de l'ignorance et de l'indiscipline. Dès qu'il eut l'autorité en main, il s'en servit pour tenter les réformes urgentes.

C'est toujours par le clergé et par les moines que Dieu fait pénétrer son esprit et sa grâce, quand il veut régénérer les peuples. Brunon le savait. Aussi mit-il tous ses soins à choisir de dignes ministres du sanctuaire et à réformer les monastères de son diocèse qu'avaient envahis le relâchement et la corruption des mœurs.

Il commença par l'abbaye de Saint-Bénigne de Dijon ; il chassa de ce lieu Manassès, dont les mauvais exemples et l'incapacité avaient compromis à la fois le spirituel et le temporel du monastère, et fit venir, à sa place, un saint et savant moine abbé de Montier-en-Der, nommé Azon (1).

» rum, sanctimonialium quoque necnon Viduarum ac pupillo-
» rum pater erat.... Quandiu vixit Burgundiam patrocinando
» protexit atque defendit, non clypeo et lanceâ, sed consilii
» prudentiâ. »

(*Chronic. Sancti Benigni* — Spicilegium D'Acherii, tom. i, page 455).

(1) Azon était l'un des hommes les plus doctes de son époque ; il nous reste de lui un certain nombre d'écrits, de vies de saints surtout, remarquables par l'onction, la vivacité

Telle était la tiédeur des religieux de Saint-Bénigne que la vertu et la prudence d'Azon n'obtinrent aucun résultat. Après deux ans d'efforts inutiles, il se vit obligé de quitter Dijon pour retourner à Montier-en-Der. Manassès reprit sa charge et le mal ne fit que s'accroître.

Néanmoins, Brunon, sans se décourager, entreprit d'aller frapper à une autre porte. Il s'adressa directement à Cluny. Saint Mayeul qui avait envoyé déjà plusieurs colonies de moines sur la demande des évêques, se trouvait peu en mesure de répondre aux vœux du saint prélat. Toutefois, telles étaient les espérances que l'on pouvait fonder pour le bien de l'Église, sur la réforme de l'abbaye de Saint-Bénigne, qu'il accorda douze de ses moines à la prière de l'évêque de Langres.

Il les choisit lui-même, parmi les plus distingués et les plus fervents (1), et leur donna Guillaume pour être leur guide et, plus tard, leur abbé.

du style et la grande simplicité de l'expression ; il composa aussi des poésies d'une certaine valeur. *Voir Hist. lit. par les Bénédictins de Saint-Maur*, tom. VI, p. 471.

(1) Videns igitur Dominus Episcopus Bruno statum loci in ambiguo positum, supplex adiit domnum Mayolum Cluniacensis monasterii Abbatem, multaque prece poposcit quatenus ejus auxilio quivisset reparare in melius. interius religionem, et exterius possessiones. Cujus precibus flexus Reverendus Abbas Mayolus dedit ei duodecim Monachos ex omni congregatione electos, disciplinis sanctæ religionis instructos, divinâ et humanâ sapientiâ doctos, nobilitate carnali claros. »

(*Chronic. Sancti Benigni.* — Spicilegium, tome I, p. 429.)

Le réformateur de Saint-Saturnin eut le temps de revoir ses frères de Cluny et de recevoir les conseils de saint Mayeul; puis il se mit en marche pour Dijon, avec ses pieux compagnons. Ainsi l'on verra, un siècle plus tard, douze religieux de Cîteaux se ranger sous l'obéissance du plus jeune et du plus saint d'entre eux, pour s'acheminer vers Clairvaux. Ce nombre de douze se retrouve à l'origine de plusieurs fondations, comme un souvenir des douze du collége apostolique.

Les moines de Cluny arrivèrent à Saint-Bénigne, vers le milieu de novembre. Brunon voulut qu'une cérémonie religieuse, toute symbolique, donnât à leur entrée au monastère un plus grand éclat et une plus haute signification. Il prescrivit que le 24 novembre, fête de la translation du corps du saint martyr, les anciens religieux de Saint-Bénigne chantassent l'office nocturne dans la crypte souterraine de l'église, tandis que les nouveaux venus chanteraient l'office du matin dans la chapelle supérieure, devant l'autel principal de saint Maurice (1). Car il était convenable, remarque le Chroniqueur, que

(1) « Quibus advenientibus ita ordinavit domnus Episcopus,
» ut die Translationis Sancti Benigni Monachis cum sibi subjec-
» tis clericis, ante sepulchrum sæpefati Martyris in crypta
» nocturnale officium peragentibus, ipsi in superiori choro ante
» principale sancti Mauricii altare matutinalem inciperent
» synaxim. »
(*Chronic. Sancti Benigni.* — Spicilegium tom. I, p. 429.)

ceux qui venaient apporter la lumière de la religion apparussent dans l'église à l'aube du jour (1).

Guillaume était ainsi conduit au lieu, où Dieu le voulait pour la plus grande gloire de l'Église. Dijon sera désormais sa patrie d'adoption. C'est là qu'il révèlera toute la puissance de sa vertu et de son génie. Du monastère de Saint-Bénigne son influence se fera sentir aux extrémités de la France et jusqu'en Italie. C'est à Dijon, qu'il établira les écoles pour les clercs et pour le peuple ; à Dijon, qu'il formera ces moines savants et lettrés qui garderont à la Bourgogne ses plus chers trésors ; à Dijon, qu'il élèvera le plus beau monument d'architecture romane qu'ait connu son époque ; à Dijon enfin, qu'il sera la gloire et l'édification de l'Église et des âmes, par sa charité et par son zèle. Et, s'il ne trouve point un tombeau dans cette magnifique crypte qu'il a embellie pour l'honneur des saints de la Bourgogne, du moins, la postérité reconnaissante unira son nom à celui du monastère de Saint-Bénigne, et sa mémoire entourée de respect dans la cité dijonnaise, survivra encore après huit siècles, aux atteintes du temps et des révolutions qui ont ruiné la plupart de ses œuvres.

(1) « Quod utique convenienter actum est, ut qui lumen » religionis ostendere veniebant, intrarent luce die appropinquante. »

(*Chronic. Sancti Benigni.* — Spicilegium tom. I, p. 429.)

Mais avant de poursuivre, nous devons jeter un coup d'œil sur le passé, et dire quels furent l'origine, les commencements, l'histoire de cette célèbre abbaye de Saint-Bénigne. Ce récit n'importe pas moins à la vie du Vénérable Guillaume qu'aux glorieux souvenirs de notre chère Bourgogne.

CHAPITRE V

L'ABBAYE DE SAINT-BÉNIGNE AVANT LE VÉNÉRABLE GUILLAUME

Mission et martyre de saint Bénigne à Dijon. — Fondation
du premier monastère par saint Grégoire, évêque de Langres. — Les premiers abbés : Eustade, Tranquille, Apollinaire. — Gontran bienfaiteur du monastère de Saint-
Bénigne. — Le *laus perennis*. — Fraternité des abbayes
de Dijon et d'Agaune. — Invasion des Sarrasins. — Relâchement de la discipline monastique à Saint-Bénigne. —
Sollicitude des évêques de Langres envers le monastère
dijonnais. — Autres abbés : Herlégaud, Herlébert,
Ingelramne. — Isaac, évêque de Langres, répare la
basilique. — Introduction de la règle bénédictine à Saint-
Bénigne. — Bertilon et les Normands en Bourgogne. —
Vie scandaleuse des moines de Saint-Bénigne, au moment où Guillaume arrive à Dijon.

Le saint apôtre Bénigne, disciple de saint Polycarpe, venu d'Orient pour apporter la foi, avait
évangélisé Autun, Langres et Dijon. Il convertit,
dans cette cité, beaucoup de païens, et y reçut la
palme du martyre, sous Marc-Aurèle, vers l'an 178 :
après les tourments les plus atroces, l'empereur
philosophe, qui se trouvait à Dijon, lui avait fait

briser la tête à coups de barre de fer et transpercer la poitrine de deux lances.

Une pieuse matrone, qui lui donnait l'hospitalité, Léonille, vint à la dérobée, quand le tyran fut parti, recueillir la dépouille du saint ; elle l'embauma et le déposa dans un vaste sarcophage de pierre qu'elle enfouit dans son domaine, à quelques pas du Baptistère de Saint-Jean. Sans inscription et dissimulé sous le sol pour ne pas éveiller l'attention publique, le tombeau du martyr fut si secrètement gardé qu'après la mort de sainte Léonille, on ne sut plus exactement quelle en était la place.

Ce n'est qu'au VIe siècle que saint Grégoire, évêque de Langres, retrouva les restes précieux de l'apôtre de la Bourgogne (1). Il entreprit aussitôt de

(1) Voyant les habitants des campagnes accourir à ce tombeau pour y déposer leurs offrandes et leurs prières, et raconter ensuite de tous côtés les prodiges qu'ils y avaient vu s'opérer, saint Grégoire défendit expressément d'aller y prier. Un jour le saint martyr se présenta devant lui : « Que fais-tu ? lui dit-il d'une voix sévère. Non content de me dédaigner, tu contristes ceux qui m'honorent ; ne le fais plus, je t'en prie ; mais hâte-toi d'élever un édifice sur mon tombeau. » Terrifié par cette vision, Grégoire vint au sépulcre du bienheureux, et là, prosterné et fondant en larmes, il demanda longtemps pardon. Puis, fidèle aux injonctions du saint martyr, il réédifia la crypte, et l'orna avec élégance pour y replacer le corps de saint Bénigne. Quand se fit la translation solennelle du tombeau, on raconte que tout à coup le sarcophage devint si lourd, qu'il fut impossible de le mouvoir. Aussitôt Grégoire fait allumer les cierges et chanter les psaumes, puis il prend le sarcophage par la tête et aidé de deux prêtres, qui le soutiennent aux pieds, il le transporte sans effort dans la crypte.

construire une splendide basilique, digne du saint qui avait été si longtemps négligé. Et pour donner une garde d'honneur au témoin du Christ, quand l'église fut achevée, il fit venir à Dijon des moines de Réôme (1) et les plaça sous la conduite d'un de ses fils, Eustade (2), prêtre vénérable, qui fut ainsi le premier abbé de Saint-Bénigne (509).

Le pontife enrichit le monastère naissant de plusieurs propriétés, prises dans son patrimoine, ainsi que dans le domaine des évêques de Langres. Il lui assigna en particulier tout le terrain avoisinant le Baptistère de Saint-Jean, où le peuple de Dijon voulait désormais être enterré, afin de dormir à l'ombre du tombeau de saint Bénigne.

L'histoire ne nous apprend rien du premier abbé, saint Eustade, si ce n'est qu'il s'appliqua toute sa vie, avec grand zèle, à la formation religieuse de ses moines. Ses vertus lui méritèrent d'être enseveli

(1) Réôme, aujourd'hui Moutiers-Saint-Jean. — Ce monastère, qui avait pris son nom d'un petit ruisseau, appelé la Réôme, fut fondé vers 440, par Jean, fils d'un sénateur dijonnais Hilaire et de son épouse Quiète, femme d'une haute noblesse. Il avait donné à ses moines la règle de saint Macaire, et tout porte à croire qu'il avait gardé le costume primitif : une longue robe bleu-foncé, un capuce et un scapulaire noirs et une grande calotte à oreilles.
Bolland. — Labbe.

(2) Saint Grégoire, d'abord comte et gouverneur d'Autun à l'âge de dix-sept ans, s'était marié, avant de recevoir les ordres avec Armentaire dont il eut trois fils, Tétric, Eustade et Grégoire, aïeul de Grégoire de Tours, le père de notre histoire.

dans la crypte, à côté du tombeau de saint Bénigne, et ses miracles le firent placer sur les autels (1).

Son successeur, Tranquille, homme d'un grand mérite, n'a laissé d'autre souvenir que celui de sa piété (2).

Apollinaire, troisième abbé de Saint-Bénigne, fut témoin des largesses du roi Gontran envers l'abbaye. Ce prince, dont les antécédents n'avaient pas été sans reproches, ouvrit enfin les yeux à la vérité, et se mit à réparer ses égarements par une sévère pénitence. Sa charité s'appliquait à tout : il soulageait les pauvres, fondait de nouvelles églises, et réparait les ruines des monastères. Il favorisa les bénédictins dijonnais, et leur fit don de nombreuses terres (3), d'ornements précieux pour le culte,

(1) Un des autels de la crypte de Saint-Bénigne lui était dédié, conjointement avec saint Jean de Réôme et saint Seine.

(2) Grégoire de Tours rapporte que de nombreux miracles s'opéraient à son tombeau. Le peuple recueillait la mousse. que l'humidité y faisait croître, et l'employait comme remède. Lui-même, nous dit-il, en fit l'expérience, et guérit ainsi ses mains qui étaient couvertes de pustules très-douloureuses.

Greg. Turon. *De gloria Confessorum*, c. 44.

(3) « Ipse denique Domnus Guntrannus præexcellentissi-
» mus Rex dedit sancto Benigno vicum, qui est in prospectu
» Monasterii, tunc magnæ amplitudinis vocatum Elariacum,
» cum omnibus appenditiis suis, super Oscaram fluvium si-
» tum. Et omnia quæ nunc usque ad possessionem pertinent
» hujus loci, a ponte Divionis usque Floriacum villam, contu-
» lit memoratus Princeps sancto Martyri Benigno : in Biciso
» scilicet, in villa Colanias dicta. In Plomberias, in Seliniaco,
» in Sconsio, in Villari, in Campiniaco, in Lanterinaco, in

de croix, et de vases d'or et d'argent : trésors du
sanctuaire que l'abbé Guillaume vendra plus
tard, pour en distribuer le prix aux pauvres. En
échange de ces présents, les religieux « *devaient*
» *prier Dieu pour le roi et ses successeurs, pour la*
» *rémission de ses péchés et pour la conservation et la*
» *paix de son royaume.* »

Gontran établit au monastère de Dijon la psal-
modie perpétuelle, « *laus perennis* » que le saint
roi Sigismond avait instituée à Saint-Maurice
d'Agaune : jour et nuit, sans cesse ni repos, les
moines partagés en neuf chœurs, se succédaient
pour chanter l'office divin (1). C'est pour assurer la
perpétuité de cette institution que le roi voulut
unir Saint-Bénigne et Saint-Maurice par les liens
d'une fraternité spirituelle. Il donna aux cénobites
de Dijon une belle relique de saint Maurice et à
ceux d'Agaune quelques ossements de saint Bénigne, et l'autel principal des deux églises fut mis

» Girone, in Corcella, in Flaviniaco, in Prunido, in Jussiaco,
» in Matriniaco, in Barbiriaco, his et aliis locis mansa, vestita
» et absa, cum mancipiis plurimis utriusque sexus, terris
» cultis et incultis, vineis, sylvis, pratis et pascuis, aquis,
» aquarumque decursibus, ingreditus, exiis et egressis, om-
» nibus rebus exquisitis et inquirendis..... »
Chronic. Sancti Benigni. — Spicilegium tom. ɪ, p. 370.

(1) « Insuper instituit, ut ad similitudinem Monasterii sanc-
» torum agaunensium diu noctuque divinum in hac Ecclesia
» persolveretur officium. »
Chronic. Sancti Benigni. — Spicilegium tom. ɪ, p. 370.

sous le vocable des deux saints, Maurice et Bénigne.
Il décida aussi que l'abbaye de Dijon, de même que
Saint-Marcel de Châlon, resterait dorénavant soumise à la juridiction d'Agaune, et qu'on y obser-
verait les règles et les coutumes de ce monastère (1).

Les miracles, qui se multipliaient autour du
tombeau du martyr, attiraient à Saint-Bénigne un
grand nombre de pèlerins. Les princes, les
seigneurs et tous ceux qui se trouvaient redevables
de quelque grâce venaient apporter à l'envi leurs
dons et leurs offrandes (2). Le monastère était
florissant, et, à part quelques contestations avec
l'abbaye de Saint-Étienne, dont la rivalité s'accentuait

(1) « Ut hæc institutio per succedentia tempora non tepes-
» ceret, vel monasticus ordo deperiret, constituit, ut Abbates
» illius loci, Rectores et Provisores in hac domo essent, ut
» una congregatio, unusque utrobique servaretur ordo. Simi-
» liter instituit de loco Sancti Marcelli, ubi ipse Rex corpore
» quiescit, quem thesauris et pecuniis, possessionibus etiam
» multis ditavit, operibus miris et ædificiis decoravit. »
Chronic. Sancti Benigni. — Spicilegium tom. I, p. 370.

(2) Denique cùm per illud tempus sanctus Martyr Benignus
crebris virtutum signis claresceret, et miraculorum insignia,
sanitatumque dona omnibus ad ejus tumulum venientibus os-
tenderentur et largissima Domini bonitas in talibus veneratur,
colitur, adoratur, magnificatur, Reges et Principes ob sancti
Martyris meritum cœperunt locum diligere, muneribus et bonis
extollere : nobiles quique possessiones et prædia condonare ;
devotus populus plurima conferre ; multi etiam ejus patroni-
cio se ipsos committere.
Chronic. Sancti Benigni. — Spicilegium, tom. I, p. 371.

chaque jour davantage, on y vivait paisible, loin des bruits de guerres et de meurtres qui remplissaient la France.

Cependant, tout à coup retentit la nouvelle qu'une horde innombrable de Sarrasins (1) descend des Pyrénées et porte partout le fer et le feu. Jaloux de venger le honteux échec éprouvé, quelques années auparavant (721), par Zamah sous les murs de Toulouse, ils se sont rangés sous les drapeaux de l'émir Abdérame. Ils traversent le Midi qu'ils couvrent de ruines, et arrivent jusqu'en Bourgogne.

Dijon fut saccagé. L'abbaye n'échappa à l'incendie que par les plus grandes pertes matérielles (2).

(1) *Saint Émilien et les Sarrazins en Bourgogne.* Extrait de la Revue de la Bretagne et de la Vendée, par l'abbé Cahours (Nantes, 1861).

(2) C'est vers ce temps que vécut à l'abbaye de Dijon un pieux moine originaire de Lorraine, nommé Jacob. Il était venu tout jeune se donner à Saint-Bénigne, et le témoignage de ses contemporains nous a appris avec quelle ferveur il accomplit son sacrifice et fut tout à Dieu. Mais la renommée de ses vertus et de ses mérites se répandit bientôt au loin : elle retentit jusqu'en Lorraine et appela sur lui l'attention de ses compatriotes. Ils vinrent le chercher à son monastère pour l'élire abbé de Guémonde, au pays de Trèves ; puis, leur admiration pour le saint religieux croissant toujours, ils le portèrent par acclamation sur le siége épiscopal de Toul. Là, comme dans le cloître, il donna l'exemple de toutes les vertus, et l'histoire remarque qu'il était en particulier plein de zèle pour le culte des saintes reliques et la propagation des monastères. Après avoir longtemps édifié les peuples et mené la vie la plus sainte, sentant venir le terme de ses jours, il voulut faire le

Nous ne mentionnons pas la longue suite des abbés qui se sont succédé à Dijon, après l'invasion des Sarrasins. C'est à peine si le nom de plusieurs est resté à l'histoire, conservé dans quelque charte de donation. L'un d'eux, Waldric ou Baudry, qui vivait sous Charlemagne, devint évêque de Langres, tout en demeurant abbé de Saint-Bénigne. Du reste, ce ne fut pas le seul des abbés de Dijon qui revêtit le caractère épiscopal. L'importance de cette abbaye détermina les évêques de Langres à choisir le plus souvent comme chorévêques et administrateurs de cette partie de leur diocèse, les abbés de Saint-Bénigne ; quelques-uns même, tels que Ingelramne et Théobalde furent véritablement évêques.

Mais au milieu des troubles et des agitations de

pèlerinage de Rome. A son retour d'Italie, attiré par le bruit des miracles qui se faisaient au tombeau de saint Bénigne, et désireux aussi de revoir les lieux, où s'étaient sanctifiées ses jeunes années, il vint à Dijon auprès du saint apôtre. Il passa là quelques jours priant, avec une extrême ferveur, Dieu de lui pardonner ses fautes par l'intercession du martyr ; et dans un élan de son âme vers le ciel, il passa de la terre au royaume éternel. C'était en l'année 750. Son corps fut déposé dans la Crypte, parmi les saints, au catalogue desquels on inscrivit son nom. Il lui restait une sœur nommée Lilieuse, qui en échange de la magnifique sépulture que l'on avait accordée à son frère, fit don à l'abbaye d'un domaine situé à Brétigny, sur les confins des diocèses de Toul et de Langres. Les moines y construisirent un prieuré et une chapelle dédiée à saint Bénigne.

Gallia Christiana, tome XII.

cette époque, la discipline s'était relâchée (1) :
la ferveur monastique s'était attiédie. Malgré
leur vœu de pauvreté, dit la Chronique, les
religieux recevaient l'héritage de leur famille, et
encore que quelques-uns prétendissent rendre service à la communauté, ce n'en était pas moins une
atteinte funeste à la règle.

L'indiscipline alla si loin que ces fils dégénérés
de saint Benoît avaient honte du nom de *moines*, et
dans les chartes de ce temps, il n'est plus fait men-
tion que des *prêtres, diacres et clercs* de Saint-
Bénigne.

Deux abbés, Herlégaud et Herlebert, envoyés par
l'évêque de Langres, ne purent rétablir le monastère dans sa régularité primitive (2).

(1) Cependant la plupart des monastères venaient de retrouver leur première ferveur, grâce à la réforme entreprise au
commencement du siècle par un pieux abbé. Benoît, d'abord
page de la reine Bertrade, puis soldat de Charlemagne, puis
moine à Saint-Seine, en Bourgogne, puis enfin abbé d'Aniane,
en Septimanie, faisant revivre le nom et les vertus du
patriarche des moines d'Occident, renouvelait aussi ses
grandes œuvres. Saint-Bénigne, on ne sait pourquoi, resta en
dehors de cette réforme qui, en 821, était adoptée par presque
tous les monastères du royaume.

(2) Ce fut à cette époque que se produisit à Saint-Bénigne un
événement fort singulier, et qui sans doute ne contribua pas
beaucoup à ranimer la ferveur des cénobites.

Deux moines arrivèrent un jour à l'abbaye, apportant
d'Italie, disaient-ils, le corps d'un saint auquel ils avaient
grande dévotion, mais dont ils avaient oublié le nom. L'évêque
Teutbald ne permit pas d'exposer à la vénération des fidèles
des reliques si suspectes ; il ne voulut pas non plus **les rejeter**

Ce n'est qu'en 870 que nous voyons une tentative sérieuse de réforme. Elle fut faite par Isaac, évêque de Langres. Ce pontife, digne successeur de saint Grégoire, s'appliqua à relever les ruines matérielles et spirituelles de l'abbaye de Saint-Bénigne. Il répara la basilique, et fit observer la discipline, soutenu dans ses efforts par la générosité et l'appui du roi Charles le Chauve.

tout-à-fait, car les deux moines promettaient de démontrer, en toute évidence, l'authenticité de leur trésor. Mais l'un d'eux vint à mourir subitement; l'autre qui était parti pour chercher, disait-il, les preuves de ses affirmations, ne reparut plus. Malgré la défense de l'évêque, on avait déposé les ossements dans l'église de Saint-Bénigne, et il s'y faisait un immense concours de peuple ; chose étrange, là se produisirent des scènes exactement semblables à celles qu'on devait voir sept siècles plus tard sur le tombeau du diacre Pâris. Les Jansénistes n'ont rien inventé. Ceux qui venaient honorer ces prétendues reliques étaient saisis tout à coup d'horribles convulsions : ils se débattaient, ils étaient renversés à terre et s'y roulaient hors d'eux-même. Des jeunes filles, des femmes âgées tombaient tout d'un coup dans l'église, et y étaient tourmentées sans qu'on vît sur elles aucune trace des coups qu'elles disaient avoir reçus. Il s'était amassé là jusqu'à trois ou quatre cents personnes qui, ayant été renversées à terre, ne voulaient plus sortir de l'église, disant que si elles retournaient dans leur demeure, elles seraient frappées de nouveau et contraintes de revenir au tombeau du saint. Et, comme le fanatisme est contagieux, on ne tarda pas à voir se produire dans d'autres églises, soit à Dijon, soit ailleurs, à Saint-Andoche de Saulieu, en particulier, des faits analogues.

Inquiet de pareils prodiges, Teutbald envoya à l'archevêque de Lyon, Amolon, son métropolitain, l'abbé Ingelramne, pour lui apprendre ces faits et lui demander la conduite à tenir. La réponse d'Amolon, qui nous est parvenue, et dans laquelle se trouvent tous les détails que nous venons de donner, fut

Le saint évêque introduisit à Saint-Bénigne la règle bénédictine, qui devait remplacer la règle de Tarnat ou d'Agaune (1), et confia le gouvernement du monastère à son chorévêque Bertilon. Le nouvel abbé s'employa, avec le plus grand zèle, aux devoirs de sa charge. Il accrut les domaines, assigna les injustes détenteurs des biens de l'abbaye, et fit revivre à l'ombre du cloître ces anciennes habitudes de piété et de travail qui avaient disparu sous ses prédécesseurs.

Cependant les Normands, ces hardis pirates, qui avaient attristé Charlemagne mourant et avaient effrayé le faible Louis le Débonnaire, venaient, à intervalles réguliers, mettre tout à feu et à sang. Chaque année, quand arrivait le printemps, sur leurs barques rapides, ils remontaient les fleuves et les rivières,

---

extrêmement sage et prudente. Il conseillait à l'évêque de faire ôter sans retard de l'église les prétendues reliques, et de les faire enterrer ailleurs en un lieu convenable, et devant peu de témoins. Il montrait que ces convulsions n'étaient que des impostures d'hommes artificieux et avides de gain, ou tout au moins des prestiges du démon : « Quand, disait-il, a-t-on jamais vu dans les églises de Dieu et aux tombeaux des martyrs de pareils prodiges par lesquels les malades ne fussent point guéris, mais ceux qui se portaient bien fussent frappés et devinssent comme saisis de folie.... Si quelqu'un, ajoutait-il en terminant, persiste encore à feindre des convulsions, il faudra, à coups de fouet, le contraindre de confesser son imposture. » Teutbald suivit ces sages instructions, et les convulsionnaires disparurent. »

Amolo. *Epistol.* I, apud Migne.

(1) Bolland. an. XI mars. Saint Tranquille.

fondaient à l'improviste sur les campagnes, s'emparaient des places fortes, pillaient les monastères et les châteaux, et s'en retournaient chargés de butin. Ils avaient déjà couvert de ruines le Nord de la France, quand ils entrèrent en Bourgogne. Ils s'avancèrent sous les murs de Dijon; et repoussés par le brave comte Manassès de Vergy, ils déchargèrent leur fureur sur l'abbaye située hors des murs. Le saint abbé Bertilon avait envoyé ses moines, avec le corps de saint Bénigne, dans la chapelle Saint-Vincent (1), et n'avait gardé avec lui au monastère que trois d'entre eux. Les Normands leur tranchèrent la tête, et saccagèrent l'abbaye.

Hingon, qui fut le successeur de Bertilon, eut la joie de recevoir parmi les moines de Saint-Bénigne, Argrinus, évêque de Langres, qui, fatigué des honneurs et jaloux de réparer les scandales d'une jeunesse ambitieuse (2), prit l'habit religieux, et s'en-

(1) Cette chapelle qui avait été donnée aux moines de Saint-Bénigne, par l'évêque Geilon appartint successivement à l'abbé de Saint-Bénigne et à celui de Saint-Etienne. Ce ne fut qu'en 912 qu'elle fut définitivement restituée à l'abbé de Saint-Bénigne par le synode convoqué à Langres par l'évêque Garnier.

Emile Jolibois. — *Chroniques de l'Evêché de Langres.* 1843.

(2) A la mort de Geilon « deux concurrents se présentèrent, Thibault, qui avait déjà été sacré à la mort d'Isaac, et Argrin. Cette double candidature occasionna de déplorable excès. Sur le rapport de l'archevêque de Reims, Argrin fut éloigné par le pape Formose. Destiné peu de temps après, lors de la mort d'Aurélien, à l'archevêché de Lyon, les dispositions malveil-

ferma au monastère pour y mener une vie pénitente.

A la mort de Hingon, la charge abbatiale fut remise entre les mains d'Hildebranne qui lui-même
la légua à Godefride.

Quelques abbés pieux et zélés se succédèrent à
Saint-Bénigne : Lantier, Fulbert, Godrade, Gozuin,
Panton, Suavus, Albéric; mais il s'en trouva bientôt
d'autres moins vertueux. Le successeur d'Albéric,
Foucher, qui était, en même temps, abbé de Flavigny et qui, au lieu de prendre soin de ses abbayes,
s'en allait à Jérusalem, laissa s'introduire à Saint-
Bénigne de déplorables abus. Aridius l'imita et
contribua, par sa faiblesse, à rendre le relâchement
plus irrémédiable.

Puis vint Manassès qui, ordonné vers 966, surpassa ses prédécesseurs par sa vie toute séculière.
La discipline était totalement abandonnée; le temporel aussi ruiné que le spirituel ; et les moines,

lantes des Lyonnais à son égard firent obstacle à son installation. Cependant il ne se désista pas ; mais ayant eu la témérité
de faire acte d'archevêque métropolitain, quoi qu'il n'eût pas
pris possession, et d'installer un certain Wallon que le duc
Richard et Manassès de Vergy voulaient faire évêque d'Autun,
Formose, justement indigné, le déposa. Wallon et les seigneurs
qui le protégeaient furent aussi frappés d'anathème. Alors
toutes les haines se tournèrent contre Thibault, et ce malheureux prélat étant tombé entre les mains de ses ennemis, par
un raffinement de barbarie, ceux-ci lui firent crever les yeux.»
Jolibois. — *Chroniques de l'Evéché de Langres.*

habitués déjà à la licence et à l'oisiveté, n'étaient plus capables de subir une réforme. D'ailleurs qui l'aurait essayée? Pendant plus de quarante ans, le siège de Langres fut occupé par des pontifes peu zélés qui ne prirent aucun souci de la situation de Saint-Bénigne.

Ainsi s'en allait à la décadence cette célèbre abbaye, après avoir épuisé la ferveur de trois familles religieuses. Il ne fallait rien moins que l'autorité d'un saint pour rétablir la règle dans le cloître, remettre les chants sacrés sur les lèvres des cénobites, et régénérer cette milice d'honneur, placée par saint Grégoire autour du tombeau de l'illustre protomartyr de la Bourgogne !

CHAPITRE VI

PREMIERS TRAVAUX DE L'ABBÉ GUILLAUME A SAINT-
BÉNIGNE. — VOYAGE EN ITALIE

Première réforme de Guillaume. — Brunon lui confère le
sacerdoce et le consacre abbé. — Restauration matérielle de l'abbaye. — Guillaume réforme les monastères
de Vézelay, de Béze, de Saint-Jean de Réôme, de Saint-
Michel de Tonnerre, de Molôme. — Activité et prudence
de l'abbé de Saint-Bénigne. — Projet de reconstruction
de la basilique. Découverte des reliques de saint Bénigne.
— Donations faites à l'abbaye par Brunon et les seigneurs
Bourguignons. — L'abbé Guillaume se rend en Italie
pour y chercher un plan et des ouvriers. — Entrevue
de l'abbé de Saint-Bénigne avec le pape Grégoire V. —
Pèlerinage au Mont-Gargan. — Maladie à Bénévent. —
Extase. — Visite à Subiaco et au Mont-Cassin. — Les
inspirations esthétiques à Ravenne. — L'abbé Guillaume
visite saint Romuald à Pérée.

Le saint évêque de Langres, Brunon, ne tarda
pas à apprécier le trésor qu'il avait reçu de l'abbé
de Cluny. Guillaume réalisait à ses yeux le type du
réformateur tel qu'il l'avait désiré pour le monastère de Saint-Bénigne. Jeune, actif, aussi prompt
à concevoir un projet que ferme dans l'exécution,

il devait à son éminente vertu cette force morale qui se rend facilement maître des cœurs et les dompte avec puissance et suavité.

Le zèle du moine répondait au zèle du pontife. Aussi Brunon résolut-il de vaincre la modestie de Guillaume. Il lui conféra lui-même le redoutable honneur du sacerdoce, et, peu après, lui donna solennellement la consécration abbatiale (7 juin 990) (1).

Le nouvel abbé, encouragé par l'affectueuse sollicitude de l'évêque de Langres et secondé par la ferveur des moines de Cluny, s'appliqua avec une persistance infatigable à l'œuvre de la réforme. La tiédeur et la vie molle des cénobites dijonnais durent céder devant les exemples de la colonie clunisienne. La piété, l'obéissance, le travail et surtout le silence, qui est toujours dans une communauté le signe de la perfection, refleurirent comme au sein du cloître le plus fervent. Ceux des anciens religieux qui avaient conservé l'amour de leur saint état, et qui n'avaient péché que par faiblesse, sous l'influence du relâchement général, se rendirent sans peine aux charitables exhortations

---

(1) « 990 Ordinatio Domni et eximii patris Willelmi Divio-
» nensis abbatis cœnobii per manus memorandi Brunonis Lin-
» gonicæ urbis episcopi in officio archimandrite atque pres-
» byteri. »

Mabillon (*Annales Sancti Benigni.*)

de Guillaume .Ils se joignirent aux nouveaux venus,
et rivalisèrent avec eux de zèle et de bonne volonté
par les pratiques d'une vie parfaite. Les autres, au
contraire, plus endurcis de cœur, plus corrompus,
restèrent inaccessibles à toute sollicitation et per-
sévérèrent dans leurs égarements. L'abbé n'hésita
point à les sacrifier pour le bien de leurs frères. Il
les expulsa, les livrant ainsi à la honte et au dés-
honneur de la vie qu'ils avaient préférée. Quand la
charité a épuisé toutes ses inspirations, elle doit
céder la place à la justice.

Après cette première restauration de la discipline,
l'abbé Guillaume entreprit de mettre ordre aux
affaires temporelles du monastère. Il se fit rendre
les importants revenus que quelques-uns de ses
prédécesseurs, et Manassès surtout, avaient détour-
nés à leur profit, et parvint, en peu de temps, à re-
constituer presqu'intégralement le patrimoine de
Saint-Bénigne (1).

Brunon contribua beaucoup à assurer la restitution
des biens de l'abbaye. Il détacha même de la mense
épiscopale, en sa faveur, plusieurs terres de Larrey,
de Marsannay et des environs, et abandonna entièrement à la juridiction de l'abbé de Dijon, les églises de Saint-Apollinaire et de Saulx avec leurs dé-

____

(1) Dom Plancher. — *Hist. de Bourgogne.* Liv. v, n. 48.

pendances (1). A ces largesses du pontife se joignirent, dans la suite, de nombreuses dotations de deux princes bourguignons : Henri-le-Grand et son fils adoptif Othe-Guillaume. Ce dernier surtout, uni par les liens de la parenté avec l'abbé de Saint-Bénigne, se montra, toute sa vie, le bienfaiteur des moines de Dijon.

Cette prompte réforme eut la plus grande importance à cette époque de relâchement. Le bruit s'en répandit au loin ; et nous allons voir les princes et les pontifes conjurer l'abbé de Saint-Bénigne de venir mettre un terme aux désordres des abbayes soumises à leur autorité.

Il y avait à peine deux ans que les moines de Cluny étaient installés à Dijon lorsqu'Henri-le-Grand, duc de Bourgogne et frère de Hugues Capet, pria l'abbé Guillaume de prendre la direction du monastère de Vézelay. L'évêque de Langres, peu après, demandait la même faveur pour les abbayes de Bèze (2), de Saint-Jean de Réôme (3), de Saint-Michel de Tonnerre (4), de Saint-Valérien de Molôme (5).

On a peine à comprendre comment l'activité de

(1) *Chronic. Sancti Benigni.* p. 432, 433.
Dom Plancher. — *Hist. de Bourgogne.* Liv. v.
Hist. litt. Tome vii, p. 232.
(2) *Chronic. Bessuens. Spicileg.* Tom. x.
(3) Dom Plancher. — *Hist. de Bourgogne.* Liv. i.
(4) Dom Plancher. — *Hist. de Bourgogne.* Liv. v.
(5) Dom Plancher. — *Hist. de Bourgogne.* Liv. v.

l'illustre abbé pouvait suffire à d'aussi grands
travaux. L'état de Saint-Bénigne, où tant de
ruines étaient à relever, ne lui permettait guère de
longs voyages. Aussi le plus souvent se bornait-il à
une résidence de quelques mois dans chaque monastère. Il y établissait la règle bénédictine, chas-
sait les moines endurcis et rebelles, puis confiait
à l'un de ses religieux le soin de le remplacer avec
pleine autorité. Ainsi se trouvait renouvelé le mode
de réforme dont avait usé saint Mayeul à l'égard
de l'abbaye de Dijon.

Cependant, après avoir rétabli la discipline et
assuré le temporel du monastère, l'abbé Guillaume
entreprit de réparer la basilique élevée par saint
Grégoire de Langres. Elle était dans un tel état de
vétusté que les ouvriers, qui tentèrent d'en prévenir
la ruine, ne firent que l'avancer : une partie des
murailles s'écroula, et il fallut songer à rebâtir de
fond en comble, cet édifice dont la restauration par-
tielle devenait impossible..

Cette occasion parut providentielle à l'abbé Guillaume. N'écoutant que son zèle pour la maison de
Dieu et obéissant, à cette impulsion qui passion-
nait le moyen-âge pour les œuvres sublimes, il
conçut l'idée de doter le tombeau de saint Bénigne
d'un monument dont la magnificence rappelât les
splendides basiliques d'Italie.

Néanmoins trois difficultés l'arrêtèrent d'abord.

En quel lieu avaient été déposés les restes précieux du saint martyr? Où trouver des ouvriers, des artistes et des ressources pour ce grand œuvre? Enfin quel type architectonique pouvait répondre dignement à son vaste dessein?

Les moines de Dijon, effrayés des bruits de guerre et, se souvenant du prix que leur avait coûté l'hospitalité donnée par les habitants de Langres (1) aux reliques de saint Bénigne, avaient pris le parti d'enfouir le corps du martyr dans la crypte sans aucune inscription. Depuis plus d'un demi-siècle, l'indifférence des religieux à l'égard de leur précieux trésor était telle qu'aucun contemporain de l'abbé Guillaume ne savait la place du sarcophage. Raoul Glaber, qui nous a conservé ces détails, note même que plusieurs allaient jusqu'à nier l'existence des reliques de saint Bénigne.

Mais ce premier obstacle fut bientôt levé. L'abbé eut une vision miraculeuse qui lui révéla le lieu, où il devait entreprendre les fouilles. Il retrouva ainsi le tombeau du premier apôtre de la Bourgogne. On l'ouvrit en présence d'une foule nombreuse de

---

(1) Vers 891, les moines de Dijon, avec Lantier leur abbé, avaient porté à Langres le corps de saint Bénigne pour le mettre à l'abri de l'invasion des Normands. Le saint martyr demeura là trente-deux ans et les Langrois ne consentirent à le rendre à l'abbé de Dijon qu'à la condition qu'on leur laisserait un bras entier.

prêtres et de fidèles, qui tous purent constater, sur le crâne, la trace de l'instrument qui avait servi à consommer le martyre (1). L'abbé Guillaume, pour rehausser cette découverte merveilleuse de toutes les splendeurs du culte, convoqua plusieurs évêques, des abbés, des princes même ; puis au milieu des hymnes pieuses et des fumées de l'encens, il renferma les reliques dans le même sarcophage qu'il fit placer un peu plus du côté de l'Orient, sous un magnifique mausolée.

Quelle que fût la joie du Vénérable abbé, il ne pouvait se dissimuler les difficultés matérielles qui restaient à vaincre pour exécuter son projet. Mais l'évêque Brunon lui vint en aide. Le zélé pontife s'engagea à couvrir lui-même une partie des dépenses de la nouvelle église. C'est lui qui fournit les bois de construction et les matériaux les plus précieux comme ces colonnes de marbre et ces pierres rares qui faisaient le principal ornement de la Rotonde. Odilon de Cluny, entrant dans les vues de l'abbé Guillaume, lui envoya aussi une grande quantité de chapiteaux sculptés, de fûts de colonnes et de larges plaques de marbre poli, derniers dé-

---

(1) « Aperiensque contingere meruit sacratissima egregii Martyris ossa, in cujus etiam cerebro, quod in descripta ejus passione legitur, vulnus ferreo illatum vecte apparuit. » Radulph. Glab. *Vita Sancti Guillel.* c. xv.

bris de la splendide abbaye de Saint-Marcel de Châlon (1).

L'histoire n'a point retenu le détail des dons que durent apporter au tombeau de saint Bénigne Henri de Bourgogne, Othe-Guillaume, et d'autres seigneurs bourguignons. Mais leur munificence, pour être restée secrète devant la postérité, n'en est pas moins certaine (2). D'ailleurs, sans eux, la prompte élévation de la basilique serait inexplicable, car nous verrons, au jour de la dédicace solennelle, le Vénérable Guillaume reprocher au peuple de Dijon d'avoir trop peu contribué de ses deniers aux frais de construction.

Heureux d'avoir retrouvé le tombeau du saint martyr, assuré de l'appui généreux de l'évêque de Langres et de plusieurs autres seigneurs, l'abbé de Saint-Bénigne allait jeter les fondations de l'édifice. Toutefois il semble encore hésiter. Quelle forme donner à ce sanctuaire? Où puiser l'inspiration d'un idéal parfait? La Bourgogne d'alors portait encore les traces de plusieurs invasions. En vain y eût-on cherché quelque monument qui se distin-

---

(1) L'abbaye de Saint-Marcel ayant été ruinée en 937, par les Hongres, le comte Geoffroy, qui avait conservé le titre d'abbé, se vit dans l'impossibilité de restaurer lui-même le monastère et l'église. Il fit cession de tous ses droits à saint Mayeul (760), qui transforma la célèbre abbaye en simple prieuré dépendant de Cluny.

(2) *Annales Benedictini*, tom. IV, p. 80.

guât du style lourd de l'architecture latine dégra-
dée. D'ailleurs comment trouver, dans ce peuple rude
et guerrier, des artistes capables de comprendre et d'exécuter le plan conçu ?

Dans cette perplexité, l'abbé de Saint-Bénigne eut
l'idée de demander à sa patrie une inspiration, un
modèle et des ouvriers. Elevé au monastère de
Locédia, à peu de distance de Bergame, où l'on
venait de construire une église circulaire, tout
rempli des souvenirs de sa jeunesse, il ne voulut rien
entreprendre de définitif à Dijon, avant d'avoir de
nouveau vu et étudié les merveilleuses basiliques
d'Italie.

D'ailleurs, à la veille de réaliser les grands projets
qu'il méditait, il se sentait mystérieusement poussé
vers Rome. C'est le besoin des âmes que Dieu appelle à
d'éclatants travaux dans l'Église de venir s'incliner
sous la bénédiction vivifiante du vicaire de Jésus-
Christ. C'était à la fois le double attrait de l'art et de
la piété qui amenait au tombeau des saints apôtres
l'illustre réformateur du xie siècle.

Il quitta la France au milieu de l'année 996. La
Haute-Italie avait pour lui trop de souvenirs pour
qu'il la traversât sans s'y arrêter. Il dut revoir l'ermitage de Saint-Michel et saluer du regard au
moins l'abbaye dégénérée de Locédia. Cependant
tout porte à croire qu'il ne s'attarda point à Volpian.

Car il arriva à Rome peu après l'élection du pape Grégoire V, qui avait eu lieu le 3 mai 996.

Ce jeune prélat, que la faveur d'Othon III avait élevé au trône pontifical, était digne par sa science et ses précoces vertus de gouverner longtemps l'Église. Son avénement fut une joie pour l'Italie, et une espérance pour la chrétienté. On savait que soutenu par l'empereur, Grégoire allait en finir avec cette ambitieuse faction du sénateur Crescentius qui désolait la ville éternelle. On espérait aussi que ce pontificat également servi par la science et par ce zèle entreprenant qui n'appartient qu'à la jeunesse, releverait bien des ruines et préparerait des œuvres fécondes pour l'avenir.

L'abbé Guillaume partageait cette confiance. Aussi avait-il hâte de voir le nouveau pontife. Grégoire V, déjà prévenu en sa faveur par la renommée, le reçut avec les plus vifs témoignages de bienveillance. Il prit le plus grand intérêt à tous ses projets; le vit familièrement pendant son séjour à Rome, et ne le laissa partir qu'après l'avoir comblé d'encouragements et de bénédictions.

En quittant la ville éternelle, l'abbé de Saint-Bénigne se rendit au mont Gargan (1). Ce pèlerinage n'avait point encore la célébrité que devait lui donner la

______

(1) « Indeque ad Sanctum Angelum Michaelem, montem petivit Garganum. » *Chronic. Div. — Annales Benedictini* tom. IV p. 94.

pénitence publique de l'empereur Othon (1). Mais le saint abbé, voué dès son enfance à saint Michel archange, tenait à visiter ce sanctuaire qui lui était consacré.

Soudain, comme il revenait de faire son pieux pèlerinage et qu'il se rendait à Bénévent, une maladie l'arrêta en chemin, et le mit aux portes du tombeau. Les fatigues du voyage avaient tellement épuisé ses forces que le mal semblait défier toutes les ressources de l'art. Mais Dieu n'avait pas encore fait sonner pour lui l'heure de la récompense. Ce n'était

(1) « La ville de Tivoli avait été condamnée au pillage pour s'être révoltée et avoir tué son gouverneur, Matholin. Romuald intercéda pour elle auprès de l'empereur et obtint sa grâce. Othon s'engagea même par serment à pardonner à Crescence, sénateur romain, le chef des rebelles. Il lui fit donner parole par l'un de ses favoris, appelé Tham, qu'il lui sauverait la vie et l'honneur, s'il se rendait à discrétion et s'abandonnait à sa clémence. Crescence, ne pouvant se défier de la parole de son souverain, se mit entre ses mains ; mais l'empereur le fit mourir contre sa foi ; il alla même plus loin ; comme il avait la femme du défunt en son pouvoir, il lui ravit malheureusement l'honneur. Après des actions si noires, Othon et Tham eurent recours à Romuald pour obtenir le pardon de Dieu de leurs horribles forfaits. Mais le Saint, sachant qu'il fallait imposer des pénitences publiques pour des crimes si manifestes, condamna le favori à garder une clôture perpétuelle dans la religion ; à quoi il acquiesça. Il enjoignit à l'empereur d'aller nu-pieds depuis Rome jusqu'au Mont-Gargan, qui est près de Manfredonia, en la Pouille, y visiter l'Église de Saint-Michel archange et de se retirer tout le Carême au monastère de la Classe, ce qu'il fit, portant toujours la haire et couchant seulement sur une paillasse, 999. »

Bollandistes. — *Vie de Saint Romuald*, 7 février.

qu'une nouvelle épreuve destinée à purifier davantage cette grande âme faite pour le travail et pour la lutte. Des grâces extraordinaires lui furent accordées dans cette circonstance. Ravi en extase, pendant une nuit, il comparut devant le tribunal de Dieu, et s'entendit reprocher vivement la rigueur excessive de ses mortifications. Certaines pénitences, qui lui étaient familières, furent jugées sévèrement, parce que le mobile, qui les inspirait, n'était point encore assez pur de toute recherche personnelle. Le Vénérable abbé eut une si grande frayeur qu'il se croyait déjà réprouvé. Mais en ce même moment intervint le pape saint Grégoire-le-Grand qui plaida sa cause devant le Souverain Juge et obtint son pardon. Cette vision lui rendit la santé et la paix de l'âme, et depuis il ne cessa d'honorer, d'un culte tout filial, le saint qui s'était ainsi montré son défenseur.

L'abbé Guillaume visita ensuite le berceau de l'ordre monastique en Occident. Il vint à Subiaco et au Mont-Cassin. Cette grotte et ce monastère, double souvenir des sublimes élans de la piété de saint Benoît, parlaient au cœur du pieux pèlerin. Quelle force ne dut-il pas puiser à ces sources, encore non taries, de la foi et du sacrifice ?

Après quelques semaines presqu'exclusivement consacrées à satisfaire sa dévotion, il revint à Rome se prosterner une dernière fois aux tombeaux des glorieux apôtres. Nous ne savons point s'il y rencontra Grégoire V. Peut-être le Souverain Pontife était il déjà parti pour le concile de Pavie, où l'abbé Guillaume le retrouvera en se rendant en France.

Ce fut pendant son séjour à Rome que l'illustre abbé chercha des inspirations esthétiques pour son église de Dijon. Parmi les monuments de Rome sacrée, la Confession de Saint-Pierre, où reposait le corps du chef des apôtres, fut évidemment l'objet spécial de ses études, car nous le verrons bientôt tracer le plan de l'église souterraine, dédiée à saint Bénigne, sur celui même de l'antique église du premier des papes (1).

De Rome il se re rendit à Ravenne pour y voir la nouvelle église de Saint-Vital, le modèle le plus complet des basiliques périboliques. Dans cette ville il se mit en rapport avec plusieurs artistes distingués qui viendront bientôt se fixer à Dijon et travailler sous sa direction. C'est pendant ce voyage qu'eut lieu l'entrevue de l'abbé Guillaume avec

---

(1) « L'Église souterraine de Saint-Bénigne semble tout entière une copie, un calque de l'antique église de Saint-Pierre, appelée le Vatican. Dans l'une et dans l'autre, il y a 96 colonnes, sans compter celles de l'autel et du tombeau ; dans l'une et dans l'autre, chose encore plus frappante, ces colonnes disposées *in quatuor ordines* imitent la forme du T. Dans toutes les deux enfin, le tombeau du saint est sous le grand autel de l'église supérieure, dans un enfoncement, au-dessus duquel s'élève un *ciborium* soutenu par quatre colonnes de marbre. »

Chronic. Sancti Benigni; traduction de M. l'abbé Bougaud : *Etude historique sur Saint-Bénigne*, p. 282.

saint Romuald. Ayant appris qu'à quatre milles de Ravenne, dans l'île de Pérée, vivait un solitaire d'une éminente sainteté, le moine de Dijon désira le visiter. Ces deux hommes d'un caractère si différent : l'un voué à la prière et à la contemplation, l'autre plus adonné aux œuvres extérieures, ne se connaissaient point. A peine se sont-ils rencontrés que leurs cœurs se sont compris et se sentent doucement attirés, tant est merveilleuse la puissance de la sainteté qui unit les âmes par le charme le plus fort et le plus suave : le mutuel amour de Dieu ! Après plusieurs jours passés dans de célestes entretiens, les deux saints durent se séparer. Mais l'abbé Guillaume emporta de l'île de Pérée des souvenirs qu'il garda toute sa vie.

Il reprit ensuite, en passant par Venise, le chemin de la Haute-Italie, où d'importantes affaires allaient le retenir plusieurs mois.

CHAPITRE VII

FONDATION DE L'ABBAYE DE FRUCTUARE. — L'ABBÉ
GUILLAUME RELÈVE LA BASILIQUE DE
SAINT-BÉNIGNE

L'abbé Guillaume et Grégoire V à Pavie. — Maladie à Sainte-Christine. — Arrivée de Guillaume à Volpian. — Projet de ses frères. — Retour de l'abbé Guillaume en France. — Plan de la basilique de Saint-Bénigne. — Commencement des travaux. — Arrivée d'un grand nombre de moines-ouvriers à Dijon. — Réforme du monastère de Saint-Vivence de Vergy.

Le pape Grégoire V avait signalé son avénement par un acte de générosité. Il avait sollicité lui-même, auprès d'Othon III, la grâce du sénateur Crescentius (1) dont l'ambition inquiète et farouche avait troublé la ville éternelle, sous les deux pontifes précédents. Mais à peine l'empereur était-il retourné en Allemagne que l'ingrat Crescentius avait chassé de

(1) Baronius, an 996.

Rome son bienfaiteur et mis à sa place un calabrais, de basse extraction, nommé Philagathe, homme souple et hardi, déjà parvenu par l'or et l'intrigue, au siége épiscopal de Plaisance. Dans cette extrémité, Grégoire V avait convoqué à Pavie plusieurs évêques d'Italie et d'Allemagne, et s'y était rendu en personne pour fulminer l'excommunication contre le rebelle (1). C'est pendant la session de ce concile (mai 997) que l'abbé Guillaume arriva à Pavie. A la joie de revoir cette ville, où il avait autrefois achevé ses premières études, se joignait celle de rencontrer le zélé pontife dont la bienveillance l'avait déjà si vivement encouragé. Toutefois il s'arrêta peu de temps.

Il précipitait son retour en France, quand il fut pris d'une fièvre ardente qui le retint au monastère de Sainte-Christine. Il resta quelques jours entre la vie et la mort. Mais le saint abbé fut promptement consolé de cette épreuve. Une vision miraculeuse, dont sa modestie a toujours gardé le secret, lui rendit en quelques heures la force et la santé (2).

Il venait d'arriver à Verceil lorsque ses trois

____

(1) « Ricoveratosi a Pavia tenne quivi un gran Concilio, in cui scomunico Crescenzio. »

Vita S. Veremondo vescovo d'Ivrea. — Ivrea 1858, p. 32.

(2) Radulph. Glab. *Vita Sancti Guillelmi.* CXVI.

frères, Nitard, Godefroy et Robert, informés de sa présence, accoururent à sa rencontre (1), et, sans lui permettre de séjourner davantage l'entraînèrent dans leur domaine de Volpian. Guillaume, dont l'âme délicate allait retrouver sur le sol natal tant de délicieux souvenirs ne fit aucune difficulté d'accéder à leurs instances.

Cette démarche que l'affection seule semblait inspirer devait merveilleusement servir les desseins de Dieu, car l'illustre moine n'était amené au sein de sa famille que pour la gagner à Jésus-Christ, et se choisir, parmi les fils de Robert et de Périnza, de nouveaux disciples généreux et fervents. Les frères de l'abbé Guillaume, ravis d'admiration pour ses œuvres et secrètement touchés de la grâce, lui proposent spontanément de construire un monastère, semblable à celui de Dijon, dans sa propre patrie; ils lui offrent dans ce but tout le terrain qui sera nécessaire. Ils font plus : car deux d'entre eux, Nitard et Godefroy, renonçant au métier des armes, promettent au saint abbé de se consacrer à Dieu et d'embrasser la vie religieuse.

L'abbé de Saint-Bénigne ne put contenir sa joie. Il accepta sur l'heure ces ouvertures, et se mit de suite à la recherche de l'endroit le plus convenable. Le

____

(1) Radulph. c. XVIII. — De Levis, *Opera Sancti Willelmi.* — Præfat. p. 14.

domaine de Volpian était très-étendu. Borné au sud par le Pô, arrosé du nord-ouest au sud-est par les deux rivières de l'Orco et de l'Amalon, il offrait l'aspect le plus agréable. Son extrême fertilité lui avait valu le nom de *Fructuare* (1).

L'abbé Guillaume choisit la partie la plus éloignée du fleuve comme la plus propice au recueillement. Il fixa sur la rive gauche de l'Amalon le lieu du monastère, et ne quitta Volpian qu'après avoir jeté les premiers fondements de l'édifice (997).

Le voyageur, qu'une pieuse curiosité amène aujourd'hui en ces lieux, ne trouve plus les traces de l'église bâtie par les fils du comte Robert. Une somptueuse basilique du siècle dernier (1725-1742) l'a remplacée. Mais les parties encore intactes du monastère permettent de juger du style de l'ancien monument. On croit y reconnaître ce caractère de régularité massive, qui est le propre du xe et du xie siècle, et, s'il faut s'en rapporter à ces ruines que la main du temps a déjà frappées, il y avait loin de la simplicité de cette construction à la richesse et à la splendeur de la basilique que le Vénérable Guillaume devait élever, peu de temps après, en Bourgogne. L'abbaye de Volpian n'était qu'un souvenir de famille et un hommage personnel à sa patrie, tandis que Saint-Bénigne de Dijon devait

____

(1) Radulph. Glab. Hist. l. III. c. v.

être l'expression la plus haute du génie du célèbre réformateur.

Pendant sa longue absence, le Vénérable ne perdait pas de vue ses moines de Bourgogne. Il était encore à Volpian, quand il apprit que l'abbé Odilon de Cluny se disposait à visiter le monastère de Dijon. Aussitôt il écrit à ses religieux pour leur exprimer la peine qu'il ressent de ne pouvoir accueillir lui-même ce saint personnage, et leur enjoint de le recevoir avec les plus grands honneurs (1).

Après avoir assis les premières bases de la fondation de Fructuare, l'abbé reprit le chemin de la France. Il revenait le cœur rempli de consolations et d'espérances. C'était du reste l'heure de quitter sa patrie. Bientôt le Piémont, bouleversé par la fureur de son oncle Ardoin, marquis d'Ivrée, n'offrira plus que le navrant spectacle de ruines encore fumantes!

Le retour de Guillaume fut une fête pour les religieux de Saint-Bénigne. Prévenus de son arrivée, ils allèrent à sa rencontre, et le reçurent au chant des hymnes joyeuses. Le saint abbé amenait avec lui ses deux frères, Nitard et Godefroy. Peut-être avait-il à sa suite encore d'autres personnages qu'il avait gagnés au cloître, car on voit la communauté

---

(1) *Chronic. Sancti Benigni*, p. 441, 442. V. *Opera Sancti Guillelmi.* — Epistola ad monachos Divionenses.

de Dijon s'accroître à tel point qu'on put envoyer plusieurs moines en Italie, pour surveiller les travaux de la nouvelle abbaye de Fructuare.

A peine reposé des fatigues de son voyage, l'abbé de Saint-Bénigne se mit tout entier à l'œuvre qu'il projetait. Pendant plusieurs mois, on le vit occupé à tracer le plan de son édifice. Ce n'était pas assez d'avoir conçu un idéal grandiose, ni d'avoir étudié les merveilles de l'art italien, il fallait réunir et combiner ces données encore vagues, les frapper du sceau de l'unité, et en tirer le type de ce qu'il y eût à la fois de plus élégant et de plus symbolique dans l'architecture chrétienne.

L'œuvre offrait de grandes difficultés. Nous verrons qu'elle n'était point au-dessus du génie de l'illustre abbé.

Le plan général embrassait trois édifices : l'église, la Rotonde et le monastère. L'église, fondée par saint Grégoire au vi⁰ siècle et réparée au ix⁰, par Isaac était tombée en ruine. Cependant l'abbé Guillaume par respect pour les saints évêques de Langres ne voulut point la faire entièrement raser ; il en conserva une partie qu'il enchâssa avec beaucoup d'art dans sa nouvelle construction. A l'extrémité, attenant à l'abside devait s'élever la Rotonde, monument péribolique de la plus gracieuse originalité et destiné à couronner le tombeau de saint Bénigne. Enfin le monastère, bâti au vi⁰ siècle, déjà trop restreint pour le nombre des cénobites, devait être reconstruit sur de plus vastes proportions.

Quelque fut l'empressement du saint abbé, il ne put commencer les travaux que l'année 1001 : il posa lui-même la première pierre de l'édifice le 16 des calendes de mars (1).

La Chronique de Dijon note un fait qui nous aide à comprendre l'activité avec laquelle l'abbé Guillaume éleva la basilique de Saint-Bénigne. Vers cette époque (2), on vit arriver d'Italie un grand nombre de moines artistes ou simples ouvriers dont le talent et les efforts secondèrent admirablement les desseins du Vénérable abbé. Soit qu'il se fût entendu avec eux pendant son séjour en Lombardie, et surtout à Ravenne, soit que la réputation de son génie les eût seule attirés, ils vinrent tous la même année, et restèrent à Dijon tant que dura la construction de la basilique. Le Chroniqueur nomme, entre autres, un certain Paul de Ravenne qui, venu d'abord pour exercer son talent, se fixa et mourut

(1) « 1001, — Templum cænobii D. Benigni Divionensis ho c anno conditum a Wuillelmo Abbate, cujus hoc tempore inter monachos ob vitæ integritatem et doctrinæ præstantiam fama percelebris erat. »

Burgondiorum chronicon, in-4o 1557— id, *Chronic. Sancti Benigni* loc. cit.

(2) Cœperunt denique ex suâ patriâ, hoc est ex Italia multi ad eum convenire, aliqui litteris bene eruditi, alii diversorum operum magisterio docti.

Chronic. Sancti Benig. loc. cit.

ensuite à Dijon, puis Joannelin, homme de la plus grande distinction, qui devint le disciple privilégié de l'abbé de Saint-Bénigne, enfin Hunalde, habile sculpteur (1), qui fut chargé de présider à toute la décoration de l'église et de la Rotonde.

Ces moines-ouvriers formaient entre eux une véritable association. Ils n'avaient d'autre ambition que de travailler pour l'unique gloire de Dieu, et consacraient leur vie à élever ces monuments sacrés dont les proportions grandioses, non moins que la splendeur des détails, aujourd'hui encore, nous étonnent et nous ravissent. C'est à eux que le moyen-âge doit ses belles cathédrales. Artisans modestes et ignorés, ils ont créé en France les chefs d'œuvre de notre architecture religieuse (2). Aussi

(1) « Inter monachos in hoc loco degentes fuit quidam juvenculus vocatus Hunaldus solertis ingenii. Venerabilis Villelmus injunxit illi curam sacri periboli... »
Chronic. Saneti Benig. loc. cit.

(2) « Les moines étaient non-seulement les architectes, mais encore les maçons de leurs édifices : après avoir dressé leurs plans, dont la noble et savante ordonnance excite encore notre admiration, ils les exécutaient de leurs propres mains. Ils travaillaient en chantant des psaumes, et ne quittaient leurs outils que pour aller à l'autel ou au chœur. Ils entreprenaient les tâches les plus dures et les plus prolongées, et s'exposaient à toutes les fatigues et à tous les dangers du métier de maçon. Les supérieurs aussi ne se bornaient pas à tracer les plans et à surveiller les travaux ; ils donnaient personnellement l'exemple du courage et de l'humilité et ne reculaient devant aucune corvée. »
De Montalembert. — *Mélanges d'art et de littérature,* p. 347 in-8º.

bien, privé de leur concours, on se demande comment l'abbé Guillaume eût pu réaliser son plan. Quand on compare la Rotonde de Saint-Bénigne, avec ses colonnes gracieuses et ses chapiteaux délicatement sculptés, aux monuments que possédait alors la Bourgogne, on est frappé d'une disproportion que le génie de l'architecte peut seul expliquer. Sans ces artistes d'Italie, jamais l'abbé Guillaume ne serait parvenu à ce fini et à cette élégance de décoration qu'accusent les rares fragments échappés aux attaques du temps et au vandalisme du siècle dernier.

L'abbé de Saint-Bénigne avait conservé la haute direction des travaux. Néanmoins il trouvait encore, dans l'inépuisable fécondité de son zèle, le moyen de relever d'autres ruines que celles du temple matériel. C'est ainsi qu'il fondait un nouveau monastère sur la montagne de Montigny-le-Roi (Haute-Marne) (1) et qu'il réformait celui de Vergy dédié à saint Vivence martyr. En quelques mois, il fit renaître les vertus monastiques dans ce lieu même où des religieux indignes avaient librement étalé leurs scandales. Mais à peine eût-il opéré cette transformation qu'il dut quitter subitement la France pour se rendre en Italie. Les moines de Fructuare, à la veille de terminer leur église et leur monastère, le réclamaient avec instances.

(1) *Recherches sur les principales communes de l'arrondissement de Langres in-8°, Langres 1836.*

CHAPITRE VIII

DEUXIÈME VOYAGE EN ITALIE (1002). — CONSÉCRATION
DE FRUCTUARE (1003)

Installation des moines bourguignons à l'abbaye de Fructuare.
— Dédicace et consécration de la basilique par Octavien,
évêque coadjuteur de saint Evremond. — Priviléges accordés par le Saint-Siége et par le roi d'Italie. — Le premier abbé de Fructuare. — Constitutions monastiques
spéciales. — Retour de l'abbé Guillaume à Dijon. — Lutte
entre Robert-le-Pieux et Othe-Guillaume. — L'abbé de
Saint-Bénigne sauve la ville de Dijon.

C'était vers la fin de l'année 997 (1) que l'abbé
Guillaume avait posé la première pierre de l'abbaye
de Volpian. Les moines de Dijon, qu'il avait envoyés
à son retour, pour presser la construction de l'édifice, avaient conduit l'œuvre avec activité, et à
l'automne de l'année 1002, la basilique et le monastère étaient suffisamment achevés, pour qu'on pût
en prendre possession.

Cette fondation avait réuni de puissantes sympa-

(1) De Levis. — *Opera Sancti Willelmi*, præfat.

thies : saint Evremond, évêque d'Ivrée, jaloux de voir son diocèse s'édifier des exemples et des vertus des fils de saint Benoît, avait favorisé les vues des seigneurs de Volpian, et Ardoin, alors roi d'Italie et oncle de l'abbé Guillaume, avait fait de riches dotations à la nouvelle abbaye (1).

Tout était prêt ; il ne restait plus qu'à installer les religieux, qui devaient célébrer l'office divin, et à consacrer la basilique. Les travaux entrepris à Saint-Bénigne ne permettaient point d'envoyer en Piémont des moines dijonnais. Cependant, pour ne pas retarder l'établissement de la communauté de Fructuare, le Vénérable abbé eut recours à la charité bien connue de son ami Odilon de Cluny. Il en reçut une colonie d'élite, qu'il put emmener avec lui et fixer pour jamais dans le monastère de Volpian.

Cluny, alors à l'apogée de sa gloire, rayonnait sur le monde catholique d'un éclat incomparable. Pareil au chêne vigoureux qui envoie de tous côtés des branches nouvelles et conserve la complète énergie de sa fécondité, il étendait, jusque par delà les limites de la France, l'autorité de sa règle et le zèle de ses enfants. Ce rameau, que l'abbé de Saint-

---

(1) Dès la semaine de son couronnement (20 février 1002) Ardoin donna plusieurs diplômes en faveur du monastère de Fructuare.

Provana. — *Ouv. cit.* c. VIII, p. 214.

Bénigne recevait de la main de saint Odilon, allait encore donner une belle floraison des vertus monastiques, sur la terre d'Italie, en attendant l'heure trop prochaine, où, pour ne point participer à la ruine générale, il devra lui-même se séparer du tronc vieilli et affaissé !

A son arrivée à Fructuare, le Vénérable installa les religieux qui l'accompagnaient, et se hâta de tout disposer pour la dédicace solennelle. Rien ne manqua à la pompe de cette cérémonie. L'église, sous le vocable de saint Bénigne, comme sa sœur de Dijon, fut consacrée, dans les premiers jours de l'année 1003, par l'évêque Octavien, coadjuteur de saint Evremond d'Ivrée, en présence du roi Ardoin, de toute la noblesse de la province et d'un concours innombrable de prélats, de prêtres et de simples fidèles. Une inscription lapidaire, relevée par la Chronique de Fructuare, a conservé la date de cet événement (1).

(1) « Si quis Fructuariam mavult prænoscere quando
Cœnobii cœptum rite fuisset opus ;
Millesimus sublimis erat tunc tertius annus
Partus Virginei Principis Ætherei,
Martii septena (seu Indictio prima) Calendæ
Tempus vel cursum ambo suum peragunt.
Rex Arduinus sceptri moderamine fissus
Regnat in Hesperia, tendit in Ausoniam
Adjuvet ipse locum Dominus, quem munere dotet,
Rebus consuluit fratribus assiduis.
Præsul Ottabianus, quod jure dicando sacravit,
Abbas Willelmus construit hoc Domino. »

L'abbé de Saint-Bénigne, désirant obtenir pour cette abbaye la protection temporelle et spirituelle dont jouissaient alors la plupart des monastères clunisiens, sollicita auprès du roi d'Italie et du Saint-Siége la faveur d'une double exemption. Il obtint, en effet, d'Ardoin un diplôme de privilége pour l'abbaye de Fructuare. Cet acte qui ne fut publié que deux ans après, le 26 janvier 1005, approuve la fondation faite dans le domaine de Volpian; il ratifie toutes les donations déjà acceptées, et octroie aux religieux l'exemption de toute autorité séculière. Le souverain Pontife, Jean XVIII, qui venait de succéder à Silvestre II, ne se montra pas moins libéral. A la prière de saint Evremond, le protecteur de l'abbé Guillaume, il consentit à prendre Fructuare sous sa juridiction immédiate, et à l'enrichir de priviléges qui la mettaient au rang des premières abbayes de France et d'Italie.

Ainsi le Vénérable avait consacré à Dieu l'héritage de ses pères. Les souvenirs de sa jeunesse s'alliaient aux espérances du nouveau cloître pour captiver son cœur et l'attacher plus fortement à cette terre de Volpian. Il eût voulu ne plus quitter ces lieux bénis et, dans le silence, vivre ignoré du monde, non loin des restes précieux de Robert et de Périnza. Doux rêve où l'affection naturelle, transfigurée par l'amour divin, lui montrait le bonheur! Mais Dieu ne l'avait point fait pour ces joies paisibles de la contemplation.

Quand il eut assuré l'avenir de l'abbaye de Fructuare par de sages dispositions, il en confia le gouvernement à l'un de ses religieux. Son choix tomba sur un moine du plus haut mérite. C'était Jean Dalie, fils du comte Guido de Saint-Martin et neveu, comme l'abbé Guillaume, lui-même, du roi Ardoin. Surnommé à cause de sa grande piété « *Jean l'homme de Dieu, — Joannes homo Dei,* » il avait toutes les sympathies de ses frères et une assez grande influence, aux yeux du pouvoir séculier, pour obtenir le respect des priviléges accordés à la récente abbaye.

Toutefois ce ne fut qu'en 1010 que Jean reçut la consécration abbatiale (1), des mains de l'évêque Octavien, devenu cette même année, par la mort de saint Evremond, titulaire du siége d'Ivrée. L'abbé Guillaume avait voulu, avant cette cérémonie, régler définitivement la position de Fructuare vis-à-vis de l'autorité spirituelle, et prévenir une difficulté qui pouvait surgir du côté de l'évêque de Langres. Comme les moines de Fructuare, tirés en

____

(1) « 1010. Joannes Guidonis Comitis Sancti Martini filius, Arduinique Regis Italiæ nepos... appellatur primus Abbas monasterii Fructuariensis tam in diplomate Henrici II Imperatoris (1023) quam in duobus privilegiis Conradi II. »

Ab Ecclesia. — *Historia Chronologica.* Torino 1645.

partie de Dijon et en partie de Cluny, avaient pour premier supérieur l'abbé de Saint-Bénigne dépendant lui-même de l'évêque de Langres, on pouvait craindre que ce prélat n'étendît sa juridiction sur le monastère italien. Le Vénérable obtint en 1007, de Brunon, le décret synodal par lequel il était réglé que l'abbaye de Volpian, indépendante des évêques de Langres, ne relèverait directement que du Saint-Siége.

La règle qu'on suivait à Fructuare n'était autre, pour le fond, que celle de Cluny. Néanmoins l'abbé de Saint-Bénigne, pour relier par une fraternité plus étroite les moines de Bourgogne et ceux d'Italie, avait introduit dans le nouveau monastère les coutumes particulières de Saint-Bénigne de Dijon. Nous n'avons pu retrouver, dans les annales de Fructuare, le texte de la règle clunisienne ainsi modifiée par le saint abbé. Mais la similitude des constitutions des deux abbayes est un fait appuyé sur les témoignages les plus solides. Nous en trouvons une preuve, entre autres, dans les litanies en usage à Volpian. Elles contiennent l'invocation des principaux saints dont le culte se célèbre dans les deux diocèses de Langres et de Dijon (1) : saint Bé-

---

(1) Langres et Dijon furent soumis à la même juridiction épiscopale, depuis le premier évêque saint Sénateur (200) jusqu'au xviiie siècle. Ce n'est qu'en 1731 que Dijon fut séparé pour former le diocèse actuel.

nigne, saint Polycarpe, saint Blaise (1), saint Maurice, saint Irénée, les saints Jumeaux, saint Andoche, saint Thyrse, saint Andéole, saint Symphorien, saint Didier, saint Urbain, saint Grégoire, saint Léger, saint Seine, saint Eustade, sainte Léonille, sainte Radegonde, etc.

La règle bénédictine, complétée par les constitutions particulières de l'abbé de Saint-Bénigne, fut trouvée si parfaite qu'elle se répandit insensiblement en Italie, en Suisse, en Autriche et jusqu'en Allemagne, où elle fut notamment observée au monastère de Saint-Blaise, dans la Forêt-Noire(2).

L'abbé Guillaume resta peu de temps à Fructuare, après la consécration de la basilique. Les travaux de l'abbaye de Dijon et les événements poli-

---

(1) Saint Blaise était spécialement honoré dans les deux abbayes de Dijon et de Fructuare.

Voici l'hymne propre de ce saint martyr, conservée dans les annales de Saint-Bénigne :

« Salve Martyr	Salva naufragio ;
Fortis in prælio	Et mundatos
Salve fulgens	Omni vitio ;
In Regni solio.	Tuo dignos
Nos à mundi	Redde consortio. Amen.

(2) « Ex antiquis Monasterii Sancti Blasii monumentis satis patet eodem seculo (XI), vivente adhuc Gisilberto a Monachis Sancti Blasii disciplinam Fructuariæ acceptam pluribus Germaniæ Monasteriis illatam fuisse. Luitpridus namque eam cœnobio Murensi in Helvetiâ, Harthmannus Gotwicenci in Austria, Sancti Uldarici Augustæ Campidonensi in Sueviâ, et Sancti Lamperti in Styria invexerunt, et sic ab ipsis posteriori ævo in aliis pluribus deductæ hæ consuetudines fuerunt. »

De Levis. — *Opera Sancti Willelmi*. Præf. p. 15.

tiques, qui commençaient à agiter la Bourgogne, ne lui permettaient pas de prolonger son séjour en Italie.

Henri-le-Grand, duc de Bourgogne, frère de Hugues-Capet était mort à Pouilly-sur-Saône (1002)(1). Il n'avait laissé d'autre héritier que son fils adoptif, Othe-Guillaume. Ce prince retint les états d'Henri par droit de légitime succession, et se montra prêt à soutenir ses prétentions, à main armée, contre le roi Robert, neveu lui-même du duc de Bourgogne. Othe-Guillaume avait pour lui la plupart des seigneurs bourguignons, qui redoutaient l'autorité absolue du roi de France, et surtout Landry, comte de Nevers, dont la puissance et le courage devenaient un appui formidable contre Robert. De plus, par ses relations de parenté avec l'évêque Brunon et l'abbé de Saint-Bénigne, Othe-Guillaume avait rallié à sa cause toutes les sympathies du clergé (2).

Toutefois le roi de France ne vit dans ces dispositions favorables au jeune prince qu'un nouveau motif de combattre son rival. Peu après la mort du duc Henri de Bourgogne (1003), il réunit une forte armée, et appuyé par Richard, duc de Normandie,

____

(1) *Burgundionum Chronicon*, ann. 1002, in-4° 1625, p. 118.

(2) Othe-Guillaume avait épousé la sœur de l'évêque de Langres et il était le propre cousin de l'abbé Guillaume, par sa mère Gerberge, mariée à Albert de Lombardie, marquis d'Ivrée, avant d'avoir épousé Henri de Bourgogne.

dont il avait obtenu trente mille hommes (1), il vint mettre le siége devant Auxerre. Il passa l'année devant cette place, sans pouvoir s'en emparer, et lorsqu'il se vit contraint de retirer ses troupes, il se dédommagea de cet insuccès en livrant ces riches contrées au pillage de ses soldats.

Deux ans plus tard, en 1005, nous retrouvons encore le roi de France devant les murs d'Avallon. Après une lutte de trois mois, il pénètre dans la cité, et de là s'avance victorieux sur Dijon, où l'attire son ressentiment contre l'évêque de Langres. C'est alors qu'il connaît les liens d'amitié et de famille qui unissent l'abbé de Saint-Bénigne à Othe-Guillaume. Il enveloppe dans sa colère le prince et le moine, et adresse au Vénérable une lettre sévère par laquelle il lui retire le gouvernement de l'abbaye de Moutiers-Saint-Jean.

A cette nouvelle, l'abbé Guillaume comprend le danger qui menace son monastère. Il prend aussitôt les mesures qui doivent assurer le salut de ceux qui l'entourent. Il disperse ses religieux, en envoie plusieurs dans les prieurés voisins dépendants de Saint-Bénigne, fait transporter les livres, les ornements et les objets précieux dans la chapelle Saint-Vincent, et demeure lui-même à l'abbaye, avec quelques religieux, pour y célébrer l'office divin.

(1) *Burgundionum Chronic.* loc. cit.
Courtépée. *Hist. de Bourgogne*, tome I, p. 114.

Dijon était vaillamment défendu par Humbert de Mailly et Guy-le-Riche (1). Cependant le nombre et la force de l'armée royale ne permettaient point une longue résistance aux assiégés. Après plusieurs combats meurtriers, où la victoire était restée indécise, le Vénérable abbé, touché des plaintes du peuple, résolut d'aller lui-même solliciter la clémence du roi. Il part seul et se rend dans le camp ennemi. Son courage, la noblesse de ses manières, la fermeté de sa parole, touchent le cœur du monarque. Robert-le-Pieux s'avoue vaincu et pardonne sans conditions à toute la ville. Cette pacifique victoire tourna tout à l'avantage de l'abbé de Saint-Bénigne. Car, depuis cette époque, le roi et la reine ne cessèrent de lui témoigner pour sa personne et pour ses religieux leurs plus libérales sympathies (2).

Il y a dans cette conduite de l'abbé Guillaume une grandeur d'âme qui commande autant la reconnaissance que l'admiration. Quand on se retrace maintenant la barbarie de ces armées sans frein, que ne devait-on pas craindre alors pour la cité dijonnaise? Si les troupes ennemies fussent

---

(1) Courtépée. *Hist. de Bourgogne*, tome I, p. 114.

(2) « Adiens ergo intrepidus Willelmus amborum præsentiam ita illorum divini verbi virtute iram compescuit, ut etiam dignitatis gratiam apud illos (regem et reginam) obtineret. »
Radulph. Glab. *Vita Sancti Guillelmi.* c. XI.

entrées dans la ville, que serait devenue l'abbaye de
Saint-Bénigne? On peut croire que le fer et le feu
n'auraient laissé que des ruines dans ce lieu où se
dressaient déjà les murailles de la gracieuse basilique.

Cette circonstance n'est point restée dans la
mémoire du peuple de Dijon. Les dernières révolutions ont rompu le fil de nos lointaines et pieuses
traditions, et nous ont rendus par trop étrangers à
l'histoire de notre passé. Cependant n'était-ce pas
pour perpétuer le souvenir de la délivrance de la
Bourgogne que nos pères avaient élevé la porte
monumentale qui a conservé le nom de l'abbé
Guillaume (1)? Si de nos jours le nombre est grand
encore des indifférents, qui dédaignent et qui oublient, puissions-nous, en entendant évoquer ces
touchants souvenirs d'un autre âge, nous incliner
avec amour devant la sainteté qui inspirait de tels
actes de dévouement et d'héroïsme.

---

(1) La porte Guillaume, élevée en 1336 et située sur le terrain
de l'abbaye, n'existe plus. Elle est remplacée par l'arc de
triomphe qui forme la nouvelle porte bâtie en 1784.

Courtépée. *Description du Duché de Bourgogne*, tome II,
p. 78.

CHAPITRE IX

L'ABBÉ GUILLAUME A FÉCAMP (1003-1005)

Message de Richard II, duc de Normandie, à l'abbaye de Saint-
Bénigne. — Arrivée de l'abbé Guillaume à Fécamp. —
Réforme de l'abbaye de Sainte-Trinité. — Etablissement
des *écoles-doubles*. — Réforme des abbayes de Saint-
Ouen et du Mont-Saint-Michel. — Confrérie des *Jongleurs*. — Joannelin, abbé de Fécamp. — Autres monastères soumis à la juridiction de l'abbé Guillaume.

La paix était rendue à la Bourgogne. Les moines
de Dijon travaillaient avec ardeur à la basilique de
Saint-Bénigne, sous la direction de leur abbé,
quand arriva au monastère une ambassade de
Richard II, duc de Normandie. Ce prince marchait
sur les traces de son père (1), et se montrait le
zèlé protecteur de la religion dans ses états. Déjà,
par ses soins, plusieurs églises avaient vu réparer
leurs ruines, et quelques abbayes avaient été réta-
blies dans leurs anciens priviléges. Celle de Fé-

(1) Richard-sans-Peur, petit-fils de Rollon.

camp (1), dédiée à la Sainte Trinité, avait particulièrement attiré son attention. Il l'avait enrichie de ses
largesses, et, désireux d'y voir refleurir, dans leur
pureté, les vertus monastiques des premiers âges,
il envoyait demander à l'abbé de Saint-Bénigne (2)
quelques moines formés à l'observance régulière
de saint Benoît.

Richard était venu l'année précédente en Bourgogne avec le roi Robert. Il avait entendu louer les
merveilles opérées par le zèle de l'abbé de Saint-
Bénigne, et il fondait les plus grandes espérances

---

(1) Cette abbaye avait été fondée, au VIIe siècle, par Wanin-
gus qui l'avait destinée à une communauté de femmes. Elle
subsista jusqu'en 841, époque où les Normands la ruinèrent de
fond en comble.

Leroux de Lincy. — *Histoire de l'abbaye de Fécamp.*
Rouen 1840.

(2) Déjà Richard-sans-Peur avait adressé la même requête à
saint Mayeul. Mais l'abbé de Cluny avait posé comme condition que ses religieux jouiraient du droit de « *pânage* », c'est
à dire de faire paître librement les troupeaux du monastère
dans les forêts de Normandie. Le duc, ayant trouvé trop élevées
les exigences de saint Mayeul, n'avait point réalisé son pieux
dessein. Toutefois il manifesta clairement ses intentions à son
fils en mourant. « Je te laisse, lui dit-il, le soin de rétablir la
discipline dans le monastère de Sainte-Trinité. Chasses-en ces
chanoines impurs, et mets à leur place de véritables serviteurs
de Dieu. Je veux que tu déposes ma dépouille mortelle dans
l'église de Sainte-Trinité, non dans l'intérieur, mais en dehors,
sous la gouttière du porche, afin que l'eau qui tombera du toit
de cette sainte demeure, lave toutes les souillures de mon
corps. »

Neustria pia, p. 210.

sur l'aide qu'il en recevrait pour restaurer spirituel-
lement l'abbaye de Fécamp. Toutefois le Vénérable
Guillaume, qui naguère avait vu la Bourgogne ravagée
par les Normands, n'accueillit point favorablement la
demande du duc. Il répondit à ses envoyés qu'il
croyait ce peuple de Normandie plus disposé à renverser qu'à édifier les temples du Seigneur, et que,
n'ayant d'ailleurs aucun moyen de transport, il ne
voulait point exposer ses religieux aux dangers d'un
si long voyage.

Cette réponse ne découragea point Richard. Il
envoya de nouveau à Dijon plusieurs seigneurs de sa
cour, avec de riches présents pour l'abbaye de
Saint-Bénigne et autant de chevaux qu'il en fallait
pour assurer aux moines un trajet prompt et facile.
L'abbé Guillaume se laissa toucher par les nouvelles instances du prince, et, consentit à se
charger du monastère de Sainte-Trinité. Même, comme s'il eût voulu faire oublier la fâcheuse impression produite sur l'esprit de Richard par ses premières défiances, le saint abbé se mit en personne
à la tête de la colonie qui partait pour Fécamp.

Il fut bientôt récompensé de son zèle. Le duc de
Normandie le reçut avec les marques les plus extraordinaires de vénération ; il lui conféra tout droit
sur l'abbaye ; et lui promit l'appui de son autorité
pour l'œuvre qu'il allait entreprendre.

Le monastère de Fécamp était alors occupé par

des chanoines riches qui poussaient jusqu'au scandale leur vie molle et relâchée. De telles âmes reviennent rarement à résipiscence. C'est un fait, mille fois constaté dans la vie spirituelle, qu'il y a des retours à la ferveur première que l'abus des grâces rend sinon impossibles du moins très-difficiles. Aussi l'abbé Guillaume n'essaya pas même d'imposer une règle à ces clercs indignes. Il conseilla au duc Richard d'assurer à chacun d'eux les moyens de leur existence personnelle et de les disperser, pour céder l'abbaye tout entière aux moines bénédictins (1). Ce conseil fut suivi, et l'on eut lieu de s'en applaudir (2).

(1) *Annales Benedictini* tome IV, p. 62 et 152.

(2)   « Pere fu as religions
     Mains beaus aveirs e mains chers dons
     Lor dona, c'unc n'en fist tant ;
     E si cume je sui lisant ,
     De Digon, loinz, d'une abeie
     Où genz aveit de sainte vie,
     Moines de boene renumée,
     Ne sai qui la chose ont parlée
     Ne cum ce pout esdevenir,
     Mais à Fescamp en fist venir
     Tant que tenir porent covent.
     Les clers qu'i out premièrement
     Sis peres mis, ceus en ota ;
     Tel abeie i estora
     Qu'avant ne puis, ce dist la vie,
     N'en out si riche en Normendie ;
     Tant l'essauça e tant i mist
     Qu'à merveille l'unt cil tenu
     Qui puis unt au siecle vescu.
Chronique des ducs de Normandie, par Benoît, trouvère an-

L'abbé de Saint-Bénigne n'avait pu amener de
Dijon que quelques religieux; mais la discipline
qu'il établit, à son arrivée, à l'abbaye de Sainte-Trinité, attira en peu de temps un grand nombre
d'âmes jalouses de se donner à Dieu sous la conduite d'un si sage directeur, et la nouvelle communauté devint bientôt l'édification de toute la province. En voici d'ailleurs le témoignage fourni par la
Chronique de Fécamp (1) : « Le bienheureux et illustre abbé Guillaume, ayant reçu l'abbaye, s'efforça
d'y faire revivre, dans toute sa ferveur, la règle bénédictine. Il accueillit tous ceux qui, touchés de la
grâce et désireux d'entrer dans les voies du salut,
voulurent se joindre à ses religieux. Cette prompte
réforme du monastère y développa une telle piété un
tel esprit de recueillement que bientôt il l'emporta par
la régularité sur tous les cloîtres voisins. La mortification, la modestie, la pauvreté volontaire étaient
pratiquées dans un degré héroïque, et tous ceux
qui étaient témoins de tant de vertu se sentaient
portés à embrasser une vie si parfaite. Là, point de
propriété particulière, mais une véritable famille
unie par les liens de la charité fraternelle. Le duc
Richard était si édifié des vertus de ces moines

glo-normand du XIIe siècle, publié par M. F. Michel, Paris, 1838,
in-4°.

(1) Mabillon. *Liber revelationum Monasterii Fiscamnensis*,
cap. XXIV.

qu'il leur prodiguait ses témoignages d'affection et de révérence. Il pourvoyait à tous leurs besoins, il leur donnait une grande partie de ses revenus personnels, et poussait si loin la piété envers eux que souvent on le voyait se faire une joie de servir lui-même à table les religieux et de pouvoir manger les restes de leur frugal repas (1). »

La ferveur était rentrée à l'abbaye de Sainte-Trinité, et l'abbé Guillaume voyait chaque jour ses joies s'accroître avec le nombre de ses disciples. Toutefois il s'en fallait que, dans ce pays encore à demi barbare, la science allât de pair avec la foi.

(1) « C'est à l'abbaye de Fécamp que le duc Richard avait coutume de célébrer, chaque année, la solennité de Pâques. En cette occasion, il avait soin d'envoyer à l'église une grande corbeille remplie d'encensoirs, de candélabres et d'autres ornements d'église, couverte d'un riche manteau. Lui-même, avec sa femme, offrait à Dieu ces présents, en expiation de tous ses péchés. Après la messe, avant de rentrer dans son palais, et de dîner avec tous ses barons, il se rendait, avec ses deux fils Robert et Richard, au réfectoire des moines, et les jeunes princes, recevant les plats de la cuisine, les présentaient à leur père, qui les portait lui-même, d'abord devant l'abbé, puis devant les autres moines. Après avoir rempli ce devoir, il s'arrêtait en face de l'abbé, comme pour lui demander la permission de se retirer; puis il s'en retournait content et joyeux dans son palais. » — *Neustria pia.* Rouen, 1663, in-f°. p. 215.

Tant de bienveillance et d'humilité envers les religieux bénédictins valut au duc le surnom de *père des moines.*

  « Benignes e duz e humains
  » Que clerc e moines e nonains
  » Gardout cum père ses enfans. »

Benoît. — *Chron. des ducs de Normandie,* p. 499, tome II.

Les célèbres monastères de Fontenelle, de Jumièges
et tant d'autres, qui avaient jeté de l'éclat aux siècles précédents, avaient été ruinés par les Normands
(841-851), et les quelques abbayes, qui s'étaient
relevées depuis Guillaume-Longue-Epée (930), n'a-
vaient pu encore renouer le fil de leurs traditions
littéraires. Aussi, à côté de cet entraînement qui
pousse les âmes vers les pratiques les plus parfaites
de l'Evangile, quel abaissement intellectuel! Ce
n'est pas seulement l'étude des langues anciennes,
de la philosophie, de la théologie, qui est négligée;
mais c'est à peine si les laïques savent lire et écrire,
et si les clercs mêmes peuvent entendre encore la
langue latine.

Le mal était grand, car la foi redoute les ténèbres;
et sans les lumières de la science qui la dévelop-
pent et la vivifient, elle s'altère, diminue et s'éteint
dans les âmes.

Dès son arrivée en Normandie, l'abbé de Saint-
Bénigne avait été frappé de ce danger. C'est pourquoi, le jour où sa communauté, devenue nombreuse, lui parut solidement affermie par la pratique de la règle bénédictine, il résolut d'établir à
l'abbaye de Sainte-Trinité une école publique ou
école-double, destinée à recevoir à la fois les moines
et les laïques. On devait y enseigner la lecture, l'é-
criture, la grammaire, le chant, le comput ecclésiastique et les premiers éléments de la science théo-

logique. L'abbé Guillaume avait même poussé la charité jusqu'à vouloir que ceux d'entre les laïques, qui seraient pauvres, pussent recevoir du monastère la nourriture du corps avec celle de l'âme (1).

Ce genre d'*école-double* que nous allons voir bientôt se répandre en France par les soins de l'abbé de Saint-Bénigne ne fut point, à proprement parler, une création de son génie. Déjà, avant lui, les conciles (2) avaient recommandé l'établissement d'écoles

---

(1) « Guillelmus abbas instituit scholas sacri ministerii, quibus pro Dei amore assidui instarent fratres hujus officii docti, ubi siquidem gratis largiretur cunctis doctrinæ beneficium ad cœnobia sibi commissa confluentibus, nullusque qui ad hæc vellet accedere prohiberetur : quin potius tam servis quam liberis, divitibus cum egenis uniforme charitatis impenderetur documentum. Plures etiam ex ipsis, ex cœnobiis utpote rerum tenues, accipiebant victum. »

Radulph. Glab. *Vita Sancti Guillelmi*, c. xiv.

(2) « Et non solum servilis conditionis infantes, sed etiam ingenuorum filios adgregent, sibique socient; et ut scholæ legentium puerorum fiant... »

Concilium Cabilonense ann. 813.

« Episcopi scholas constituant, in quibus et litterariæ solertia disciplinæ, et sacræ Scripturæ documenta discantur. »

Concilium Parisiense ann. 829. — *Meldense* 845. — *Saponariense* 859.

« Constituantur undique scholæ publicæ, scilicet ut utriusque eruditionis, et divinæ scilicet et humanæ in Ecclesiâ Dei fructus valeat accrescere. »

Theodulph. Aurelianensis. Cap. 20.

« Ut scholæ legentium puerorum fiant ubi psalmos, notas, cantus, computum, grammaticam per singula Monasteria, vel Episcopia discant. »

Concilium Aquisgranense, Cap. 72.

cléricales dans les monastères et dans les cathédrales. Mais ces écoles avaient subi peu à peu le malheur du temps : elles avaient été supprimées, ou bien elles s'étaient renfermées dans l'intérieur des abbayes, et n'étaient plus accessibles aux laïques. L'abbé Guillaume eut l'admirable dessein de les rouvrir à tous indistinctement, et d'attirer surtout les pauvres par les charités dont il comblait ceux qui venaient étudier sous la direction de ses moines. C'est là ce qui restera à jamais, aux yeux de l'histoire, comme son plus beau titre à la reconnaissance des peuples.

Cette institution, au moyen-âge, d'écoles libres et essentiellement gratuites (1), est un fait qui doit être remarqué. N'est-ce pas une réponse péremptoire à toutes les accusations d'obscurantisme portées contre l'église? Peut-on sans injustice oublier si légèrement les services rendus à une époque difficile et laborieuse de la société? Quand la barbarie règne partout, et s'étend en France avec

---

(1) « Il y avait des écoles intérieures pour les personnes qui renonçaient au monde pour se consacrer à la pénitence. Il y en avait d'extérieures pour les gens du dehors qui y étaient reçus sans distinction du pauvre ou du riche, du serf ou du libre. Non-seulement on y enseignait avec un désintéressement entier, mais on y avait encore la charitable attention de fournir le nécessaire à ceux qui en manquaient. Attention qui devait contribuer à augmenter prodigieusement le nombre des étudiants. »

Hist. litt. de la France, tome VII, p. 73.

les armes d'un vainqueur inhumain ; quand l'incendie
et la ruine promènent en tous lieux leurs ravages ;
quand les âmes n'ont plus devant elles le flambeau
de la justice et de la vérité ; quand les peuples
eux-mêmes, usés de guerres et de besoins maté-
riels, se courbent découragés vers la plus affreuse
décadence morale, une puissance, qui a sur-
vécu à ce naufrage universel, se lève avec l'espérance et la consolation ; elle aborde le farouche
barbare, elle lui parle, elle le convertit ; puis elle
s'avance vers les restes fumants du vandalisme
impitoyable, elle éteint les flammes, elle reconstruit
Jérusalem, et, d'un souffle, elle ranime le foyer du
sanctuaire, d'où vont rayonner la lumière de la foi
et le feu de la charité. Enfin, lorsqu'elle a tout res-
tauré, et qu'elle a rebâti l'édifice extérieur de la
civilisation, elle s'approche des âmes épuisées, les
réchauffe dans son sein, et leur rend, avec la foi, les
sentiments généreux qui doivent assurer le progrès
de la civilisation chrétienne. Telle est l'action de
l'église catholique ! Voilà ce qu'elle a fait pour nous
en des jours ténébreux, avec ses clercs, ses moines et
ses évêques ! Le rationalisme moderne qui se montre
si peu reconnaissant de tant de services est cruellement injuste. Ne ressemble-t-il pas, comme dirait
Joseph de Maistre, « *à un enfant qui veut battre sa
nourrice.* »

Le duc de Normandie n'eut qu'à se louer de la

révolution opérée à l'abbaye de Sainte-Trinité par le
Vénérable abbé. Aussi lui confia-t-il bientôt les monastères de Saint-Ouen de Rouen et du Mont-Saint-
Michel (1). En peu de temps la discipline fut réta-
blie ; les études furent reprises, et ces deux abbayes
devinrent comme deux sanctuaires d'honneur, d'où
l'Église put tirer ses plus saints et ses plus savants
pontifes (2).

C'est au Vénérable Guillaume que l'on doit une institution qui peut paraître étrange aujourd'hui, mais
dont les avantages furent incontestables au XIe siècle. Pendant son séjour à Fécamp, il forma la célèbre
confrérie des *Jongleurs* (3), sous le patronage de
saint Martin. Le but de cette association était de
relier, par une fraternité spirituelle, ces nombreux
trouvères qui parcouraient la Normandie, et de les
préserver, en quelque façon, des dangers d'immoralité où les tenait continuellement leur genre de
vie nomade et dissipée. Les constitutions de cette
confrérie ne nous sont point parvenues en entier.

(1) L'abbé Pigeon. — *Hist. du Mont Saint-Michel.* Avranches 1864.

(2) « Ce rochier (Mont Saint-Michel) estoit trop plein de lumières esclatantes pour n'en point donner aux autres églises »
Dom Huynes (1610).

(3) Ce mot qui de nos jours serait pris en mauvaise part
n'avait point au moyen-âge un sens défavorable. Il désignait
ces poëtes-musiciens qui composaient des fabliaux, des chan-
sons de geste, de petits poëmes, et qui passaient leur vie à
chanter dans les cours, les tournois, les châteaux ou les villes.

On nous saura gré toutefois d'en rapporter ici ce qui en a été conservé dans une charte curieuse de Raoul d'Argences, sixième abbé de Sainte-Trinité (1190-1220).

« Donc, moi Raoul, abbé, ne voulant pas changer les usages reçus par mes illustres prédécesseurs, j'ai approuvé l'association de ces hommes, et je les ai admis à jouir de tous les bienfaits que Dieu pourra nous accorder en faveur de nos messes, de nos veilles, de nos jeûnes, de nos aumônes et de nos prières. C'est pourquoi, soutenus par une charité mutuelle, et nous réunissant avec joie et plaisir, pour chanter en cœur, *aux sons de l'orgue, du psaltérion et du tambour*, tenant dans nos mains l'encensoir rempli de parfum et la lyre, nous oserons nous présenter devant le roi des cieux. Tant pour nous, tant pour le reste de nos frères, nous célèbrerons trois messes à des jours indiqués, une au Saint-Esprit, pour qu'il nous recommande à Jésus-Christ ; une à la Vierge sainte, pour qu'elle implore pour nous son Fils ; une autre pour les morts, afin qu'ils reposent dans une paix profonde. Chaque fois qu'on nous annoncera la mort d'un membre de la confrérie, nous célèbrerons l'office pour demander l'absolution de ses péchés. Tous les ans nous dirons pour eux deux messes, l'une au jour de la Nativité, l'autre à la Pentecôte.

« Voici l'ordre dans lequel doivent avoir lieu les

réunions de la confrérie : chaque année, le jour de l'ordination du bienheureux Martin, se réuniront non-seulement les Jongleurs, mais tous ceux qui font partie de cette confrérie, chevaliers ou clercs, et après une procession solennelle de tous les confrères, chacun des Jongleurs payera cinq deniers, dont l'emploi est ainsi fixé : deux pour l'entretien de la léproserie de Fécamp, un pour les pauvres, un pour le luminaire, un autre au profit du donataire, afin qu'il reçoive l'extrême-onction. Chaque membre de la confrérie laissera en mourant, pour les besoins de notre église, quand il le pourra, trois sous ; quand il sera pauvre, deux sous ; quand il sera très-pauvre, deux deniers. Tout ce que les membres de la confrérie, soit Jongleurs, soit chevaliers, soit autres, laisseront, en mourant, pourra être employé aux besoins de l'église. » (1)

Cette institution, dont les moyens d'action nous sont peu connus aujourd'hui, dut avoir les plus grands avantages. Elle reliait à l'église et au cloître ces ménestrels normands, les premiers chantres de notre poésie nationale, et ennoblissait leur art naissant en préservant leur foi, leur piété et leurs mœurs.

L'abbé Guillaume ne pouvait cependant prolonger

_____

(1) *Traduction d'une pièce inédite déposée aux archives de Rouen.*

son séjour en Normandie. Renouvelant ce qu'il avait déjà fait à Fructuare, il choisit un de ses religieux pour le remplacer. Ce fut Jean, originaire de Ravenne et surnommé Joannelin à cause de sa petite taille. (1) C'était un homme versé dans les lettres divines et humaines, habile musicien et ayant quelque teinture de l'art médical. Ces talents divers étaient relevés par une piété éminente et un don d'oraison très-rare. (2) Il accepta le gouvernement de l'abbaye de Fécamp, au départ de l'abbé de Saint-Bénigne, mais il ne reçut la consécration abbatiale qu'en 1028 des mains de Hugues évêque d'Avranches. (3)

Le Vénérable Guillaume pouvait quitter Fécamp

(1) *Hist. litt.*, tome VIII, p. 48.

(2) « Qui ob exilitatem corporis Joannelinus diminutivo nomine est dictus, sed humilitatis, sapientiæ, discretionis, ac cæterarum virtutum in eo refulsit gratia, ut sicut sanctus refert Gregorius in libro dialogorum de Constantio presbytero, ita et in hoc mirum esset intuentibus, in tam parvo corpore gratiæ Dei tanta dona exuberare. »
Chronic. Sancti Benigni, p. 386.

(3) « Le nouvel abbé aurait dû, suivant les usages, être béni par l'archevêque de Rouen. Mais le duc voulut qu'on l'évitât, de peur de donner atteinte à l'exemption du monastère dont il était jaloux en qualité de descendant des fondateurs. Joannelin fut soigneux de la soutenir lui-même, et fit donner plusieurs fois les ordres sacrés dans son église, par d'autres évêques que le Métropolitain, sans que celui-ci témoignât l'improuver. »
Hist. litt., tome VIII, p. 49, 50.

avec l'assurance de voir son œuvre prospérer (1). Il fit renouveler à tous ses religieux la promesse de respecter les constitutions qu'il avait données à l'abbaye de Sainte-Trinité (2), et se mit en route pour Dijon. Il ne savait point qu'un jour il reviendrait bénir encore une fois ces fils bien-aimés de Normandie, et que cette abbaye de Fécamp, restaurée par ses soins, devait recevoir son dernier soupir et posséder son tombeau !

C'est pendant le voyage que fit le saint abbé pour retourner en Bourgogne qu'il entra en relations plus suivies avec Robert-le-Pieux. Le roi lui donna plusieurs monastères à réformer, entre autres celui de Saint-Faron de Meaux et celui de Saint-Germain-des-Prés. Il n'en eut pendant

(1) Parmi les moines qui vécurent à Fécamp après l'abbé Guillaume il faut citer les deux fils du duc Richard : Mauger qui devint plus tard archevêque de Rouen et Nicolas qui fut abbé de Saint-Ouen pendant un demi-siècle ; Osmont évêque ; Clément, prince du sang royal d'Angleterre ; Locelin et Bérenger, clercs de la cour de France. L'abbaye de Sainte-Trinité subsista jusqu'au xviie siècle. Elle fut gouvernée par trente-neuf abbés la plupart issus de familles illustres.

(2) Ces constitutions étaient les mêmes que celles de Fructuare et de Dijon. La confraternité des monastères soumis à l'abbé Guillaume se remarque jusque dans les plus petits détails. Il avait donné à ces différentes abbayes quelques-unes des reliques insignes conservées à Dijon. C'est ainsi que Fécamp posséda de belles reliques de saint Didier de Langres et de saint Léger d'Autun. Ce n'était pas assez que ces moines eussent une même règle : il voulait qu'ils eussent aussi devant Dieu les mêmes patrons et les mêmes dévotions particulières.

quelques années que la haute juridiction, obligé qu'il fut d'attendre l'achèvement de la basilique de Saint-Bénigne avant d'entreprendre d'autres travaux extérieurs.

Ainsi croissait la réputation de l'illustre abbé. Depuis douze ans à peine qu'il a quitté l'Italie, que de ruines relevées! que de germes de régénération semés partout! Il a déjà parcouru la France depuis Saint-Saturnin jusqu'à Fécamp. Les papes ont écouté sa parole, les évêques s'inclinent devant sa sainteté; les princes le recherchent et l'honorent, et les peuples le saluent à l'envi comme leur père et leur dévoué protecteur!

CHAPITRE X

TROISIÈME VOYAGE EN ITALIE (1014). — MONASTÈRE
DE BÉNÉDICTINES A FRUCTUARE

Le Vénérable à l'abbaye de Saint-Bénigne de Dijon pendant la
construction de la basilique. — Il en est l'architecte
principal. — Evénements politiques en Italie. — Défaite
et chute d'Ardoin. — Rapports de l'abbé Guillaume avec
l'empereur Henri II et le pape Benoît VIII, à Rome. —
L'*école double* de Fructuare. — Mort d'Ardoin a l'abbaye
de Volpian. — Fondation d'un monastère de bénédictines. — Les bénédictines modernes d'Ivrée. — Le *testament* de l'abbé Guillaume. — Mort de Brunon évêque de
Langres. - Retour de l'abbé de Saint-Bénigne en Bourgogne.

L'abbé Guillaume dut rentrer en Bourgogne vers
1006. C'était le temps où les murs de la basilique
étaient prêts à recevoir les voûtes, et où l'ornementation de la Rotonde réclamait les soins du plus
habile architecte. Il interrompt alors ses voyages,
et, pendant huit ans, fixé à Dijon, il préside lui-
même aux travaux de l'église. Nouveau Béséléel de
la maison de Dieu, c'est lui qui, donnant les plans

et dirigeant les artistes, prêtera à la pierre la parole et la vie pour louer le Seigneur (1).

De plus, il profite des circonstances, qui le retiennent parmi ses moines, pour affermir à l'abbaye la règle bénédictine. A peine venu de Cluny, on s'en souvient, il avait dû quitter Dijon, se rendre dans plusieurs monastères, visiter deux fois Rome et séjourner en Normandie. Or, quelle que fût la ferveur des religieux de Saint-Bénigne, ils avaient souffert de l'absence prolongée de leur abbé ; car les nombreux moines-ouvriers qui venaient se joindre à eux, apportaient, avec la bonne volonté d'un pieux zèle, il est vrai, encore bien des éléments d'indiscipline. D'ailleurs le Vénérable Guillaume avait déjà au front l'auréole de la sainteté, et les âmes du cloître savent quelle force est pour elles la vie exemplaire d'un homme de Dieu.

Sur la fin de l'année 1014, il fut tiré de sa retraite par des événements politiques, qui semblaient menacer la sûreté de l'abbaye de Fruc-

---

(1) « Opus ipsum dictando et conducendo magistros. »
Chronic. Sancti Benigni, loc. cit.

« En France les premiers moines travaillaient eux-mêmes à construire leurs monastères, employant les plus intelligents d'entre eux pour conduire ces sortes d'ouvrages, sans se servir des séculiers. Ainsi les supérieurs étaient souvent à la tête de leurs religieux, pour donner les dessins et servir d'appareilleurs »

Félibien des Avaux. — *Vie des architectes célèbres*, l. III, p. 146. Paris 1687.

tuare. Afin de saisir le vrai caractère de ces craintes, nous devons reprendre les faits de plus haut et revenir sur la vie d'Ardoin V que nous avons déjà vu sur le trône d'Italie.

Peu de temps avant la mort d'Othon II (985), Ardoin, l'un des seigneurs de sa cour, avait obtenu le marquisat d'Ivrée, vacant depuis la chute de Bérenger (962). Il eut à peine reçu l'investiture de sa nouvelle dignité, qu'il conçut l'ambitieux projet de rétablir à son profit le royaume d'Italie. Il ne craignit point, pour étendre sa puissance, de porter les armes contre les seigneurs voisins, vassaux comme lui de l'Empire, et même on le vit traiter avec la dernière rigueur les évêques de Verceil et d'Ivrée (1) qu'il dépouilla de leurs fiefs. Parvenu à son but, il racheta ces violences par de grandes libéralités, et sut si bien se concilier l'appui des barons et du clergé qu'à la mort d'Othon III, apparaissant comme le dernier défenseur et l'unique espoir de sa nationalité méconnue, il fut proclamé roi dans une diète rassemblée à Pavie (15 février 1002).

Henri II, successeur d'Othon, tenta de ramener les rebelles sous sa domination (1002); il crut avoir triomphé de son redoutable adversaire, lorsqu'il fut lui-même couronné dans cette même basilique, où le marquis d'Ivrée s'était fait accla-

______

(1) Pierre I et saint Evremond.

mer, deux ans plus tôt. Ardoin conserva cependant son titre et son autorité jusqu'en 1013. Ce n'est qu'après la complète soumission des Slaves que l'empereur se crut assez puissant pour entreprendre la conquête de l'Italie. Il franchit les Alpes avec une forte armée, descend dans la vallée du Pô et marche droit à son ennemi. Ardoin, trop faible pour soutenir le choc de l'armée germanique, a recours à la ruse; il feint de se soumettre, et abdique en faveur de son adversaire. Mais aussitôt qu'Henri II s'est dirigé vers Rome, où le pape Benoît VIII doit le couronner, le marquis d'Ivrée rétracte sa parole et reprend en mains l'autorité royale.

A cette nouvelle, l'empereur indigné lance une armée dans les plaines de la Lombardie, et, par un *diplôme* spécial, prononce la déchéance d'Ardoin. De plus, il confisque tous ses biens, ceux de son frère Vibert, ceux de Robert de Volpian (1) et ceux de cent quarante de ses plus chauds partisans.

Qu'allait devenir l'abbaye de Fructuare? Serait-elle maintenue dans ses priviléges d'exemption, ou bien passerait-elle entre les mains de l'empereur? N'avait-on pas vu Henri après la bataille de Vérone (1002) s'emparer de la riche abbaye de Nonantula pour en faire don à Sigefroid, évêque de Parme?

L'abbé Guillaume était le neveu d'Ardoin par

____

(1) Robert était le frère de l'abbé Guillaume et l'aïeul de saint Anselme de Cantorbéry.

sa mère Périnza et le frère de Robert nommé dans
le diplôme impérial. Ces titres désignaient le saint
abbé au ressentiment de l'empereur, et devaient inspirer les plus sérieuses craintes sur l'avenir de l'abbaye fondée dans le domaine des comtes de Volpian.

Aussitôt que l'abbé de Saint-Bénigne eut appris,
par les moines de Fructuare, la chute d'Ardoin, il
résolut d'aller lui-même solliciter la clémence
d'Henri. L'empereur était encore à Rome. Il accueillit avec bienveillance l'illustre abbé, et consentit à
confirmer les droits et priviléges accordés à Fructuare par le marquis d'Ivrée. Il ajouta même
plusieurs donations, entre autres quelques terres
situées dans la province de Savone et d'Asti (1).
Henri II ne revint jamais sur ces dispositions et se
montra toujours le bienfaiteur de l'abbaye de Volpian.

Ce voyage fournit à l'abbé Guillaume l'occasion
de voir le pape Benoît VIII qui venait d'être élevé
sur la chaire de saint Pierre. Ce pontife savait déjà
les nombreuses réformes opérées en France par les
religieux bourguignons ; il confirma, dans un concile
de 40 évêques, les priviléges de Fructuare (2) et des

(1) Ces concessions furent ratifiées en 1026 par Conrad II
le Salique, successeur d'Henri II.

(2) Après avoir fondé le monastère de Fructuare, Guillaume
en fit confirmer les priviléges par le pape Benoit VIII dans un
concile de 40 évêques. »

Fleury. — *Histoire de l'Église*, liv. 59.

autres monastères dépendant de Saint-Bénigne de Dijon (1). Il consentit aussi à déclarer l'abbaye de Fécamp affranchie de la juridiction de l'archevêque de Rouen. Longtemps, le duc Richard avait sollicité cette faveur auprès de la cour de Rome. Mais il était réservé au pieux abbé d'obtenir, par une seule parole, ce qui avait été, pendant des années, refusé aux instances du puissant duc de Normandie.

En revenant de Rome, le Vénérable s'arrêta à Fructuare. Depuis son dernier voyage d'Italie, l'église et le monastère avaient été entièrement terminés. Les religieux étaient plus nombreux et la situation matérielle de l'abbaye était florissante. Le saint abbé dut ressentir une vive joie à la vue des bénédictions que le Seigneur avait répandues sur son œuvre. Il eut alors l'idée d'établir à Fructuare une *école double* semblable à celle de Sainte-Trinité de Fécamp. Ainsi les moines joindraient aux pratiques de la vie contemplative les travaux de l'étude et l'exercice de la charité. N'était-ce point d'ailleurs répondre à un besoin impérieux de l'Eglise, lorsque l'ignorance ruinait de plus en plus la foi dans les âmes ? Les écoles de Pavie et de Verceil n'avaient déjà plus, depuis les dernières guerres, cette renommée qui avait attiré un si grand nombre d'étudiants, et la plupart des monastères italiens, y compris

(3) *Annales Benedictini*, tom. IV, p. 154.

Locédia, avaient trop abdiqué leurs traditions littéraires pour pouvoir jamais contribuer à l'éducation des peuples.

Cependant Ardoin, accablé de chagrin, sans espérance de relever sa fortune, s'était enfermé dans son château d'Ivrée. Déjà il ressentait, avec les infirmités de la vieillesse, les premières atteintes du mal qui devait le conduire au tombeau. L'abbé Guillaume n'avait point oublié les bienfaits de son oncle, aux jours de sa prospérité. Il voulut le visiter et lui porter les consolations de la foi. Le marquis d'Ivrée n'était plus cet homme superbe (1) et dévoré d'ambition, tel qu'il apparaît encore aux yeux de l'histoire. Ramené, par ses revers et par le calme de ses dernières années, au Dieu dont-il avait méconnu les lois saintes, il allait entendre les appels de la grâce. L'abbé de Saint-Bénigne n'eut pas de peine à lui montrer le néant des grandeurs humaines, et, quand il eut préparé cette âme à la pénitence et au repentir, Dieu toucha le cœur du prince.

En effet, peu de temps après cette première visite, Ardoin quittait son donjon d'Ivrée, et prenait

____

(1) M. l'abbé Darras (*Hist. gén. de l'Église*, tome xx, p. 443) a reproduit le portrait du roi Ardoin tracé par Adelbold, évêque d'Utrecht. On doit rappeler les nombreuses donations faites par le marquis d'Ivrée aux monastères d'Italie et les bienfaits dont il combla le clergé, pour corriger l'exagération évidente de cette peinture.

le chemin de Fructuare. C'est à l'ombre du cloître, dans ce domaine aimé de Volpian, dans cette abbaye enrichie et protégée par lui qu'il avait résolu de finir ses jours.

Tel était l'ascendant du Vénérable Guillaume! Il gagnait à Dieu cette âme souillée de tant de crimes, et l'amenait dans la maison de prière, où la grâce allait la convertir et la purifier.

Ardoin arriva à Fructuare, le 10 septembre de l'année 1014. Une touchante cérémonie signala son entrée au monastère. Reçu par l'abbé Guillaume dans la basilique, en présence des moines et d'un grand concours de peuple, il s'avance jusqu'aux degrés du sanctuaire, et là il dépouille la pourpre, dépose son sceptre et son diadême, puis se fait revêtir de l'habit religieux. L'illustre pénitent ne démentit point la sincérité de sa conversion. Il était trop désintéressé du monde et de ses vaines ambitions, pour ne point s'occuper exclusivement du salut de son âme. Il y avait à peine quinze mois qu'il édifiait ses frères du cloître, quand il s'endormit dans la paix du Seigneur, assisté à ce moment suprême du saint abbé. Ses restes furent déposés dans la basilique, et peut-être, sous cette tour carrée que l'on voit encore à gauche de l'entrée principale, monument qu'il avait fait construire en expiation de ses fautes, et qui a conservé, jusqu'à nos jours, le nom de *tour du roi Ardoin*.

Avant de quitter Fructuare, l'abbé de Saint-
Bénigne ajouta encore une dépendance à l'abbaye.
S'inspirant de l'exemple des premiers siècles (1), il
établit, auprès du monastère des religieux, un autre
monastère destiné à recevoir les femmes qui suivraient la règle bénédictine (2). Ce cloître, qui était
complètement séparé de l'abbaye, dépendait néanmoins de l'abbé de Fructuare pour la direction
spirituelle. Cette institution était de la plus haute
opportunité. Elle offrait un asile à ces âmes
délicates, qui sont de tous les lieux et de tous les
temps dans le christianisme, et qui suavement
éprises des chastes attraits du divin amant, brûlent
de lui consacrer leur jeunesse, leurs espérances et
leur amour.

Le Vénérable Guillaume reçut lui-même avant
son départ les vœux de profession de la vierge
Libanie de la famille des comtes Barbaniens. Il voulait qu'elle fût comme la pierre angulaire de ce nouvel
édifice spirituel. Le monastère des religieuses de
Fructuare fut florissant dès ses débuts. Il ne fut

(1) Sainte Scholastique, sœur de saint Benoit, avait fondé en
532 un monastère de femmes à Piombarole à quatre milles du
Mont-Cassin.

(2) « Guillelmus constituit et alia monasteria in eadem pa-
trià, ubi deputatis Monachis et abbatibus ordinatis, adhuc ordo
monasticus viget. *Sanctimonialium etiam instituit Monasterium.*

Chronic. S. Benigni, p. 144.

pas plus tôt construit que la reine Berthe, l'épouse d'Ardoin, s'y retira, pour y terminer saintement sa vie, et qu'un grand nombre de jeunes vierges vinrent y solliciter la faveur de vivre sous la double protection de saint Benoit et de saint Bénigne (1).

Il n'y a plus guère en France maintenant que quelques cloîtres bénédictins de femmes. Les ordres religieux, rétablis depuis la révolution, n'ont point gardé généralement cette forme primitive des constitutions qui donnait une même règle aux religieux et aux religieuses. Nous avons eu le bonheur de voir à Ivrée, dans ce diocèse même, où se trouvent les restes de l'abbaye de Fructuare, un monastère de bénédictines semblable à celui qu'avait fondé l'abbé Guillaume. L'office divin, la clôture perpétuelle, les travaux manuels et les exercices de la contemplation forment la base de la règle. La direction générale des religieuses est remise entre les mains d'une mère-abbesse qui jouit du droit de

(1) Agnès Augusta, mère de l'empereur Henri, demeura quelque temps à Fructuare en se rendant à Rome. Elle avait en grande vénération les moines et les religieux. On le voit dans une lettre, où elle se recommande à leurs prières. Faisant allusion à une croyance de l'époque, elle leur dit qu'elle a confiance que si la sainteté de Grégoire le-Grand a pu tirer de l'enfer l'âme de Trajan, leurs mérites pourront procurer le salut de beaucoup de chrétiens et qu'elle espère être du nombre. Plus tard, elle obtint de son fils d'importantes possessions dans le comtat d'Aquin pour en faire don à l'abbaye de Fructuare.

porter la crosse, la croix, et l'anneau, comme les abbés réguliers.

Tandis qu'il était encore à Fructuare, le Vénérable rédigea l'acte officiel qui est connu sous le nom de *Testament* de l'abbé Guillaume (1). Cette pièce, de la plus grande importance pour les moines de Volpian, contient l'historique de la fondation de l'abbaye, et relate tous les priviléges et droits spéciaux accordés à l'abbé de Saint-Bénigne, soit par les souverains pontifes, soit par les princes.

L'abbé Guillaume avait terminé ses travaux en Italie. Il dut se séparer des religieux de Fructuare pour retourner en Bourgogne, où d'autres fils non moins dignes d'affection l'attendaient avec impatience.

D'ailleurs une pénible nouvelle précipita son départ. Brunon venait de mourir (2 février 1016) (2). Pendant trente-cinq ans (981-1016) il avait édifié l'église de Langres par ses vertus et sa piété. Lié d'une étroite amitié avec l'abbé Guillaume, il n'avait cessé de protéger l'abbaye de Saint-Bénigne, et, si Dieu ne lui avait point laissé la consolation de faire lui-même la dédicace de la nouvelle basilique, du moins, il s'était endormi dans le Seigneur,

(1) V. Notes et pièces justificatives.
(2) « Ipso denique anno 1016 Domnus Episcopus Bruno obiit secundo calendas Februarii, peractis in episcopatu annis triginta quinque. »
Chronic. S. Benigni, p. 456.

laissant après lui le souvenir des largesses dont il avait comblé les moines bénédictins.

Quel serait son successeur? L'abbé Guillaume tenait à se trouver en Bourgogne pour le moment de l'élection afin d'assurer à l'abbaye les dispositions favorables du nouveau prélat. Il quitta Fructuare au printemps de l'année 1016. Il apportait avec lui un précieux trésor : des reliques de plusieurs martyrs qu'il avait obtenues à Rome et qu'il destinait à la nouvelle église de Saint-Bénigne.

CHAPITRE XI

Description générale de la basilique romane de Saint-Bénigne. — Dédicace solennelle. — Discours du Vénérable Guillaume. — L'esprit religieux au moyen-âge. — Influence de l'architecture italienne en Bourgogne.

Les moines de Saint-Bénigne avaient travaillé avec tant d'ardeur qu'au retour de leur abbé la basilique se dressait déjà majestueusement à l'entrée de la cité dijonnaise. Les tours extérieures venaient de recevoir leur couronnement, et s'élevaient hautes et gracieuses, comme pour provoquer de loin le regard du voyageur.

Arrêtons-nous, pour jeter un coup d'œil général sur l'ensemble et les principales parties du splendide monument (1).

Au dehors, l'édifice apparaissait orné de huit tours et surmonté d'une neuvième tour plus belle

---

(1) Voir *Etude sur Saint-Bénigne*, par M. Bougaud.

et plus légère que les autres. On pénétrait dans l'église par un magnifique portail dont l'ornementation toute symbolique passait pour un chef-d'œuvre (1). L'entrée était double : un pilier la partageait et supportait la statue de saint Bénigne. Au-dessus, sur le tympan, était représenté le Christ, vêtu richement et couronné d'un nimbe crucifère, au milieu de deux chérubins. Aux extrémités se dressaient la Synagogue et l'Eglise. On voyait, plus haut, représentés les mystères de la Nativité et de l'Adoration des Mages. Le tout était encadré de quatre archivoltes remplies de personnages célestes : des anges, des martyrs, les vieillards de l'Apocalypse ; puis de fleurs et d'oiseaux de toute espèce. Il semblait que toute la création se fût donné rendez-vous, pour faire un cortége d'honneur à son Souverain. Les archivoltes s'appuyaient sur des colonnes dont les fûts étaient formés par de remarquables statues représentant Salomon, Moïse, saint Pierre et la reine de Saba, saint Paul, David, Ezéchias et probablement Melchisédech (2).

---

(1) Les huit fûts de colonnes qui restent et les gravures reproduites par Dom Plancher (*Histoire de la Bourgogne*) et par Peigné de la Cour et Léopold de Lisle (*Monasticum Gallicanum*) suffisent pour faire juger de la splendeur de l'œuvre entière de l'illustre architecte.

(2) Ces statues ont beaucoup occupé et partagé les archéologues ; celle de la reine de Saba surtout, laquelle a un pied d'oie et fut surnommée pour cette raison : *reine pédauque*. C'est une vieille tradition rabbinique que la laideur des pieds de la

Le même symbolisme se reproduit dans l'ensemble de l'édifice. L'église romane à trois nefs forme une croix latine de 200 pieds de longueur sur 79 de largeur. Elle est portée sur 40 piliers et 371 colonnes, et 120 fenêtres vitrées l'inondent de lumière (1). Au milieu de la grande nef, à quelques pas de l'entrée, plusieurs escaliers conduisent à une seconde église. C'est l'église souterraine et sombre, aux cintres écrasés, où les colonnes, massives et peu ornementées, sont disposées de façon à reproduire le T mystérieux, tel qu'il apparut à Ezéchiel, comme l'image de la croix encore imparfaite. Cette partie de l'édifice rappelle les temps antérieurs au Messie, tandis que l'autre représente l'Eglise de Jésus-Christ avec la croix du Calvaire et la lumière de l'Evangile.

L'architecte avait plus merveilleusement encore exprimé son génie dans l'édifice circulaire qui, continuant le premier, s'élevait soutenu de deux tours, à l'extrémité de la basilique, et représentait la couronne ou l'auréole de la grande croix que nous venons de voir. C'était la Rotonde « *sacrum peribolum* » avec ses trois étages superposés, et mise en communication avec les deux églises par de larges ouvertures. L'étage inférieur, de niveau

reine de Saba était aussi remarquable que la beauté de sa figure. Nous suivons ici l'opinion de M. Bougaud.

(1) Bougaud. — *Étude sur Saint-Bénigne*, p. 266.

avec l'église souterraine, était formé de trois rangs concentriques de colonnes aux chapiteaux les uns grossièrement taillés, les autres chargés de représentations bizarres: plongé dans les ténèbres et dédié à saint Jean-Baptiste le précurseur, il signifiait l'ère de l'attente et des prophètes. Au milieu, l'espace circulaire, compris par le dernier rang des colonnes, communiquait avec les deux étages supérieurs. Ce lieu à peine éclairé était sacré entre tous. C'est là que reposait le corps de saint Bénigne, et, autour de lui, toute cette foule de saints qui faisait la richesse de l'abbaye : sainte Léonille, la mère des saints Jumeaux ; sainte Paschasie, la vierge martyre; sainte Floride; sainte Radegonde; les saints évêques de Langres, Urbain et Grégoire, et Jacob de Toul; les saints abbés Eustade, Tranquille et Bertilon; saint Hilaire et sainte Quiète, et d'autres encore dont les noms étaient chers au peuple de Dijon.

Le deuxième étage de la Rotonde, qui était de plain-pied avec l'église supérieure, reproduisait exactement la même disposition; la base des colonnes reposait sur les chapiteaux des colonnes de la crypte. Mais ici les fûts et les sculptures qui les couronnaient étaient en marbre, le pavé était une précieuse mosaïque; les murs étaient couverts de riches revêtements de métaux travaillés avec art. Cette partie était dédiée à *Notre-Dame du saint lieu*, et les autels des apôtres entouraient l'autel de Marie. On montait de la crypte à cet étage par deux escaliers placés dans les deux tours adjacentes.

Enfin un troisième étage reposait sur 36 colonnes de marbre précieux, et recevait une lumière abondante, par de larges fenêtres et par une vaste coupole à jour. Il était, dans sa forme générale comme dans ses détails, d'une beauté incomparable. C'était là où l'architecte avait prodigué les plus magnifiques ornements. Aussi cette partie était-elle dédiée à la Sainte-Trinité.

Qu'on ne croie point que toutes ces vues symboliques aient été imaginées après coup ; elles avaient présidé à la construction de l'édifice, car elles sont relevées par les chroniqueurs contemporains du pieux architecte que les moines de Dijon regardaient comme « *divinement inspiré* » dans la merveilleuse disposition de son chef-d'œuvre. L'admiration était si grande que la basilique fut universellement regardée *comme le plus beau monument religieux* de la France (1).

Le Vénérable Guillaume, avec sa foi vive et son génie éminemment pratique, avait compris que la maison de Dieu, pour être aimée, doit être belle, parce que l'âme, attachée à un corps, a besoin des sens pour faciliter son union avec Dieu. Il était

(1) « Totius Galliæ basilicis mirabiliorem. » Radulph. Glab. *Vita S. Guillelmi*, c. VII.

entré dans l'esprit de l'Église qui a toujours entouré le culte de splendeur ; qui a défendu, par ses papes et ses conciles, les saintes images contre les Iconoclastes ; qui plus tard n'a cessé d'encourager les pieuses cérémonies, les processions si aimées de nos pères et toutes les démonstration extérieures contre les attaques et les dédains du Protestantisme ; qui a toujours aimé les richesses de l'art autour de ses autels, et qui enfin nous a donné une liturgie si belle de poésie et de sentiment.

La basilique de Saint-Bénigne était l'expression fidèle du plan grandiose conçu par l'illustre abbé. Mais. la perfection de l'œuvre générale était portée à tel point, qu'on ne saurait dire ce qu'il y avait de plus admirable du génie de l'architecte ou de l'habileté des dociles religieux.

Aussitôt que l'église de Langres eut placé Lambert sur le siége de Brunon, l'abbé Guillaume, qui espérait trouver dans le nouveau pontife un protecteur et un appui, le pria de faire en personne la dédicace solennelle de l'édifice. La cérémonie fut fixée au 3 Novembre 1016. Pour en rehausser la pompe, plusieurs évêques avec un grand nombre d'abbés et de moines étrangers s'étaient rendus à Saint-Bénigne. La ville entière était en fête et les murs de la cité semblaient trop étroits pour contenir cette multitude que la curiosité non moins que la piété avait amenée à Dijon. Le Vénérable se char-

gea de porter la parole devant l'immense assemblée.
Son discours n'a point été conservé en entier. Mais
le fragment qu'en rapporte Raoul Glaber mérite
d'être cité. On y trouve, malgré les défauts oratoires
de l'époque, certains beaux mouvements. Le saint
abbé commence par s'élever à la contemplation des
beautés de l'Église, corps mystique de Jésus-Christ;
il montre ensuite les grâces que nous recevons par
elle, et termine enfin par une sortie véhémente
contre les vices de la société au xie siècle.

   « Vous voici rassemblés, frères et sœurs bien-
» aimés, dit-il, vous qui êtes le troupeau racheté
» par le sang du Christ; vous voici rassemblés
» pour célébrer les noces de son épouse, de l'É-
» glise votre mère du Ciel et de l'éternité, de l'Église
» qui est appelée universelle tant par ce qu'elle
» étend ses rameaux sur le monde entier que parce
» qu'elle est riche en miséricordes et qu'elle sur-
» passe par ses bienfaits les crimes des plus grands
» pénitents. C'est cette Église qui a été mystérieu-
» sement figurée aux patriarches, annoncée par
» les oracles des prophètes, élevée par la puissance
» et les efforts des apôtres, consacrée par le sang
» des martyrs. C'est cette Église dans laquelle nous
» avons été régénérés par le baptême et revêtus
» de la robe d'innocence perdue par la faute de
» notre premier père. Et vous-mêmes, maintenant,
» vous mangez la chair et buvez le sang de cet

» agneau divin qui vous poursuit de son amour et
» vous a choisis pour son royaume éternel. Puissiez-
» vous tous y parvenir par votre charité, votre hu_
» milité et votre pureté !

« Il m'eût été bien doux de me réjouir du pieux
» empressement que vous avez mis à vous rendre
» à la dédicace de cette basilique. Mais, malgré
» moi, mon cœur s'émeut tristement à la vue des
» signes lamentables que je remarque dans le
» peuple chrétien. Ne voyez-vous point que beau-
» coup de ceux qui m'écoutent avec calme et piété
» en ce moment, portent sur leur visage les signes
» de l'esprit de discorde ? Que de folles passions,
» que de vices dans ces âmes qui m'entendent !
» Est-ce l'esprit de Dieu ou l'esprit de Satan qui les
» anime ? Que dire de l'orgueil qui est la source
» de tous les maux et le ferment de tous les vices ?
» Ah ! vous-mêmes jugez-vous ; voyez si vous n'ap-
» partenez point au prince des ténèbres ? Il me
» coûte assurément de vous tenir ce langage, car
» je sais que vous espériez de moi un discours
» plus agréable et plus flatteur. Mais comment
» pourrai-je trahir la vérité ? Laissez-moi aller plus
» loin encore, et, accusant avec raison votre ava-
» rice, vous demander qui de vous a seulement
» donné cinq pièces d'or pour la construction de
» ce magnifique temple ? Ah ! si votre silence vous
» confond, voyez au milieu de quelles ruines mo-

» rales vient d'être élevée cette élégante basilique
» dédiée à saint Bénigne !

« Que du moins cette cérémonie vous rappelle
» la salutaire pensée des vanités du monde. Qu'elle
» élève vos âmes vers Dieu pour les rendre plus
» détachées, plus pieuses, plus pures et plus fidèles
» aux saintes lois du Seigneur!

« C'est le vœu que je forme, en demandant
» pour vous l'entrée dans le royaume de l'éter-
» nelle félicité (1). »

Ce résumé du discours de l'abbé Guillaume est
un monument précieux pour nous. Il suffit pour
nous révéler ce genre d'éloquence élevée, mystique, mais aussi quelque peu rude dont le caractère
se retrouve dans ses autres sermons. N'y a-t-il pas
lieu cependant de douter de l'authenticité des dernières paroles? Car s'il est vrai que cette foule
composée en grande partie d'étrangers eût peu
contribué de ses deniers à l'érection de la basilique,
on a peine à croire que les Dijonnais méritassent
des reproches aussi vifs. A cette époque, où le nu-
méraire était fort rare, on faisait peu de dons en or
ou en argent. Mais pendant quinze années que
durèrent les travaux de Saint-Bénigne, la ville se
chargea de pourvoir par des offrandes en nature à
l'entretien des nombreux ouvriers occupés à l'ab-

____

(1) Radu'p. Glab. *Vita S. Guillelmi*, c. XXV. — Voir à la fin
du volume les œuvres de l'abbé Guillaume.

baye. Cette aumône de gracieuse hospitalité se pratiquait dans toutes les grandes villes. C'était souvent l'unique salaire qu'acceptait l'ouvrier chrétien, n'attendant que de Dieu la récompense de son labeur.

Comment accorder cette foi naïve et ces pieux dévouements avec l'esprit de guerre et de discorde que l'on remarque dans les sociétés au moyen-âge ? Ce caractère étrange qui s'accuse plus nettement chez les Bourguignons était moins un signe de décadence morale que celui d'une exubérance de force et de vie. Ce peuple ardent et fier, semblable à un jeune homme qui n'a point encore senti le frein de la discipline, se porte avec une égale passion au bien comme au mal. Les excès de ses fautes ne sont rachetés que par la générosité de ses regrets. Il faudra encore bien des années pour émonder cette riche nature; il faudra la double influence des moines et du clergé séculier pour épurer ces mœurs trop peu évangéliques, et préparer cette génération future hautement personnifiée dans le génie et la vertu de saint Bernard par l'heureuse alliance de la tendresse et de la force chétiennes. Ce sera l'éternel honneur du catholicisme de n'avoir jamais désespéré de ces barbares qu'il avait conquis, et d'en avoir tiré par une laborieuse sollicitude les splendeurs de civilisation, de science et de vertu des siècles suivants.

L'Église de Saint-Bénigne, dédiée au culte le 3 novembre 1016, ne fut d'abord que bénite par le pontife de Langres. Les travaux intérieurs, qui n'étaient point achevés, en retardèrent la consécration. Elle fut faite un siècle plus tard par le pape Pascal II, le 26 février 1106.

Nous n'avons parlé que de la basilique. Cependant le monastère avait été aussi reconstruit sur des bases plus vastes et dans le même style que l'église. Il dut être terminé avant l'année 1016, car, dès cette époque, on voit la vie religieuse s'établir à l'abbaye avec une régularité qui eût été difficile au milieu des travaux de construction.

La basilique, la Rotonde et le monastère de Saint-Bénigne formèrent le premier monument remarquable de Dijon. C'est à partir du chef-d'œuvre du Vénérable Guillaume qu'on voit s'élever successivement ces gracieux édifices qui feront plus tard l'admiration de Henri IV en face de la « *ville aux beaux clochers.* »

---

(1) C'est peu de temps après la dédicace de la basilique que l'abbé Guillaume obtint de Rome le privilége d'exemption complète de la juridiction des évêques de Langres. Nous donnons dans les pièces justificatives la lettre écrite à cette occasion par le pape Benoit VIII au vénérable abbé. Brunon avait de son vivant déclaré, par un décret de 1007, renoncer à toute autorité sur les monastères soumis à l'abbé Guillaume. Mais les évêques de Langres, ses successeurs, n'ayant point respecté cette disposition, il avait fallu recourir au Saint-Siége.

Le même moine qui restaure partout les ruines spirituelles par l'autorité de ses vertus, qui donne, par l'institutionde s *écoles-doubles*, le pain de l'intelligence aux âmes affamées, est le même qui livre à la Bourgogne, sa patrie adoptive, et à toute la France, le secret des splendeurs de l'architecture chrétienne. C'est lui qui inaugure ce courant enthousiaste et pieux qui va bientôt couvrir le sol de la France des plus beaux monuments (1).

------

(1) « *La Rotonde de Saint-Bénigne de Dijon*, les cathédrales de Saint-Martin de Tours, de Saint-Hilaire de Poitiers... furent créées en ce temps (xie siècle) avec un talent d'architecture bien supérieur à celui des siècles précédents et préparèrent le règne plus pompeux des monuments gothiques. »

Lorain. — *L'abbaye de Cluny*, p. 76.

CHAPITRE XII

LA VIE RELIGIEUSE A SAINT-BÉNIGNE SOUS LE VÉNÉRABLE GUILLAUME

La règle bénédictine observée à Saint-Bénigne. — L'office divin. — Les cérémonies. — Le travail. — Les *écoles-doubles*. — La copie des manuscrits. — La musique. — La vie fervente des moines dijonnais. — L'union fraternelle dans le cloître. — La sainteté de l'abbé Guillaume attire à Saint-Bénigne d'illustres personnages.

Pénétrons dans le monastère de Saint-Bénigne. Suivons le Vénérable Guillaume au milieu de ses religieux en ces jours de bénédiction, où le cloître rajeuni exhale un suave parfum de piété. Oublions, un instant, les grands voyages et les lointaines réformes, pour étudier, dans la vie calme et silencieuse, les merveilles de la sainteté de l'abbé de Dijon. N'est-ce pas en effet l'heure, où sur la terre de Bourgogne vont refleurir, avec un éclat qui ne sera jamais surpassé, toutes les institutions de saint Benoît ?

La foule des ouvriers étrangers qu'avait attirés la construction de la basilique, ont quitté Dijon.

Hunalde et quelques religieux doivent achever les sculptures et les peintures de l'ornementation intérieure. Les moines de Saint-Bénigne peuvent enfin jouir de la paix qui leur manque depuis quinze ans. Le chroniqueur porte à quatre-vingts le nombre des cénobites, après la dédicace de l'église (1). C'est la preuve de l'accroissement que prenait chaque jour l'abbaye, puisque déjà environ trente monastères réformés par l'abbé Guillaume avaient enlevé à la communauté de Dijon plus de cent religieux.

La règle bénédictine, apportée de Cluny par le disciple de saint Mayeul, était demeurée la base de la vie monastique à Dijon. Le chant de l'office divin, dont saint Benoît a fait le point principal de ses constitutions, se célébrait avec une pompe admirable. Chaque nuit, les moines descendaient dans la crypte souterraine pour y chanter Matines, près du tombeau de saint Bénigne, tandis que l'office du jour se faisait régulièrement dans le chœur de la basilique supérieure. Cette disposition, qui rappelait le souvenir du *laus perennis* institué autrefois par Gontran, avait été inspirée par une raison

---

(1) Crescebat ergo quotidie multitudo Monachorum sub ejus magisterio degentium, ut (exceptis his qui per alia erant monasteria) in hac congregatione quotidie fratres essent septuaginta, aut octoginta. »
Chronic. Sancti Benigni, p. 434.

mystique. Le chant de la nuit, près du sépulcre du saint martyr, n'était-il pas le symbole de ces temps primitifs, où le culte chrétien, proscrit et suspect, devait cacher ses rites, comme le chant du jour plus solennel signifiait le triomphe de l'Église, sortant radieuse et pleine d'espérance des catacombes, pour étaler aux yeux des peuples convertis la magnificence de ses cérémonies saintes?

Le Vénérable Guillaume avait à cœur de donner le plus grand éclat au culte divin. C'est lui qui établit les pieux usages qui constituèrent ce qu'on appela depuis, dans les fastes liturgiques, les *Cérémonies de Saint-Bénigne* (1). Les fêtes, célébrées toutes solennellement, se distinguaient cependant par neuf degrés divers. Aux jours des plus grandes, à Noël, à Pâques, à la Pentecôte, à l'Assomption et à la saint Bénigne, la basilique tout entière revêtait de magnifiques tentures. Après Tierce, au son des cloches, on quittait le chœur et une magnifique procession se déroulait alors sous le cloître, précédée de trois croix, et du livre des Évangiles que soutenaient deux sous-diacres en tunique. Des acolytes portant des candélabres, et des thuriféraires, avec leurs encensoirs, les entouraient. Puis venaient les châsses et les reliques des saints ; et à certains jours, un splendide tableau doré, où

----

(1) D. Martène. — *De antiquis monachorum ritibus.*
De Mauléon — *Voyages liturgiques.*

était peinte la Vierge avec l'Enfant Jésus. Quelquefois, comme au jour de l'Ascension et en la fête de saint Maurice, toute l'assistance, même les enfants (1), devaient s'approcher de la sainte table (2) ; ou bien encore, la communauté venait recevoir l'Eucharistie, sous les deux espèces, et boire le précieux sang, avec le chalumeau d'or ou d'argent que tenait le diacre (3).

Saint Benoît avait imposé à ses disciples l'obligation du travail, donnant plus de temps aux œuvres manuelles qu'aux exercices de la lecture et de l'étude. Cette prescription était fondée sur les besoins mêmes de l'Église et de la société au VIe siècle. Les moines qui venaient se ranger sous l'obéissance du saint étaient pour la plupart des barbares arrachés à leur vie nomade et aventureuse

---

(1) On recevait à Saint-Bénigne de jeunes enfants dont le nombre était déterminé par les besoins des cérémonies religieuses. Ils y demeuraient jusqu'à ce que leur voix eût commencé à muer. Ils pouvaient ensuite être considérés comme novices, mais l'abbé Guillaume avait aboli à Dijon l'usage de recevoir leur profession monastique avant l'âge de 20 ans.

(2) Dom Martène. — *Ex lib. consuet. Sancti Benigni Div.* Dom Claude de Vert. — *Cérémonies de l'Église.*

(3) « On montra longtemps dans le trésor de l'église une coupe d'or incrustée de diamants, donnée par l'impératrice sainte Cunégonde, la croix d'or, l'autel de vermeil, l'aiguière et le chalumeau d'or qui servaient aux religieux pour cette imposante cérémonie. »

Bougaud. — *Étude sur Saint-Bénigne*, p. 301.

et convertis d'hier à l'Évangile (1). Leurs mœurs et leur caractère les disposaient peu aux travaux de l'esprit. Il fallait d'abord assouplir ces fortes natures, les dompter physiquement et diminuer cette exubérance de vie qui, dans le désœuvrement, serait devenue un perpétuel danger pour leur vertu. Mais saint Benoît, voulant accommoder sa règle à tous les temps et à tous les lieux, n'avait point exclu les occupations purement intellectuelles. Il avait fixé des heures qui devaient être consacrées à la lecture. Et, le jour où la société déverserait dans le cloître des éléments nouveaux, le temps de l'étude pouvait être mesuré avec moins de rigueur et le travail intellectuel devenir la principale occupation du religieux bénédictin. D'ailleurs ces vastes cultures qui remplissaient la vie des premiers cénobites ne pouvaient continuer sur la même échelle. La population des campagnes, en se multipliant, restreignait les travaux agricoles des moines, et les religieux eux-mêmes, pour échapper aux dangers de l'oisiveté, devaient trouver dans leur retraite une nouvelle source d'activité. On a beaucoup discuté à ce sujet sur l'intention du fondateur de l'ordre bénédictin. Mais n'aurait-il pas été préférable de s'en remettre à l'interprétation de la règle donnée par les saints, à diverses époques ; de tolérer une

(1) Dubois. — *Histoire de l'abbaye de Morimond.* Introd. p. XVII.

liberté d'opinion que les circonstances justifiaient ;
et de ne pas accuser d'étroitesse de vue une consti-
tution qui devait faire naître, pendant plusieurs
siècles, les plus pures gloires de l'Église?

L'abbé de Saint-Bénigne, fidèle d'ailleurs aux
traditions de Cluny, imposait à ses cénobites l'obligation simultanée du travail manuel et des études
littéraires. Tous recevaient les principes de la
lecture, du chant et de l'instruction religieuse.
Mais il y avait réellement au monastère deux
sortes de moines. Les uns avaient le soin du
matériel : ils cultivaient les vastes propriétés de
l'ordre ; ils entretenaient l'abbaye, et pourvoyaient
aux besoins de leurs frères. Les autres, adonnés
aux travaux de l'intelligence, étudiaient, ensei-
gnaient ou copiaient les manuscrits.

L'abbé Guillaume avait rétabli, autrefois, l'é-
cole du monastère pour les jeunes novices. On y
apprenait la grammaire, la logique, la théologie et
l'Écriture-Sainte. C'était là que s'étaient formés la
plupart des religieux entrés à l'abbaye depuis vingt
ans. Mais, touché de l'ignorance des clercs et des
laïques, et encouragé d'ailleurs par les heureux
résultats obtenus à Fécamp, il ne tarda pas à ouvrir
au monastère de Dijon une *école double* pour les
moines et les séculiers (1).

(1) « Une école des plus florissantes était celle de Saint-Bénigne de Dijon. Non-seulement on y instruisait dans les arts

On comptait alors en Bourgogne plusieurs écoles monastiques et cléricales : celle de Cluny qui devait donner bientôt trois papes à l'Eglise (1); celle de Langres; celle de Saint-Etienne de Dijon ; celle de Châlon et celle de Châtillon-sur-Seine qui eut la gloire de former, un siècle plus tard, l'illustre saint Bernard. Mais ces asiles, où renaissait le goût des lettres, restaient fermés aux clercs séculiers et aux laïques. L'école de Saint-Bénigne au contraire semblait avoir pour but de recueillir ceux que leur position ou leur manque de fortune éloignaient de l'étude. Aussi fut-elle bientôt sans émule par le nombre des disciples qui y accouraient, au point que les autres monastères, pour ne pas abdiquer l'influence dont ils jouissaient, se virent contraints d'imiter ce qui se faisait à Dijon et d'admettre gratuitement le public à leur enseignement.

La copie des manuscrits anciens, occupation principale de la plupart des moines au XIe siècle, n'était point négligée à l'abbaye de Saint-Bénigne (2).

libéraux et la Théologie les personnes qui y venaient embrasser la pénitence ; il y avait encore une Ecole publique, ouverte à tous ceux qui s'y présentaient, de quelque condition qu'ils fussent, libres ou serfs, pauvres ou riches. On y portait même la charité jusqu'à fournir aux besoins de ceux qui étaient dans l'indigence : bien loin d'exiger ou de recevoir quelque salaire de l'instruction qu'on leur donnait. »

(*Hist. lit.*, tome VII, p. 33.)

(1) Grégoire VII, Urbain II, Pascal II.

(2) *Hist. lit.*, tome VII, p. 35.

Sous la direction du saint abbé travaillaient un grand nombre de copistes. Trois d'entre eux ont mérité de passer à la postérité ; Girbert, Jean, et Jacques (1), dont la Chronique vante la rare habileté. Cet art du copiste, qui peut paraître sans importance de nos jours, exigeait une science et un talent peu communs, soit qu'il fallût déchiffrer les manuscrits vieillis et détériorés, soit qu'il fallût tracer en lettres majuscules, sur de splendides parchemins, cette calligraphie richement enluminée qui fait encore le désespoir des artistes modernes. On donnait aux moines, qui sauvaient ainsi pour nous les trésors du passé, le nom de *copistes*, et quand ils descendaient dans la tombe, ce titre, conservé avec leur nom dans les annales du monastère, devait rappeler aux âges suivants le souvenir de leurs merveilleux travaux.

En France, beaucoup des chefs-d'œuvres de ces habiles artistes ont disparu pendant la Révolution. L'Italie est plus riche que nous. Nous avons eu la joie de retrouver dans les archives d'Ivrée (Piémont) beaucoup d'in-folio dont le texte tracé sur parchemin épais remonte au XIe siècle. Ils ont été tirés en partie du monastère de Fructuare. Qui sait si dans le nombre il ne s'en trouve pas qui

____

(1) *Chronic. Sancti Benigni Div.* — *Hist. lit.*, tome VII, p. 155.

viennent de Dijon, pieux présent qu'eussent échangé
ces deux abbayes?

Les arts libéraux, la peinture, la sculpture, le
dessin étaient aussi cultivés avec soin par les bénédictins de Saint-Bénigne (1). Nous en avons la
preuve dans l'ornementation de la Rotonde due
exclusivement à Hunalde et à ses disciples. Il n'était
pas jusqu'à la médecine qui n'occupât certains
moines. L'abbé Guillaume s'y était appliqué pendant
sa jeunesse, et il en conserva le goût toute sa vie.
Il en transmit les premiers éléments à Joannelin,
qui étudia quelques années sous sa direction, avant
d'être abbé de Fécamp (2).

Mais rien n'égalait le zèle de l'abbé de Saint-
Bénigne pour le chant et la musique sacrée. Versé
dans l'un et dans l'autre (3), il corrigeait lui-même
les antiennes, les hymnes et les répons de l'office
divin que l'incurie ou l'ignorance avait dénaturés,
et, comme saint Grégoire-le-Grand, il se réservait
la charge de former ses disciples à célébrer dignement les louanges de Dieu. Le chant grégorien,

(1) *Hist. lit.*, tome IX, p. 534.

(2) « Entre les facultés que cultiva Joannelin, il donna par
l'ordre exprès de son abbé beaucoup d'application à la médecine, et en prit une assez grande connaissance. Bernier le
compte même au nombre des savants médecins qu'a produits
l'ordre monastique. »
Hist. lit., tome VIII, p. 49.

(3) « Guillelmus artificialis etiam Musicæ perdoctus. »
Radulph. Glab. *Vita S. Guillelmi,* c. XXIV.

introduit en France sous Charlemagne (1), avait
subi certaines modifications, et tendait à perdre son
caractère propre. L'abbé l'épura, et mit tous ses
soins à le faire pénétrer dans les monastères soumis à sa juridiction (2). C'est lui qui appliqua, l'un
des premiers, la méthode récemment inventée par
Guy d'Arezzo (3). Ce système ingénieux ne fut universellement adopté en France qu'en 1026, et tout
porte à croire qu'il dut sa rapide extension à l'abbé
Guillaume qui en aurait livré de bonne heure le
secret aux bénédictins de Cluny.

Telles étaient les occupations qui remplissaient
la vie studieuse et féconde des moines dijonnais.

Mais comment peindre cette vie plus intime et
plus mystérieuse des âmes? Comment dire ces
courants secrets de grâce et de sainteté qui péné-
traient à l'ombre du cloître et inspiraient des actes
de sacrifice et d'immolation que Dieu seul peut
connaître? Le monde ne voit trop souvent dans le
moine que la science et le talent, et ne lui paie que

---

(1) Dom Guéranger. — *Instit. liturg*, tome I, c. x

(2) *Hist. lit.*, tome vii, p. 117.

(3) Guy d'Arezzo, religieux bénédictin, fixa les principes du
solfège en formulant l'échelle des intonations diatoniques. Ce
moine artiste était de l'abbaye de Pomposa au duché de Fer-
rare près de Ravenne. On peut présumer qu'il fut en rapport
avec l'abbé de Saint-Bénigne soit directement, soit par l'intermédiaire de Joannelin, abbé de Fécamp, qui était musicien
et originaire de Ravenne.

le tribut d'une admiration qu'il croit comprendre et qu'il veut mesurer. Mais dans l'âme du religieux transfigurée par l'amour divin que de beautés tout intérieures et toute cachées? C'est par ce côté surtout que le cénobite est grand, et qu'il apparaît comme la personnification de ce qu'il y a sur la terre de plus noble, de plus désintéressé et de plus pur.

Les moines de Saint-Bénigne faisaient refleurir toutes les vertus des anciens cénobites. Le silence, l'oraison, l'obéissance, la pauvreté, la mortification, la charité étaient comme l'aliment et l'exercice principal de leur vie angélique

L'abbé Guillaume savait que le recueillement de l'âme est impossible sans l'habitude du silence (1). Il y avait des instants où les frères pouvaient rompre par de pieux entretiens la monotonie de leur retraite. Mais, en dehors de certaines heures, et, surtout depuis l'office de Complies jusqu'après le chant de Prime du lendemain, le silence devait être gardé avec une scrupuleuse exactitude. Cette pratique, qui demande à tous un singulier courage, offrait une difficulté spéciale aux jeunes novices bourguignons dont l'humeur moins calme et l'imagination plus vive se trahissaient par d'involontaires saillies. Toutefois le saint abbé était parvenu à maintenir

____

(1) Regula Sancti Benedicti, c. VI.

rigoureusement à Saint-Bénigne cette prescription de la règle bénédictine.

Les méditations, les lectures pieuses se mêlaient aux travaux des religieux. Chaque frère recevait, le Dimanche après Complies, un traité sur la vie spirituelle, et devait le lire pendant la semaine. S'il était négligent à le faire, il recevait une pénitence publique proportionnée à sa faute.

Nous verrons plus loin comment le saint abbé entendait l'obéissance religieuse et de quelle sévérité il se montrait envers les moines qui ne faisaient pas de cette vertu la base de leur vie. Mais l'immolation de la volonté propre n'était point le seul sacrifice imposé aux bénédictins de Dijon. Ils devaient pratiquer dans leur costume et dans leur nourriture encore d'autres mortifications.

Leur vêtement se composait de deux tuniques, l'une pour le jour, l'autre pour la nuit, d'une cuculle et d'un large scapulaire d'un tissu grossier. Ils dormaient tout habillés, n'ayant qu'une couverture, un drap de serge, une natte et un chevet pour appuyer leur tête.

Au réfectoire : abstinence perpétuelle d'aliments gras ; usage quotidien du poisson ou de légumes cuits avec peu d'assaisonnement Le vin n'était permis qu'aux grandes fêtes de l'année. Enfin la pauvreté s'ajoutait à ces pratiques de mortification extérieure. Nul ne possédait rien en propre. L'abbé avait seul le droit de disposer des revenus du monastère et de remettre à chacun ce qui pouvait lui être nécessaire pour sa santé ou pour ses travaux. D'après les *coutumes* apportées de Cluny à Dijon, chaque religieux ne recevait pour tout mobilier qu'un mouchoir, une aiguille, un couteau, des tablettes et un poinçon pour écrire (1).

Le Vénérable Guillaume, entre tous, se faisait remarquer par son zèle à pratiquer les moindres prescriptions de la règle, par l'austérité de ses jeûnes et par la tendre charité qu'il avait pour tous ses fils en Jésus-Christ. Aussi je ne sache point que le monastère ait eu pendant huit siècles, de phase plus heureuse que le temps qu'il fut gouverné par le pieux abbé. Le bonheur habitait avec la régularité dans ce cloître béni. Rien n'était plus touchant que cette famille monastique soumise au même père, et où tous n'avaient qu'un cœur pour s'aimer et qu'un élan pour avancer dans les voies de la perfection. Les cénobites trouvaient les plus intimes joies dans cette douce fraternité, et, chose remarquable, jamais la communauté de Dijon ne fut ni plus stable, ni plus nombreuse : tant il est vrai que ce ne sont point les rigueurs de la sainteté, mais plutôt le relâchement et la mollesse qui rendent désert l'asile de la prière et de la vertu !

(1) Lorain. — *Histoire de l'abbaye de Cluny*, p. 230.

La réputation de science et de régularité que s'était acquise l'abbaye de Saint-Bénigne se répandit bientôt non-seulement en Bourgogne, mais dans toute la France et jusqu'en Italie. Des âmes, désireuses de se sanctifier par les conseils du Bienheureux, quittaient chaque jour le monde pour se joindre aux bénédictins de Dijon. La Chronique cite Raoul-le-Blanc, riche comte de Bourgogne qui donna une grande partie de sa fortune au monastère en s'y faisant moine ; Thierry, jeune homme d'une grande vertu, qui fut plus tard abbé de Jumiéges ; Léobalde de Beaune, qui gouverna dans la suite le prieuré de Tournus, et Arnoul de Toul, jurisconsulte et littérateur, qui renonça à la gloire mondaine pour vivre pauvre et ignoré. Plusieurs évêques même quittaient leurs honneurs et leurs charges pour se ranger sous la conduite de l'abbé Guillaume, témoins Osmond évêque d'Albenga près de Gênes, Barnabé prélat grec, et Jean, archevêque de Corinthe, qui vinrent se retirer à Saint-Bénigne peu après la dédicace de la basilique. Enfin, comme si toutes les dignités eussent dû s'incliner tour à tour devant l'auréole du Saint, plusieurs abbés, entre autres, Jean de Saint-Apollinaire de Ravenne, Benoît de Saint-Sévère, Anastase, Marc et Godefroid de Milan, entrèrent à l'abbaye de Dijon (1).

(1) « Beatæ memoriæ Willelmus abbas suæ religionis affluentia totius partes Romani imperii illustrabat, abbatumque mul-

En ces jours où le monde, courbé sous le joug du sensualisme, semble oublier la grande loi de l'immolation chrétienne, on a peine à concevoir les sublimes dévouements qui se pratiquaient à l'ombre du cloître. On serait peut-être tenté de douter de la puissance de la sainteté et d'attendre d'une autre cause le salut de la société moderne. Cependant, il faut le dire, aujourd'hui comme au moyen-âge, c'est la sainteté, plutôt que la force ou le génie, qui doit conjurer le mal dont nous souffrons. Ce sont les saints seuls qui fondent et qui conservent les œuvres durables et fécondes; ce sont les saints qui font descendre dans les sociétés découragées ou vieillissantes la vie qui doit les rendre prospères et glorieuses.

O Dieu, qui tenez entre vos mains ces mystérieuses ressources, ne tarissez point le courant qui peut encore nous ranimer! Suscitez des âmes avides de sacrifice et puissantes par leurs œuvres! Donnez à votre Eglise, donnez à la France des saints qui en soient, pendant de longs siècles, le sel et la lumière!

torum tepidos animos sui fervoris imagine reformabat et accendebat. »

Chronic. Fiscamn. — Id. *Chronic. Sancti Benigni Div.* loc. cit.

CHAPITRE XIII

INFLUENCE POLITIQUE ET RELIGIEUSE DU VÉNÉRABLE GUILLAUME

Influence de l'abbé de Saint-Bénigne à la cour de France. — Il réconcilie le prince Hugues avec le roi. — Il combat le luxe des vêtements à la cour. — Il console le roi et la reine à la mort du prince Hugues. — Réforme de l'abbaye de Saint-Germain-des-Prés. — Vénération de l'empereur Henri II pour l'abbé Guillaume. — Lettres au pape Jean XX. — Autorité de l'abbé de Saint-Bénigne dans l'Église.

« Les vertus de l'illustre abbé Guillaume, dit son biographe, s'étaient élevées à un degré si éminent que toutes les provinces de France et d'Italie étaient pleines de respect pour lui et ravies d'admiration pour ses œuvres. Les rois le regardaient comme leur père, les pontifes comme leur docteur, les abbés et les moines comme leur ange gardien ; tous, en un mot, comme l'ami de Dieu et le conseiller le plus sûr dans les voies de la sainteté (1) ».

Depuis cette expédition de Bourgogne, où Robert-

(1) Radulph. Glab. — *Vita S. Guillelmi*, c. XXVIII.

le-Pieux avait, à la prière de l'abbé de Saint-Bénigne, accordé le salut de la ville de Dijon, il tenait le
Vénérable Guillaume en grande estime. Ce prince,
dont l'attachement à l'Église et les vertus péni-
tentes honoraient le trône de France (1), aimait à
s'entretenir avec le saint abbé. Il se montrait aussi
docile à ses conseils et aussi soumis envers lui qu'il
paraissait ferme et impérieux en face de ses ennemis. Il avait en lui la plus entière confiance, lui
ouvrait familièrement son âme, et recourait à ses
lumières dans les difficultés de son gouvernement.
Dans une occasion fameuse le monarque fit voir
quel respect il avait pour la parole du saint.
Le prince Hugues que Robert avait associé au
trône, irrité des outrages de sa mère Constance,
qui lui préférait son jeune frère, et poussé par quelques seigneurs mécontents et ambitieux, avait quitté

(1) « Le roi Robert était d'une piété, d'une bonté, d'une
charité, mais surtout d'une simplicité de cœur dont on ne se
fait pas d'idée dans notre siècle. Il était très-assidu aux offices
de l'église, faisait des prières et des génuflexions sans nombre,
lisait tous les jours le psautier, enseignait aux autres les leçons
et les hymnes. Il passait sans dormir les nuits entières de Noël,
de Pâques et de la Pentecôte. Depuis la Septuagésime jusqu'à
Pâques, il couchait sur la terre et passait le carême en pèleri-
nages. Les aumônes ordinaires du roi Robert, à Paris, à Sens,
à Orléans, à Dijon, à Melun, à Étampes, à Auxerre, à Avallon, étaient de nourrir tous les jours trois cents pauvres et
quelquefois jusqu'à mille, leur faisant donner du pain et du vin
en abondance. etc., etc.

Rohrbacher. — *Histoire de l'Église*, liv. LXII.

la cour et levé l'étendard de la révolte. Le roi, outré
de cette conduite indigne, prêt à tirer vengeance
de ce fils rebelle, s'adresse aussitôt à l'abbé de Saint-
Bénigne, et le consulte sur ce qu'il doit faire. Le
moine, redoutant pour la France les horreurs de la
guerre civile et convaincu de la puissance qu'auraient sur le cœur du jeune prince les voies de la
douceur et de la conciliation, apaise le courroux de
Robert, l'engage à mettre bas les armes et à attendre que son fils, ramené au devoir par sa propre
conscience, vienne faire sa soumission (1). Les
événements firent ressortir la sagesse de ce conseil.
Hugues, égaré par d'imprudents favoris, n'avait failli
que par entraînement. La bonté indulgente de
Robert émut sa générosité naturelle. Il revint à la
cour et donna à son père les plus sincères marques
de repentir.

Quelques années plus tard, l'abbé de Saint-
Bénigne usa de l'ascendant qu'il avait sur le monarque pour l'engager à proscrire de la cour le luxe
et l'immoralité qui s'y introduisaient, depuis le
mariage de Robert avec Constance. « Dès que cette
princesse parut à Paris, dit Raoul Glaber, on vit la

____

(1) « Meminisse te, o Rex, convenit injuriarum opprobriorum-
que Patri et Matri a te illatorum in tuâ juventute. Quoniam
talia tibi, justo judice Deo permittente, a filiis ingeruntur, qualia tu ipse Genitoribus ingessisti. »

Epist. S. Guillel. — Radulph. Glab. *Hist.* lib. III, c. IX.

France inondée de méridionaux, les plus vains et
les plus légers des hommes. Leur façon de vivre,
leur costume, leur équipage, leur armure étaient
également bizarres. Leurs cheveux descendaient
à peine au milieu de la tête; vrais histrions dont
le menton rasé de frais, les bottines ridiculement
terminées par un bec recourbé, l'attitude extrava-
gante, annonçaient le déréglement intérieur.
Hommes sans foi, sans loi, sans pudeur, dont les
contagieux exemples corrompaient la nation fran-
çaise et lui faisaient oublier les lois de l'antique et
décente simplicité de nos aïeux (1) ». Ce cortége
étrange, dont la reine habituée au luxe de la cour
d'Aquitaine aimait à s'entourer, aurait pu donner
de funestes exemples de mollesse, si le roi eût manqué de vigilance et de fermeté. Il déféra à la prière
de l'abbé Guillaume, proscrivit ces modes indécentes,
et sauva l'honneur de son règne et de son peuple (2).

L'abbé de Saint-Bénigne savait reconnaître l'amitié du monarque et répondre à la confiance qu'il lui
témoignait. Aussi, quand une mort prématurée vint
plonger la France dans le deuil (3), en enlevant à

______

(1) Radulph. Glab. *Hist.* lib. III, c. IX.
(2) Radulph. Glab. *Hist.* lib. III, c. IX.
(3) « Quel est le pinceau digne de retracer ce prince plein
d'humilité et de douceur dans ses paroles, plus docile à son
père et à sa mère que leurs propres esclaves; ce bienfaiteur
généreux des pauvres, ce consolateur des clercs et des moines,
cet interprète fidèle et zélé de toutes les réclamations adres-

l'amour de son père et aux espérance de la nation le jeune Hugues-le-Grand, il voulut porter lui-même au roi des paroles de consolation. Il puisa dans sa piété et dans la tendresse de son âme le secret de tempérer les larmes arrachées par cette grande douleur. Il représenta au prince combien était digne d'envie le sort de ce fils qui, n'ayant encore reçu que les honneurs d'une couronne périssable, était appelé à porter celle dont l'éclat ne doit jamais se ternir. Il lui dépeignit les dangers et les peines inséparables du trône, et s'attacha à fixer l'attention de Robert sur ces biens éternels, au prix desquels il n'est point ici-bas de vraie grandeur (1). Ces pensées firent impression sur le roi et lui inspirèrent l'admirable résignation dont il fit preuve.

Quelques années avant la mort du prince Hugues, Robert-le-Pieux avait donné à l'abbé de Saint-Bénigne les revenus du prieuré de Saint-Martin de

---

sées à son père, cet ami de tous les gens de bien, meilleur qu'eux tous ? Sa réputation, répandue par toutes les provinces, faisait désirer à beaucoup de peuples qu'il voulût leur commander et monter sur le trône. On lui donnait partout le nom de Hugues-le-Grand, qu'avait porté son aïeul. Au moment où l'on admirait dans ce prince incomparable l'heureuse union de la beauté de l'âme et de celle du corps, tout-à-coup en punition des fautes de nos pères, la mort jalouse vint l'enlever à l'amour du monde. Il n'est pas de paroles capables d'exprimer quel fut alors le deuil général.

Raoul Glaber. — *Hist.* lib. III, c. IX. *Traduction de M. Guizot.*

(1) Radulph. Glab. — *Vita S. Guillelmi*, c. XXIV.

Beaune, en Bourgogne, pour être affectés à l'abbaye de Fructuare (1). Le monarque voulait témoigner par là combien il était sympathique aux disciples du Vénérable Guillaume et se donner un droit aux prières des religieux de Volpian. C'est pendant ce dernier voyage à Paris que l'abbé de Saint-Bénigne consentit à entreprendre la réforme de l'abbaye de Saint-Germain-des-Prés (2). Le roi l'en avait prié à son retour de Fécamp. Mais l'importance dont elle jouissait, et, par suite, les difficultés que présentait cette réforme avaient retardé l'exécution du projet de Robert.

Les moines de Saint-Germain, sous l'inhabile direction de l'abbé Ingon (3), avaient échangé la vie studieuse et pénitente du cloître contre des habitudes mondaines et scandaleuses. Guillaume, appuyé par l'autorité du roi de France, chassa un certain Pépinellus de Garini, qui s'appropriait injustement les revenus du monastère, rétablit l'ordre matériel, ouvrit des *écoles-doubles*, comme à Dijon et à Fécamp, remit en vigueur la règle béné-

(1) *Roberti privilegium pro Ecclesia Sancti Martini in suburbio Belnensis castri sita.* — Migne, Patr. tom. 141, p. 965.

Gantelot. — *Histoire de Beaune,* in-4º 1772.

(2) Cette abbaye appelée d'abord abbaye Saint-Vincent fut bâtie par Childebert, fils de Clovis.

Félibien des Avaux. — *Histoire des architectes célèbres,* lib. IV, p. 144, in-4º, Paris 1687.

(3) *Gallia Christiana,* t. VIII, p. 485.

dictine, et ne revint en Bourgogne qu'après avoir laissé plusieurs de ses moines à Saint-Germain pour y maintenir la régularité.

Ce n'est pas seulement à la cour de France que l'abbé de Saint-Bénigne était traité avec tant d'égards. Henri II, empereur d'Allemagne, partageait l'estime de Robert pour le saint religieux. Nous avons vu avec quelle bienveillance il l'avait accueilli en Italie et comment il lui avait confirmé les priviléges de Fructuare, malgré les relations étroites qui l'unissaient à la famille d'Ardoin. Il lui envoya plus tard de riches ornements pour l'église de Saint-Bénigne, et il paraîtrait même que Henri II, quittant Cluny où il avait séjourné, se serait arrêté à l'abbaye de Dijon pour visiter l'abbé Guillaume et s'édifier des vertus de ses moines (1024).

La sainteté et les œuvres de l'illustre réformateur lui avaient donné dans l'Église une autorité considérable. Aussi sur la fin de son pontificat, Benoît VIII lui écrit une lettre pleine d'éloges et d'encouragements ; il le félicite des travaux qu'il a si glorieusement accomplis, et lui ordonne de poursuivre ceux qui tenteraient par leur paroles ou leurs exemples de combattre la réforme opérée à Saint-Bénigne et dans les monastères qui en dépendent (1).

____

(1) « Benedictus Episcopus servus servorum Dei Willelmo Venerabili abbati et in Christo filio dilecto salutem sempiternam cum benedictione apostolica.

Mais c'est surtout sous le règne de Jean XX (1)
que paraît avec éclat l'influence de l'abbé de Dijon.
Ce pontife, frère et successeur de Benoît VIII (1024),
était accusé d'avoir obtenu par l'intrigue et l'or
l'honneur de s'asseoir sur la chaire de saint Pierre
et de trafiquer honteusement des dignités de

Audita vigilantia studii tui, qua invigilas super filios com-
missos tibi, referimus gratias Deo omnipotenti. Denique compe-
rimus te jamdiu laborare creberrimis tuorum hostium incursi-
bus, et pene jam destitutam Ecclesiam tuam a diripientibus et
infortuniis tuis, quas forinsecus pateris, condolemus : namque
pro longanimitate patientiæ quam hucusque exhibuisti adver-
sariis Ecclesiæ tuæ, decet nos gaudere, et bonitatem tuam
laudare. Cæterum sufficiat hactenus hanc patientiam ita exhi-
buisse ut impune ad nihilum redigantur res Ecclesiæ penitus,
et pro penuria inopiæ labefactetur ordo Religionis Monasticæ,
quæ inibi sub te dignoscitur præpollere. Habes tecum filium
nostrum *Benignum* Episcopum gratias Deo effectum monacum,
quem admonemus honeste et religiose conversari professio-
nem obedientiæ moribus et opere attendere : in qua vocatione
vocatus est in ipsa permanere : deinde illi jubemus cum omni
imperio, ut inimicos sancti Martyris Benigni insequatur omni
justitiæ zelo, ac cum divina auctoritate feriat eos anathemate.
Tibi etiam præcipimus ne obsistas ei in hoc, sed sicut illi auc-
toritatem pervasores tuos feriendi concedimus, jubemus et
imperamus ; ita tibi per veram obedientiam mandamus, ne
impedias illum, nec prohibeas quin ipsos malefactores Domini
verbi gladio coerceat, ac sic bene roboretur nostra auctoritas ;
et quoscumque ille ligaverit, apostolica et nostra auctoritate
sint ligati, et quos absolverit, sint pariter nostra absolutione
absoluti. Damus etiam illi potestatem inordinandi, quidquid juste
postulatus fuerit in sancta Ecclesia ordinare, verumtamen te
jubente.

(1) Quelques auteurs donnent pour successeur à Benoît VIII
le pape Jean XIX. Nous avons suivi l'opinion de M. l'abbé
Darras (*Histoire générale de l'Église*, tome XX) qui nous
paraît la plus solidement établie.

l'Église. Ce bruit se répandant en France troublait les âmes et minait le respect des peuples pour le Saint-Siége. Le Vénérable Guillaume s'émeut du péril, n'écoute que son zèle et écrit en ces termes au pape. « Ecoutez, écoutez, ô vous qui êtes appelé
» le sel de la terre et la lumière du monde, regar-
» dez dans quel abîme vous entraînez le troupeau de
» Jésus-Christ et les membres de son corps. N'est-
» ce donc pas assez que le Christ ait été livré une
» fois pour le salut du genre humain? Si le ruisseau
» près de sa source est tiède et trouble, plus loin
» il sera corrompu et fétide. C'est pourquoi ceux
» qui achètent les dignités ne les ont que pour leur
» propre perte. Songez au Juge suprême, ô vous
» qui avez en main la hache pour trancher le mal
» à sa racine (1) ».

Il y a dans ces paroles une liberté et une énergie dont les saints seuls connaissent le secret et la mesure. Toutefois, si cette lettre exprimait l'amour passionné du pieux abbé pour l'Église romaine, il ne faut point faire tomber sur le Souverain-Pontife les reproches qu'elle contient. Jean XX n'était nullement simoniaque, et la calomnie n'était fondée que sur certaines concessions isolées faites à son insu par quelques prélats.

Peu après, cependant, l'illustre abbé de Saint-Bénigne trouva encore l'occasion d'élever la voix

(1) *Opera S. Guillelmi*, Epist. ad Joann. xx.

pour défendre les droits de l'Église. L'empereur
Basile venait d'envoyer au pape une ambassade
afin d'obtenir pour le patriarche de Constantinople
le titre de *patriarche œcuménique*. Il n'est point
probable que Jean XX eût l'intention d'accorder ce
privilége étrange. « Mais, remarque Raoul Glaber,
» quelques personnages de la cour romaine, sé-
» duits par l'or de Bysance, cherchaient un subter-
» fuge pour surprendre la volonté du pape, » et l'on
devait craindre que l'honneur du Saint-Siége ne sortît point intact de ces basses intrigues (1). « Plu-
» sieurs évêques et plusieurs abbés de France, à
» cette nouvelle, dit Hugues de Flavigny (2), pro-
» testèrent hautement contre les prétentions des
» Grecs ». Quelques-uns, comme Richard de Saint-
Vannes, entreprirent le voyage de Rome dans le but
de prévenir un scandale que l'on disait imminent.
L'abbé de Dijon retenu dans son monastère adressa
alors à Jean XX cette seconde lettre non moins éner-
gique que la première. « L'Apôtre des Gentils, dit-il,
» nous apprend à respecter les personnes consti-
» tuées en dignités ; ce qui ne l'empêche pas de
» s'écrier ailleurs : *Je sors peut-être des limites de la*
» *prudence, mais c'est vous qui m'y avez contraint*
» — *Factus sum insipiens, vos me coegistis.* Nous
» aussi, nous nous sentons pressé par un senti-

(1) Radulph. Glab. *Hist.* lib. IV, c. I.
(2) Hugo Flaviniacus. *Chronic.* lib. II, cap. XVIII.

» ment d'amour filial d'exhorter votre paternité à

» se rappeler en ce moment la conduite du Sauveur

» et à poser à quelqu'un de ceux qui vous aiment

» la question que Notre Seigneur fit à saint Pierre,

» quand il lui demanda: *Que disent de moi les hom-*

» *mes ?* La réponse que vous obtiendrez, pourvu

» qu'elle soit sincère, méritera toute votre atten-

» tion. Si elle est nettement favorable, faites en

» sorte de la justifier par votre conduite; si elle est

» embarrassée et obscure, priez le père des lumières

» de dissiper toutes les ombres, afin que vous gui-

» diez dans la plénitude de la lumière et dans la

» voie des commandements divins tous les fidèles

» enfants de l'Eglise. Il nous est venu une nouvelle

» qui scandalise tous ceux qui l'entendent, et qui

» trouble profondément les âmes. Bien que l'an-

» cien empire romain, qui s'étendait autrefois sur

» l'univers entier, soit aujourd'hui partagé en un

» nombre infini de monarchies particulières, la puis-

» sance suprême de lier et de délier sur la terre

» comme au ciel est restée une; elle appartient main-

» tenant comme toujours, par le don du Seigneur,

» au magistère inviolable de Pierre. C'est donc une

» présomption complétement injustifiable de la

» part des Grecs d'avoir revendiqué un privilége

» qu'ils auraient, dit-on, obtenu de Votre Béati-

» tude. Nous vous supplions de montrer plus de

» vigueur pour la correction des abus et le main-

» tien de la discipline, au sein de l'Église catholi-
» que et apostolique ; c'est le devoir du Souverain
» Pontife. Puissiez-vous, en y étant fidèle, régner
» heureusement ici-bas et pendant l'éternité ! (1). »

Cet avertissement du vénérable abbé fut entendu. Le pape, instruit des viles intrigues qui s'agitaient autour de lui, congédia les légats de l'empereur sans rien leur accorder, et sauvegarda les droits du siége apostolique (2).

Ainsi criossait chaque jour l'influence de l'abbé de Saint-Bénigne. N'était-ce pas la plus haute manifestation de cette puissance morale qu'il avait acquise par la restauration des lettres, de la disci- pline ecclésiastique et des vertus cénobitiques? Nous avons dit ses travaux et ses œuvres aux abbayes de Saint-Saturnin, de Dijon, de Fécamp, de Fructuare, de Saint Germain-des-Prés. Mais son activité avait encore embrassé un cercle plus large. Raoul Gla- ber affirme qu'il y avait en France plus de quarante monastères bénédictins dépendant de l'abbé Guil-

---

(1) *Opera S. Guillelmi.* — Epist. ad Joann. xx.

(2) « Guillaume, abbé de Saint-Bénigne de Dijon, l'un des plus célèbres hommes de son temps, et qui était extrêmement considéré du saint roi Robert, écrivit au pape avec tant de force et de liberté chrétienne, pour le détourner d'un dessein si scandaleux et si préjudiciable au bien de l'Église, qu'il n'osa passer outre ; de sorte que les Grecs furent enfin obligés de s'en retourner, sans avoir pu obtenir ce qu'ils demandaient. »

P. Maimbourg. — *Histoire du schisme des Grecs*, tome i, liv. iii, an 1024.

laume (1) et formant, par leurs relations fraternelles avec l'abbaye de Dijon, ce qui fut appelé plus tard l'*Ordre de Saint-Bénigne* (2). Au XIe siècle, dans cette confusion des choses et des institutions, lorsque tant de ruines étaient encore accumulées dans le sanctuaire et dans le cloître, on comprend quelle devait être la vénération des âmes chrétiennes pour l'illustre moine dont le génie et la sainteté se révélaient par tant de merveilles.

Le genre humain prodigue ses éloges et son admiration à ces hommes qui, avec l'or, avec la force matérielle, quelquefois même avec la ruse, ont su dompter les peuples et bouleverser les sociétés à leur profit. Il semble que dans l'éblouissement du succès l'ambition coupable se transfigure pour en imposer à la postérité. Mais telle n'est point la véritable grandeur. Ce n'est pas en foulant aux pieds les droits de la justice et de la conscience qu'on s'élève au-dessus du vulgaire. Il y a dans l'homme une beauté plus cachée, un éclat plus pur dont le rayonnement ne trompe jamais. C'est la beauté que l'âme puise dans sa propre vertu. Les saints seuls

(1) Parmi les principaux monastères réformés par l'abbé Guillaume, citons ceux de Vézelay, de Bèze, de Réôme, de Tonnerre, de Saint-Faron de Meaux, de Gorze en Lorraine, de Jumièges, de Saint-Ouen de Rouen, du Mont-Saint-Michel, de Saint-Arnould de Metz, de Saint-Amatre près de Langres, d'Embrun, de Melun, etc., etc.

(2) Dom Plancher. — *Histoire de Bourgogne*, liv. v, n. 48.

ont su reproduire cette splendeur morale que Jésus-Christ a révélée au monde. Voilà pourquoi, pendant leur vie, ils attiraient tout à eux par un charme puissant; voilà pourquoi leur gloire couronnée d'immortalité survivra à toutes les vicissitudes!

CHAPITRE XIV

CARACTÈRE ET VERTUS DU VÉNÉRABLE GUILLAUME

Dispositions naturelles de l'abbé Guillaume. — Sa force de volonté. — Sa tendresse. — Sa piété et son esprit d'oraison. — Son zèle pour former ses disciples à la prière, à l'obéissance et à l'humilité. — Son amour de la pauvreté religieuse. — Grand exemple de charité. — Miracle de l'abbé de Saint-Bénigne. — Son admirable fermeté au milieu des épreuves.

Il est temps de réunir dans un seul tableau tous les traits de la physionomie du vénérable abbé de Saint-Bénigne. Bientôt il va quitter la terre pour la vraie patrie, et, chargé d'années autant que de mérites, il apparaît plus admirable dans cette douce majesté d'une vieillesse couronnée de gloire et de sainteté. Arrêtons-nous devant cette grande figure qui, pendant un demi-siècle, a projeté, sur la France et l'Italie, une lumière féconde, et cherchons, à travers ses œuvres, à dégager ce qu'il y a dans ce moine de plus intéressant et de plus intime, je veux dire son caractère, son génie et ses vertus.

13

Guillaume avait reçu, en naissant, tous les dons de l'intelligence et du cœur. Dès son jeune âge, il étonnait ses maîtres par ses progrès, comme il les édifiait par sa piété. Elevé à l'ombre du cloître, il ne connut point ces défaillances juvéniles, qui, quoique passagères, n'en déflorent pas moins la virginale beauté de l'âme. Il puisa dans cette pureté conservée une piété ardente, une tendresse naïve autant que le goût naturel des splendeurs de l'art et cette passion pour la science qui le rendit, à vingt-six ans, l'un des prodiges de l'ordre bénédictin (1).

Avec ces heureuses dispositions, Guillaume eut en partage une grande force de volonté (2). Enfant à Locédia, moine à Cluny, à Saint-Saturnin, abbé dans de nombreux monastères soumis à sa juridiction, partout, il se révèle par une puissance morale d'autorité et de résolution qui s'impose victorieusement et comme sans effort. Tel est le fond de son caractère; tel le trait propre qui ne s'effacera jamais de sa physionomie, et qui demeurera sous les faiblesses de l'âge et sous les ruines d'une santé épuisée. C'est cette fermeté

---

(1) « Liberalibus artibus apprime eruditum, atque disciplinis ecclesiasticis, cunctisque spiritualibus officiis... virtutum gratia imbutum et illuminatum... »
Chronic. Fiscamn.
(2) « Guillelmum Divionensem severitate reverendum. »
Sigebert. — *Chronic.* ad annum 1027.

extraordinaire de volonté qui lui valut le surnom
de « *Supra regulam* » que l'histoire lui a conservé (1). Toutefois il ne sut pas d'abord se garder
complétement de l'excès de ses qualités, et il
fallut que la grâce vînt adoucir, par son onction,
ce que cette rigueur de caractère pouvait avoir
d'exagéré. Nous avons raconté la vision de Bénévent, où lui furent reprochées ses grandes
austérités, et où Dieu lui révéla que la charité et
la douceur devaient être préférées à la violence
et à la contrainte pour conduire les âmes à la perfection.

De nos jours, tandis que les courages semblent
si abattus, les volontés si chancelantes, les carac-
tères si affaissés, quel sublime exemple et quelle
leçon efficace ne nous donne pas ce religieux doué
d'une force égale pour commander aux autres et se
commander à soi-même, et qui demeure comme la
pierre angulaire de l'édifice religieux et littéraire,
au milieu d'un siècle incertain, ténébreux et perpétuellement menacé ?

Il y avait dans l'âme du saint abbé, à côté de
cette austérité native du caractère, une étonnante
disposition à la tendresse. Sensible et affectueux, il

____

(1) « Villelmum *Supra-regulam* dictum fuisse à rigore fer-
ventioris propositi. »
Hugo Flaviniac. — *Chronic. Virdun.*
Hist. litt., tome VII, p. 319.

souffrit cruellement à Locédia de la jalousie qui lui disputait chaque jour les sympathies acquises dès l'enfance. Mais une fois venu en France, quand surtout ses nouvelles charges transforment les sentiments de son cœur pour y allumer le feu de la tendresse paternelle, quelle inépuisable charité envers ses religieux! Comme l'Apôtre, il se fait tout à tous, il se donne sans réserve, et purifiant les attaches de son cœur dans l'amour plus fécond de l'Agneau, il se sert de cette mystérieuse puissance de l'amitié pour conquérir les âmes et les conduire au Divin Maître. Amour immolé, affection transfigurée dans le sacrifice, que le monde dénature et blâme, et que Dieu n'a pleinement révélé qu'à Jésus, le plus beau des enfants des hommes et, dans une certaine mesure, à tous ses saints!

Le Vénérable Guillaume, destiné à restaurer l'ordre monastique en France et en Italie, était lui-même le modèle accompli du parfait religieux. Moins adonné à la contemplation qu'aux œuvres extérieures, il avait le privilége d'une oraison facile. Il savait allier la prière avec ses nombreux travaux et tenir toujours son âme attentive à la présence de Dieu. A Saint-Bénigne, au milieu des plus grandes préoccupations, dans ses voyages, dans la réforme des monastères, à la cour des princes, le pieux abbé gardait constamment la même paix intérieure. C'était au saint sacrifice qu'il puisait cet esprit de ferveur et d'union surnaturelle à Dieu. Rien n'égalait à ses yeux le bonheur du prêtre admis à tenir si souvent dans ses mains la personne même de Jésus-Christ. Il fit voir dans une circonstance quel respect il avait pour l'auguste sacrement. Il assistait, un jour, à la messe de Pâques dans la chapelle du monastère de Réome, lorsque tout-à-coup le prêtre qui officiait répandit, par mégarde, le sang adorable du Sauveur. Aussitôt le saint se prosterne, verse des larmes, et ordonne que, pendant plusieurs jours, des prières soient faites en communauté, pour réparer l'irrévérence de ce ministre si peu attentif (1).

S'il appréciait pour lui-même l'excellence de l'oraison, il n'omettait point de la recommander à ses religieux. C'est à lui que les moines de Dijon furent redevables de cette piété qui les distinguait entre tous les bénédictins de France.

Il voulut aussi rendre l'exercice de la prière plus commun, en le mettant à la portée de tous, même des plus simples. Il inventa, pour les ignorants et les enfants, une formule spéciale, qui fut appelée dans la suite « *Brevior orandi forma.* » Elle consistait en de courtes invocations qui, répétées plusieurs fois, d'une manière déterminée, en comptant sur les doigts, rappelaient le nombre des psaumes de David.

____

(1) Radulph. Glab. *Hist.* lib. v, c. i.

C'était le psautier de ceux qui ne savaient ni lire ni chanter (1).

L'abbé de Saint-Bénigne tenait surtout à former ses religieux à l'obéissance et à l'humilité. Nous avons de lui une lettre adressée à de jeunes moines dans laquelle il développe les mérites précieux de l'obéissance. « *La principale vertu du religieux,* » dit-il, *c'est l'obéissance.* Quand même vous jeûne- » riez nuit et jour, quand même vous vous couvri- » riez de cendre, quand même vous passeriez votre » vie à prier, si vous ne faites point ces œuvres se- » lon l'obéissance vous perdez votre mérite. *L'obé-* » *issance seule vaut mieux que toutes les autres ver-* » *tus* (2). Car la pénitence corporelle et la chasteté » même, si vous n'y prenez garde, peuvent devenir » pour vous un sujet de vanité et de complaisance,

______

(1) « Instituit quoque simplicioribus vel idiotis e sæculo ad se confugientibus fratribus orandi formam quinque modulis mystice constantem, ut videlicet quot sensibus humani corporis Deus offenditur totidem vocum clausulis ad misericordiam rogaretur. Erat autem hujusmodi *Domine, Jesu Christe, Rex bone, Rex clemens, Pie Deus*, subjungebatur vero singulis *miserere nobis*. Supputabatur namque taliter ut si, verbi gratia, in decem novennalibus articulorum juncturis ter et quinquies identidem revolvendo devote diceretur, *Psalterii* tota series mutuata persolveretur. Unde etiam pro *Psalterio* apud illos habebatur, ut Pater docuit, et cognominabatur. »

Radulph. Glab. — *Vita S. Guillelmi*, c. XIII.

(2) « Hoc dico, quia hic in nobis summa et sola virtus est obedientia..... Una obedientia plus valet quam omnes virtutes aliæ... »

Epistola ad Monachos. V. *Opera S. Guillelmi.*

» et vous rendre indignes du Dieu qui ne hait rien
» tant que l'orgueil.... »

Il insiste ensuite sur la nécessité de l'humilité
avec non moins d'énergie : « Dieu, dit-il, a en
» horreur le mensonge, le parjure, le vol, l'adul-
» tère, l'impureté ; mais combien plus l'or-
» gueil!..... L'orgueilleux ne peut trouver aucune
» excuse à sa faute... Encore qu'il pratique d'autres
» vertus, il n'est point vertueux. Il n'a que l'appa-
» rence de la sainteté. Ses jeûnes, ses oraisons, ses
» travaux, tout devient pour lui une occasion de
» péché. Le moine orgueilleux aurait mieux fait
» de se marier que de vivre dans la retraite. Je
» dirai même qu'en quelque sorte il serait plus
» avantageux pour lui d'avoir tous les autres vices
» réunis que le seul vice de l'orgueil. L'excès de
» ses fautes pourrait du moins l'amener à une péni-
» tence éclatante, tandis que l'orgueilleux, parce
» qu'il ne veut jamais reconnaître ses torts, devient
» incapable de se convertir (1). »

Pour maintenir l'obéissance et l'humilité dans
ses monastères, le vigilant abbé avait soin de
rétablir partout la salutaire pratique des *coulpes* en
chapitre. Cette confession commune des fautes extérieures contre la règle a toujours été regardée par
les chefs d'ordres religieux comme un puissant

(1) Epistola ad Monachos, loc. cit.

moyen de rompre la volonté et de mortifier l'amour-propre, tout en rendant plus intime la fraternité des cénobites, par la mutuelle confiance qu'elle exige et qu'elle inspire.

L'abbé Guillaume n'ignorait point non plus que la pauvreté religieuse est la condition nécessaire de la régularité et de la ferveur du cloître. Il redoutait pour ses moines le danger des richesses, depuis surtout que les comtes de Bourgogne avaient multiplié les donations faites à l'abbaye. Aussi recommandait-il fréquemment la plus large condescendance dans la perception des revenus du monastère, aimant mieux, dit son biographe, subir une perte que de contrister, pour des choses temporelles, l'âme d'un frère en Jésus-Christ (1).

Cet amour extrême de la pauvreté s'alliait bien avec la générosité naturelle de son cœur. Il le prouva d'une manière éclatante dans une circonstance dont Hugues de Flavigny nous a conservé le récit (2).

Le saint abbé revenait de son troisième voyage en Italie (1016). Ses religieux réunis en chapitre lui prodiguaient les marques de leur joie et de leur filial amour, quand soudain il s'informe de l'état du monastère et de ses ressources matérielles. Apprenant que rien ne manquait à ses fils et que les caves et les greniers étaient plus richement appro-

(1) Radulph. Glab. *Vita S. Guillelmi*, c. XXVII.
(2) Hugo Flaviniac. *Chronic. Virdun*, n. XV.

visionnés que jamais, il demande si le devoir de l'aumône n'a point été oublié. On n'avait point dérogé aux pieuses coutumes de l'abbaye ; mais on lui avoue pourtant que les aumônes n'ont point été proportionnées à l'abondance des revenus. A cette réponse, saisi d'une sainte colère et indigné de l'égoïsme de ses religieux, il se lève, et, répétant plusieurs fois à haute voix l'antienne : *Ubi est charitas ? Qu'est devenue la charité ?* il se rend dans les celliers, et ordonne d'en tirer toutes les provisions. Puis il fait venir les pauvres de la ville, et se met à faire lui-même une distribution générale des réserves du monastère, ne gardant que le juste nécessaire pour attendre la prochaine récolte. Sublime leçon de pauvreté et de détachement qui eût dû prémunir à jamais les moines de Saint-Bénigne contre les dangers de l'opulence !

Quelques années après, une famine qui devait causer les plus grands ravages en France (1028-1030) commença à faire sentir ses rigueurs en Bourgogne. Les récoltes, retardées par des pluies continuelles, n'avaient pu mûrir, et pendant l'hiver la disette fut générale. Les pauvres, sans ressources et sans travail, ne pouvaient acheter une nourriture dont le prix devenait toujours plus élevé. L'abbé Guillaume, n'écoutant que sa charité, n'hésita pas à sacrifier les richesses du sanctuaire. Il se rappelait cette parole de saint Ambroise « *que le vase con-*

sacré n'est point profané par la charité, quand il sert à préserver de la famine ceux que le sang du calice divin a rachetés de la mort éternelle. » Il avait, d'ailleurs, dans l'histoire de l'Église, d'illustres exemples de cette charité envers les membres souffrants de Jésus-Christ. Le saint abbé vendit tous les vases sacrés les plus précieux, et mêmè, les revêtements d'or et d'argent de la châsse de saint Bénigne, ainsi que les quatre colonnes de marbre qui la supportaient (1). Cette générosité inspira la conduite de saint Odilon de Cluny qui, peu de temps après, employa toutes les richesses de son monastère au soulagement des pauvres. La charité dont l'illustre abbé donnait de si belles leçons, lui apparaissait comme l'un des premiers devoirs imposés par le christianisme. Aussi, dans ses sermons, il ne craint pas de flétrir, avec une liberté dont notre époque s'accommoderait peu, ces riches égoïstes qui oublient, au milieu de leur vie sensuelle, qu'à côté d'eux ils ont des frères qui pleurent et qui souffrent.

« .... Si votre main, dit-il, reste fermée à la
» prière du pauvre, comment oserez-vous, au jour
» du jugement, demander vous-même miséricorde
» au Seigneur? Ne vous adressera-t-il pas ce
» reproche : *J'étais nu, et vous ne m'avez point*

(1) Un tableau placé dans le chœur de l'église cathédrale, Saint-Bénigne, de Dijon, rappelle cet acte admirable de la charité du Vénérable Guillaume.

» *couvert; j'avais faim, et vous ne m'avez point donné*
» *à manger?* Quelle réponse pourrez-vous faire?
» A quel titre demanderez-vous grâce? Votre con-
» science ne vous convaincra-t-elle pas, ne vous
» fermera-t-elle pas la bouche? Vous vous *gor-*
» *gez* (1), outre mesure, des mets les plus variés,
» les plus chers et les plus exquis, et vous refusez
» de céder au pauvre la nourriture la plus ordinaire
» pour apaiser sa faim. Vous êtes couvert des plus
» riches habits; le pauvre est nu, et vous ne lui
» donnez pas même le vêtement le plus grossier.
» Vous déployez dans votre demeure la plus somp-
» tueuse magnificence, et vous n'y trouvez pas la
» moindre place pour recevoir le pauvre qui est
» sans abri. Mais si vous agissez de la sorte, si,
» quand viendra la mort inévitable, le repentir
» ne vous justifie pas, vous serez plongé dans les
» enfers. Vous paraîtrez devant Dieu sans méri-
» tes, et votre maison restera avec toute sa splen-
» deur, comme un témoignage de votre avarice. A
» sa vue, le passant dira : « Voici la demeure de
» ce voleur, de cet avare. Que de veuves il a op-
» primées, que d'orphelins il a dépouillés, que de
» malheureux il a faits, pour élever cette maison au
» prix de tant d'iniquités! »

« Mais, direz-vous, je suis riche, je suis dans

____

(1) « Usque ad crapulam satiaris. »

» les honneurs. » Nul ne vous reproche votre no-
» blesse ; nul ne conteste votre dignité : c'est Dieu
» qui, dans sa bonté, les a données à l'homme.
» Personne ne doit donc blâmer les riches et les
» puissants, s'ils se comportent avec justice, mo-
» dération et générosité. Mais ceux qui sont dignes
» de pitié et de larmes, ce sont les hommes que
» les dignités enflent d'orgueil, qui se regardent
» comme immortels, qui croient leurs honneurs im-
» périssables. Ils oublient que, sortis de la terre,
» ils doivent retourner dans la poussière, et qu'un
» jour ils expieront dans d'éternels tourments les
» misérables et fragiles joies de cette vie. Ce pau-
» vre, vous le voyez et vous le méprisez ; vous ne
» vous souvenez point qu'il est homme comme
» vous ; qu'il est, comme vous, la créature que Dieu
» chérit entre toutes ; comme vous, un homme pour
» qui le Seigneur a élevé la voûte céleste, répandu
» les eaux de la mer, posé les fondements de la
» terre ; pour qui il fait lever et coucher le soleil,
» croître et décroître la lune et briller les astres
» resplendissants. Ah ! pouvez-vous mépriser le
» pauvre, pour qui Dieu a fait de semblables mer-
» veilles ; pour qui, merveille plus admirable en-
» core, le Fils de Dieu a pris un corps humain, a
» souffert les derniers outrages, a été flagellé, cru-
» cifié, abreuvé de fiel ; pour qui il a subi la mort ;
» pour qui il est descendu aux enfers ! Voilà les

» dons magnifiques que la bonté de Dieu a pro-
» digués au genre humain. Pourrions-nous main-
» tenant mépriser le pauvre à qui Dieu daigne
» accorder de tels bienfaits !

« Rallumons dans nos cœurs le feu de la cha-
» rité, mes très-chers Frères, et ne méprisons
» point le pauvre, de peur que celui qui « *étant*
» *riche, s'est fait pauvre* » pour nous, ne nous
» méprise à son tour. Songez, mes Frères, songez
» que, depuis le commencement du monde, Dieu
» n'a jamais dédaigné le pauvre. Vous avez vu bien
» souvent dans les Saintes Écritures comment Dieu
» rabaisse l'orgueil et la vanité du monde. Aussi
» n'a-t-il pas choisi des hommes éloquents, des
» orateurs, des consuls, des riches et des puissants
» pour leur confier les mystères de sa parole ; mais
» des pasteurs, comme les Patriarches et le saint
» roi David ; ou des pêcheurs, comme saint Pierre
» et les autres apôtres. Il voulait détruire la force
» par la faiblesse et renverser par l'humilité l'or-
» gueil et la grandeur. Aimons donc les pauvres,
» afin d'avoir part au royaume de Celui qui a dit :
» *Apprenez de moi que je suis doux et humble de*
» *cœur* (1) ».

La sollicitude de l'abbé de Saint-Bénigne était
encore plus grande pour les besoins de l'âme. Il

____

(1) V. à la fin du volume, Opera S. Guillelmi.

poursuivait de sa charité ceux-mêmes qui avaient quitté cette vallée de larmes. Dans cette pensée, il seconda vivement saint Odilon dans l'établissement de la fête des Trépassés, et il renouvela, dans tous les monastères qu'il dirigeait, la coutume de faire des prières pendant les trente jours qui suivraient la mort d'un frère, de nommer en chapitre le nom des défunts, au jour anniversaire de leur mort, et de distribuer, chaque matin, aux pauvres une aumône pour la rémission de la peine des âmes du purgatoire (1).

La sainteté et le zèle du Vénérable Guillaume avaient attiré à Dijon de pieuses âmes jalouses de se sanctifier sous sa conduite. Mais pendant que les hommes honoraient ainsi ses éminentes vertus, Dieu se plaisait à manifester, par des faits éclatants,

(1) « Noverint professi quod Dommus Guillelmus abbas assensu totius capituli statuit quod omni die anniversariâ nomina defunctorum fratrum in capitulo pronuntientur, et quotidie v psalmi « Verba mea... » scilicet, ad capitulum finiendum canantur. Quæ quidem consuetudo pro quibusdam causis depravata erat. Constituerant enim abbates sui prædecessores quod ipse mutare noluit : ut scilicet quotidie una præbenda de pane et vino pro defunctis daretur. Ipse tamen adjecit quatenus a diebus suis usque in finem sæculi pro fratribus morientibus tricesimus plenarius in refectorio et in ecclesia agatur, et similiter diebus eorum anniversariis in refectorio fiat, et in capitulo pronuntientur. Qui hanc consuetudinem depravaverit in caput ejus redundet ! »

Dom Félibien des Avaux. — *Hist. de l'abbaye de Saint-Germain-des-Prés.—Gallia Christiana*, tom. VII ,p. 435. *Annales Benedict.* lib. XXXIV.

combien il avait pour agréables les œuvres de son serviteur. Raoul Glaber fait allusion à plusieurs miracles opérés par le saint abbé (1). Nous n'en rapporterons qu'un seul qui semble raconté avec une certaine complaisance par le biographe.

Un jour le vénérable abbé revenait à Dijon. Aux approches de la ville, il aperçoit une foule nombreuse. Il s'avance au milieu de cette multitude, et, levant les yeux, il voit se dresser devant lui un gibet auquel est attaché un criminel. Quelle n'est pas la stupeur du saint, quand il croit reconnaître dans les traits défigurés de la victime un des vieux serviteurs du monastère de Saint-Bénigne! En vain la foule répète le crime dont on l'accuse ; l'abbé ne peut se rendre, et proteste de l'innocence du malheureux. Il ordonne qu'on le descende sur le champ.

(1) « Tous les hommes pieux cherchaient à voir le Vénérable Guillaume, comme s'il eût été un patriarche ou un apôtre. Quelques-uns racontaient qu'il leur était apparu pendant leur sommeil, soit pour leur reprocher certaines fautes, soit pour leur rappeler la nécessité de se sauver par les œuvres de pénitence. Et moi-même, dis-je, je rends témoignage de sa grande charité, car m'étant retiré un jour dans la solitude, après avoir offensé Dieu, il m'apparut la nuit suivante. Il avait le visage tout souriant, il étendit la main pour me caresser et me dit : « Mon fils, si ton attachement est sincère, reste-moi toujours uni. Continue avec ardeur l'œuvre que tu as entreprise. » C'était en effet sur son ordre que j'avais commencé d'écrire l'histoire de mon siècle. Cette vision m'inspira dès lors la pensée de faire après sa mort le travail que je poursuis maintenant en son honneur. »

Raoul. Glaber, l. cc. XXVII.

On obéit; mais le corps, déjà inanimé depuis plusieurs heures, tombe lourdement à terre. La foule muette et anxieuse attend.... Aussitôt le saint se penche sur le visage de l'infortuné serviteur; il l'arrose de ses pleurs, et se recueillant, demeure, quelques instants, en prière. Tout-à-coup un cri d'étonnement s'échappe de toutes les bouches. La victime a frissonné; elle ouvre les yeux, et d'un regard tranquille et serein reconnaît son bienfaiteur. Tous saluent le prodige de leurs acclamations: on croit à l'innocence du condamné, et l'on reconduit, en triomphe, à l'abbaye le thaumaturge et son serviteur justifié.

La sainteté brillait sur le front de l'abbé de Saint-Bénigne. Elle éclatait dans ses paroles autant que dans ses actes et tous admiraient en lui les merveilles de la grâce divine. Il semble néanmoins qu'il manque encore à cette majestueuse physionomie un trait essentiel pour reproduire plus parfaitement l'image du Sauveur. Il faut encore au saint abbé ce je ne sais quoi de grand et d'achevé que donne le sacrifice et que l'homme n'acquiert qu'en passant par la voie des épreuves. Les premières difficultés, que Guillaume avait eues à Locédia, avaient été le point de départ de ses grandes vertus. Celles qu'il rencontra, toute sa vie, au milieu de ses travaux de réforme monastique, ne firent que donner à sa couronne une nouvelle

splendeur. Ce n'est pas seulement contre la mollesse
et l'opiniâtreté des moines rebelles que le saint
eut à lutter. Des prélats, jaloux de l'influence
qu'il avait dans l'Église, et mécontents de la fran-
chise avec laquelle il flétrissait les abus du clergé,
lui vouèrent une haine implacable. L'un d'entre
eux, Herman, évêque de Tulle (1), était tellement
irrité contre lui qu'il alla jusqu'à frapper le prieur de
Saint-Aper, sans autre motif que d'offenser le Vénérable dont ce moine était l'ami et le disciple. Quelques seigneurs aussi se plaignaient amèrement de
ce que le saint abbé leur avait enlevé la jouissance
abusive des revenus de plusieurs monastères. C'est
ainsi qu'un certain comte bourguignon avait chassé
de l'abbaye de Vézelay les religieux bénédictins, et
avait contraint l'évêque d'Autun à interdire les

(1) « Après la mort de Bertoalde, évêque de Tulle, qui lui
avait confié le monastère de Saint-Aper, son siége épiscopal fut
donné au prélat Herman. Celui-ci avait une telle haine pour les
moines qui suivaient la règle donnée par l'abbé Guillaume,
qu'un jour il ne craignit point de frapper de son bâton le moine
Widric qui fut le successeur de Guillaume à Saint-Aper. Quand
le saint l'apprit « cet évêque dit-il, met ses actions en rapport
avec son nom. » Car, dans la langue barbare, le mot herman
signifie un homme d'aventure. Puis il ajouta : « S'il eût été un
pasteur de Jésus-Christ, il n'eût pas dévoré ses plus tendres
agneaux. Laissez-le : le vrai Pasteur le connaît. Il recevra ce
qu'il mérite. » En effet, peu de temps après, l'évêque ayant
entrepris un long voyage pour traiter des affaires séculières,
mourut malheureusement et fut enterré sans honneurs. »
Raoul Glaber, l. c., c. XXII.

fonctions sacerdotales à tous les religieux de son diocèse (1). Ces persécutions devinrent quelquefois si vives qu'elles alarmèrent la sollicitude du Saint-Siége. Mais le bienheureux abbé fut inébranlable. Il savait que l'œuvre de Dieu souffre toujours violence, et que c'est dans le sacrifice et l'épreuve que Jésus-Christ trempe les âmes qu'il veut glorifier. Il lassa, par sa force et son courage, ses ennemis eux-mêmes, et, comme si Dieu eût voulu reconnaître dès cette vie le mérite de sa résignation, il lui accorda de voir, quelque temps avant de mourir, ses contradicteurs punis et ses œuvres florissantes.

––––––––

(1) Epistola ad S. Odilonem. — V. *Opera Sancti Guillelmi.*

CHAPITRE XV

DERNIÈRES ANNÉES ET MORT DU VÉNÉRABLE
GUILLAUME

Mort d'Othe-Guillaume et de Richard, duc de Normandie. —
Dernier voyage de l'abbé de Saint-Bénigne en Italie. —
Séjour à Fructuare. — Adieu aux religieux de Volpian. —
Retour en France. — Arrivée à Fécamp. — Dernière
maladie. — Mort du vénérable abbé. — Sa sépulture
dans l'église de Sainte-Trinité. — Miracles opérés à son
tombeau. — Le culte de l'abbé de Saint-Bénigne dans
l'Église. — Ses reliques. — Epilogue.

L'âge, en affaiblissant les forces de l'abbé Guillaume, ne ralentissait point son zèle. Retiré dans sa
cellule de Saint-Bénigne, il gouvernait de loin les
monastères soumis à sa direction avec la même sollicitude et la même activité. Semblable à cet organe
mystérieux qui entretient dans le corps humain le
mouvement vital, il était comme le centre d'où
rayonnaient la force et la vie de l'ordre bénédictin.

Dieu, cependant, lui envoyait déjà les premiers
avertissements de la mort. Il avait vu naguère des-

cendre au tombeau les deux princes qui avaient été son appui dans la restauration des principales abbayes de Bourgogne et de Normandie. Le comte Othe-Guillaume, son parent, venait de mourir à Dijon (1). Le vénérable abbé lui avait lui-même fermé les yeux, et avait déposé ses restes dans la crypte de la Rotonde. Le duc de Normandie, Richard II, avait suivi de près le comte de Bourgogne, laissant après lui le souvenir de ses vertus et des œuvres saintes qui avaient rempli sa vie. L'abbé de Saint-Bénigne, douloureusement ému de la perte de ces hommes chers à son cœur, ne pouvait se dissimuler qu'il ne tarderait point à les rejoindre. Il n'avait plus cette santé robuste, qui lui avait permis tant d'austérités, et qui l'avait soutenu au milieu de ses puissants travaux.

Il voulut, néanmoins, avant de mourir, entreprendre la visite de ses monastères et bénir, encore une fois, ses fils du cloître. C'était, selon toute apparence, un projet téméraire. Mais ni la perspective des fatigues d'un long voyage, ni les représentations de ses religieux, ni leurs instances ne purent l'ébranler. Il quitta Dijon, au printemps de

---

(1) « 1026. Ottonis comitis ob insignia ejus beneficia in sanctum Benignum æterna memoria erit apud ejus loci monachos, qui ejus nomen necrologio adscripserunt xi kalendas Octobris. »
Annales Benedictini, tom. iv, 333.

La chronique de Bourgogne (in-4º 1575) place cependant la mort d'Othe-Guillaume l'année suivante 1027.

l'année 1030, se dirigeant vers Fructuare, comme si un attrait instinctif l'eût poussé vers cette Italie qu'il avait quittée, quinze ans auparavant, avec l'arrière-pensée d'un éternel adieu.

Quelle ne fut pas la joie des moines de Volpian, à la vue de ce père vénéré qui, déjà brisé par les travaux et les infirmités de la vieillesse, venait leur apporter le paternel témoignage de son amour? Le saint abbé lui-même eut la consolation de trouver le monastère dans un état de pleine prospérité. Fructuare, en ce moment à l'apogée de sa ferveur et de son développement, méritait déjà les éloges qu'en devait faire bientôt saint Pierre Damien louant la comtesse Adélaïde de s'être montrée la protectrice de cette célèbre abbaye (1).

L'abbé Guillaume resta peu de temps à Fructuare. Rien ne fut plus attendrissant que l'adieu du père à ses fils. Dès la pointe du jour le bienheureux offre le saint sacrifice, distribue le pain eucharistique à tous les moines, puis leur adresse une pieuse exhorta-

(1) « C'est à Fructuare surtout que j'ai compris combien est
» utile à l'Église votre illustre et bienveillante autorité. Là,
» dans la retraite, à l'ombre de votre protection, vivent de
» pieuses âmes que vous traitez avec une maternelle tendresse.
» C'est bien le nom de *Fructuare* qu'il faut donner à cette
» solitude dont la fécondité semble plutôt un don du Ciel qu'une
» récompense des efforts des hommes..... Je supplie Dieu, ô
» Fructuare, qu'il m'accorde avant de mourir le bonheur de
» revoir et d'entendre tes religieux dont la vie et les exemples
» ont donné à mon âme tant de joie et tant d'édification
Saint Pierre Damien. — *Opusc.* XVIII.

tion. Il dit les joies si suaves de l'immolation chrétienne, les devoirs sacrés de la vie religieuse; il insiste surtout, comme l'Apôtre mourant, sur la charité et l'union fraternelle, et supplie enfin ses frères de toujours porter son souvenir devant Dieu. Il se lève ensuite, et d'une voix émue, d'une main tremblante, il les bénit tous pour la dernière fois.

Lorsqu'il fallut franchir la porte du monastère, les religieux lui firent cortége, et l'accompagnèrent à quelque distance, en chantant les litanies sans cesse entrecoupées par les pleurs et les sanglots, jusqu'à ce que le saint lui-même les eût encore salués, avant de se dérober à leurs regards.

L'abbé de Saint-Bénigne, à son retour en France, visita rapidement les monastères de Lorraine, ceux de Metz, de Toul et de Gorze, et se rendit à Saint-Germain-des-Prés pour gagner ensuite la Normandie. Il arriva à Fécamp vers l'automne. Sa santé, altérée davantage par ces nouvelles fatigues, devint plus chancelante. Il dut renoncer à poursuivre sa visite, et se remit entre les mains de Dieu, attendant l'heure qui lui serait marquée. Bientôt les symptômes précurseurs de la mort devinrent plus sensibles; il fut saisi d'une fièvre qui l'obligea à tenir le lit.

Dès ce moment, le saint eut la connaissance du jour de sa mort. Il en avertit ceux qui l'entouraient, et ne songa plus qu'à s'y préparer par un redouble-

ment de ferveur et de prières. Le jour de la fête de
Noël, il fit rassembler dans sa cellude tous les religieux de l'abbaye; il leur rappela les grâces signalées
que Dieu avait faites aux moines bénédictins, depuis
qu'il les dirigeait; il les exhorta à rester toujours
fidèles aux engagements de leur sainte profession ;
puis demanda le saint Viatique. Quand il l'eut
reçu, il se recueillit quelques moments, comme
absorbé dans la muette contemplation du Dieu
qui venait à lui. Tout-à-coup il fait un effort
pour se soulever et murmure une dernière bénédiction. Les assistants fondaient en larmes ;
le saint seul, comme déja ravi par l'esprit dans la
céleste patrie, semblait insensible à la douleur de
ses enfants.

Cependant il passa les huit jours de l'octave de
Noël dans cet état de faiblesse voisin de la mort.
Il ne parlait point, et tenait ses yeux à demi-clos
fixés avec amour sur l'image bénie de Jésus-Christ (1).
Les moines ne le quittèrent point, pendant cette
paisible agonie. Le saint abbé s'endormit doucement au milieu d'eux, comme si sa belle âme,
déjà détachée des liens du corps par ses sublimes
aspirations, s'en fût séparée sans lutte et sans

(1) « Oculos tantum ad Dominum erigebat... Jam enim ads-
piciebat felix anima ad illum itura in suâ gloriâ Deum majestatis. »

Radulph. Glab. — *Vita S. Guillelmi*, c. XXIX.

effort. C'était le premier Janvier de l'an de grâce
1031, en la fête de la Circoncision de Notre-
Seigneur. « Ses fils, dit son biographe, le pleuraient;
» mais les anges se réjouissaient, et c'est avec eux
» qu'il loue maintenant le Dieu qui vit dans tous
» les siècles des siècles (1) ».

Les religieux de Dijon furent consternés à la
nouvelle de la mort du Vénérable Guillaume. Ils
eussent au moins voulu donner la sépulture à
leur abbé dans cette magnifique crypte de Saint-
Bénigne, près du tombeau du martyr de la Bourgogne. N'était-ce pas le vœu du saint lui-même,
puisqu'il avait à dessein réuni, dans cette église
souterraine, les restes de plusieurs personnages illustres qu'il avait aimés ? Mais l'abbaye
de Fécamp ne consentit pas à se départir du trésor
que lui avait remis la Providence, et le corps du
vénérable abbé fut déposé dans la basilique de
Sainte-Trinité devant l'autel de saint Benoit (2).

----

(1) Radulph. Glab. — *Vita S. Guillelmi*, c. xxix.

(2) Le sarcophage en pierre qui contenait les restes de l'abbé
Guillaume portait cette inscription :

    « Abbatem plenum, lector, cognosce dierum
    Nomine Willelmum, hic recubare senem.
    Iste loci primus pastor præfulserat hujus
    Quo statuit multos, dante Deo, monachos :
    Jani prima dies animæ nova claruit ejus
    Cui nova Jerusalem obvia tota fuit. »

De Levis. — *Opera S. Willelmi*. Notæ. Migne. *Patrolog.*,
tom. 141, p. 838.

D'ailleurs l'abbé Joannelin, étroitement lié avec
l'abbé de Saint-Bénigne, dont il avait été le disciple
le plus aimé, considéra ce précieux dépôt comme
la récompense de sa fidélité et de son attachement.
Il espérait dormir, un jour, à côté de lui, sous les
mêmes voûtes de Sainte-Trinité, et jouir, jusque
dans la mort, de cette fraternité de la tombe qui
est aux yeux de la foi, en face des inconstances
du temps, le signe et la dernière consolation des
amitiés saintes.

A peine l'abbé de Saint-Bénigne eut-il quitté la
terre, que Dieu manifesta sa sainteté par un miracle
éclatant. On amena sur son tombeau, dit Raoul
Glaber, un jeune enfant de dix ans dangereusement
malade et désespéré des médecins. Ses parents l'y
déposèrent, et le laissèrent là toute la nuit. Bientôt
un doux sommeil vint clore ses paupières ; il dormit
paisiblement, et, le lendemain, se levant plein de
force et de santé, il raconta qu'il avait vu lui apparaître, sous la forme d'une colombe toute brillante,
l'âme du bienheureux qui l'avait guéri (1). D'autres
miracles confirmèrent l'opinion de sa sainteté, et
son sépulcre, entouré de vénération, attira bientôt
un grand concours de fidèles. Ses contemporains
et ses disciples le jugèrent digne de l'honneur des
autels ; les moines bénédictins insérèrent son nom

____

(1) Raoul Glaber. — *Hist.* liv. IV, c. IV.

dans leurs litanies et dans leurs prières liturgiques, et plusieurs églises l'inscrivirent au nombre des saints (1).

La tradition cependant n'a point assez fidèlement conservé ces souvenirs. Chose étrange! l'Église de France, qui devait tant au Vénérable Guillaume pour la restauration de la foi, de la piété, de la discipline monastique et des études, semble, au milieu des agitations religieuses et politiques des siècles suivants, avoir perdu de vue les œuvres et les mérites de l'illustre réformateur. La Bourgogne et la Normandie seules n'ont point oublié les titres qu'il avait à la piété des fidèles, et ont gardé sa mémoire avec amour et reconnaissance. En l'année 1627, les moines de Fécamp, s'appuyant sur la longue tradition qui donnait à l'abbé de Saint-Bénigne le titre de *bienheureux* et de *saint,* firent une tentative auprès du Saint-Siége, pour obtenir le décret de béatification officielle. Cette démarche coïncidait avec l'époque même de la nouvelle bulle d'Urbain VIII (1623-1644) : elle demeura sans résultat. Mais l'Italie s'est montrée plus fidèle à la gloire de l'abbé Guillaume. L'Église d'Ivrée (Piémont), qui a recueilli les souvenirs et les reliques de l'abbaye de Fructuare, n'a cessé d'honorer, d'un

____

(1) Voir dans les pièces justificatives quels martyrologes donnent le nom de *Saint* au Vénérable Guillaume.

culte tout spécial, le vénérable abbé, et grâce aux recherches zélées du savant et pieux évêque qui la gouverne, Monseigneur Louis Moreno, elle espère bientôt obtenir l'approbation plus solennelle des hommages qu'elle rend à l'abbé de Dijon. Déjà le Saint-Siége a autorisé, par un bref particulier, l'office de saint Bénigne dans lequel l'abbé Guillaume est qualifié du titre de *saint* (1).

Nous aurions voulu dans le cours de cette histoire ne donner d'autre nom au célèbre bénédictin. C'était le seul qui pût répondre, dans notre pensée, à l'admiration et à l'amour qu'il nous avait inspirés ; et d'ailleurs le texte même de la doctrine de Benoit XIV semblait nous le permettre. Mais si nous avons tenu à professer une entière soumission aux règles ordinaires de canonisation ; si, parce qu'il n'existe encore aucun office approuvé en l'honneur de saint Guillaume, nous lui avons conservé le titre de Vénérable, nous n'aimons pas moins à pressentir déjà pour lui une gloire plus étendue. Nous savons que c'est le vœu de son Eminence le cardinal de Rouen et de Nosseigneurs les

---

(1) « Hinc originem sumpsit celebre Divionense sancti Benigni asceterion, in quo ordinatus est *Abbas sanctus Guillelmus* natione Italus... » Offic prop. Diœcesis Eporediensis.

Les leçons du bréviaire d'où ce passage est tiré furent approuvées en 1759 pour Fructuare par Clément XIII et étendues au diocèse d'Ivrée par un décret de la sacrée congrégation le 19 Avril 1825.

évêques de Dijon et d'Ivrée, d'obtenir de Rome l'approbation officielle de l'Office et de la Messe propres en l'honneur de l'abbé de Saint-Bénigne. Fasse le Ciel que le jour ne soit pas loin, où ce fils de saint Benoît recevra dans l'Église catholique les honneurs qu'il a mérités !

Le temps ne s'est pas montré moins ingrat envers les reliques du bienheureux qu'envers sa mémoire. Son corps, déposé d'abord dans la chapelle de saint Benoit, puis transféré dans celle de sainte Madeleine et placé devant l'autel du côté de l'évangile, fut, pendant six siècles, gardé avec le plus pieux respect. En 1638, le comte de Saint-Martin, marquis d'Agliè, ayant fait bâtir un oratoire sous le vocable de saint Guillaume, demanda par l'intermédiaire de la duchesse de Savoie, au prince de Guise, alors abbé de Fécamp, quelques-unes des reliques du saint. Le tombeau fut ouvert le 28 octobre 1638. On en retira les quatre ossements principaux, dont deux furent envoyés à la duchesse de Savoie et deux autres aux religieux de Saint-Bénigne de Dijon. Puis l'abbé de Guise fit renfermer les autres reliques dans une caisse de plomb qui fut encore rouverte en 1680 et scellée alors dans un monument en marbre revêtu d'une nouvelle inscription (1).

____

(1) Cette épitaphe composée par D. Guill. Fillastre nous a

L'orage révolutionnaire, qui a dissipé tant de précieuses richesses arrachées au sanctuaire, n'a point épargné les restes de l'abbé de Saint-Bénigne. Les ossements envoyés en Savoie furent perdus pendant l'exil de la famille régnante ; ceux qui avaient été donnés aux moines de Dijon furent profanés et dispersés par d'indignes mains ; enfin les reliques conservées dans le trésor de l'abbatiale de Fécamp ont été, pendant la révolution, mélangées avec celles d'autres saints ; et des recherches minutieuses faites encore dernièrement pour retrouver la caisse qui contenait une partie

été conservée par la chronique manuscrite de Fécamp, déposée à la Bibliothèque nationale, à Paris.

Hîc jacet
Qui ne jaceret
In Romana sede pontificis dignitas,
In Gallia clericalis, ac monastica disciplina,
In aula pietas
Ubique christiana institutio
Eggregie prostituit Willelmus
E Divionensi, Fiscanensis abbas primus.
Ex eo
Pontificum magister
Regum pater
Abbatum archangelus
Jure appellatur.
Obiit, sanctitatis fama illustris,
Anno salutis 1031, kalendis januarii ;
Cujus recensitus anno 1680 reliquias
Hoc suæ in optimum patrem
Observantiæ monumento
Condi curaverunt grati alumni.

des cendres du Vénérable sont demeurées vaines (1), comme si Dieu eût voulu par là consacrer chez le saint abbé ce caractère sublime de détachement des honneurs terrestres qui apparaît dans le cours de sa vie. Arraché à sa patrie, voyageur par toute la France, il passe en répandant des germes de régénération, il suscite des saints, et fonde des institutions fécondes pour l'Eglise ; puis il meurt loin du tombeau qu'il s'est préparé, et la Providence ne permet point seulement qu'il reste de lui, en France et en Italie, autre chose que sa véritable couronne d'immortalité, je veux dire le mérite de ses œuvres et la leçon de ses vertus.

C'est dans cette vieille abbaye de Saint-Bénigne dont les fondations furent jetées par l'abbé Guillaume lui-même, près de cette crypte, dernier reste de la Rotonde qu'il avait élevée sur ce tombeau de l'apôtre de la Bourgogne, que nous avons eu, il y a quelques années, la première pensée du travail que nous achevons. Un attrait inconscient et secret nous inclinait vers cette grande figure de moine qui

(1) Ces fouilles furent faites il y a quelques années par M. de Bellengreville, curé de la Sainte-Trinité à Fécamp. M. l'abbé Bréard, prêtre de l'abbatiale, prétend qu'elles n'ont point été poussées assez loin et qu'il y a encore quelque espoir de retrouver ces reliques du Vénérable.

nous apparaissait, à travers la lumière incertaine
du passé, comme empreinte d'une imposante majesté. Depuis nous l'avons contemplée de plus près. ,
Nous nous sommes familiarisé avec cette grande
âme de saint, et, ravi des beautés que nous y avons
découvertes, nous n'avons rien eu tant à cœur que de
les révéler. Au moment de nous séparer de cette
œuvre, une crainte nous reste. N'avons-nous point
terni l'auréole du saint, en voulant la retracer? N'a-
vons-nous pas, par notre propre faiblesse, amoin-
dri et diminué notre héros? Avons-nous suffisamment compris, pour les redire avec fruit, son
génie, ses vertus, et surtout l'influence qu'il eut
sur son époque? Le génie et la sainteté, en quelque degré qu'ils se manifestent, dépassent toujours les forces ordinaires de l'homme, et ceux que
l'admiration des grandes choses a vivement émus
doivent douter d'eux-mêmes, quand il s'agit d'en
présenter le fidèle tableau.

ŒUVRES

DU

VÉNÉRABLE GUILLAUME

AVERTISSEMENT

—

« L'application continuelle que le Bienheureux
» Guillaume fut obligé de donner à la réforme de
» tant de monastères, dont on lui confia le gouver-
» nement, ne lui permit pas sans doute de faire
» usage de son savoir pour en laisser des produc-
» tions à la postérité. Le peu qui nous en reste
» n'est que des morceaux de quelques petits écrits
» que l'occasion ou la nécessité arrachèrent de sa
» plume (1). »

Cependant ces fragments qui sont, d'ailleurs,
plus nombreux que ne le croyaient les auteurs de
l'*Histoire littéraire*, suffisent pour nous révéler le
génie et la science théologique de l'abbé de Saint-
Bénigne. Les lettres et les sermons qu'il nous a
laissés ne sont pas moins remarquables par la profondeur de la doctrine que par l'élégance et la cor-

____

(1) *Hist. lit.*, tome VII, p. 322.

rection du style, et nous autorisent à le mettre au premier rang, avant saint Pierre Damien, Fulbert, et Yves de Chartres, parmi les meilleurs écrivains ecclésiastiques du XIᵉ siècle.

Les œuvres du Vénérable Guillaume, publiées trop tard par Eugène de Levis, ont été peu répandues, et il se trouve encore de nos jours bon nombre d'érudits qui n'en connaissent pas le mérite. Mais la principale raison de cet oubli nous aide précisément à apprécier la valeur de ses écrits.

Plusieurs de ses sermons recueillis par les moines de Saint-Bénigne, et placés à côté des œuvres de saint Augustin par les copistes, ont été dans la suite confondus avec les sermons mêmes du grand évêque d'Hippone. Ce n'est qu'au XVIIIᵉ siècle que l'on retrouva des copies séparées des écrits du Vénérable Guillaume et qu'il fut possible de revendiquer pour l'illustre abbé l'honneur de ces pages.

Cette confusion témoigne hautement de l'analogie qui existe entre le bénédictin dijonnais et le Docteur de l'Eglise. L'abbé de Saint-Bénigne se rapproche, en effet, de saint Augustin par l'élévation et quelquefois par la finesse un peu subtile de la pensée. S'il ne prend pas son vol avec autant d'ampleur et de facilité, du moins, il l'égale par le don de l'expression. On sent dans le style du savant abbé l'influence italienne qui s'accuse par une correction plus grande et par une propriété de termes qui devient déjà rare, à cette période du moyen-âge.

Nous ne comparerons point le Vénérable Guillaume à saint Bernard. L'abbé de Saint-Bénigne n'a pas cette onction suave et tendre qui caractérise le génie du *Docteur aux lèvres de miel — Doctor mellifluus.* Et, bien que les deux lettres qu'il adresse à son père, à la mort de sa mère Périnza, soient de la plus grande beauté, elles rappellent peu la tournure d'esprit de l'abbé de Clairvaux. Guillaume puise ses consolations dans les principes de la foi qu'il expose avec force et autorité ; mais il n'atteint point à cette profondeur de sentiment dont l'expression sublime et touchante nous est fournie par les pároles de Bernard, quand il perd Gérard, son frère le plus aimé. L'abbé de Saint-Bénigne, cependant, n'a point, dans son style, de ces locutions incorrectes et barbares qui déparent les plus belles pages de l'abbé de Clairvaux. Au XIe siècle, le mélange de l'idiôme latin avec le langage vulgaire était moins accentué qu'au siècle suivant, et le Vénérable Guillaume, qui s'était formé aux écoles de Verceil et de Pavie, avait gardé, pure de toute altération, l'élégance de la langue latine.

Il n'en faudrait pas juger toutefois par le discours prononcé à la dédicace de Saint-Bénigne. C'est une improvisation, recueillie de mémoire par Raoul Glaber qui l'a reproduite dans la vie du saint, en y mêlant l'incorrection de son propre style. Nous le donnons en tête pour faire mieux ressortir la supériorité des autres sermons.

Les œuvres complètes du Vénérable Guillaume comprennent sept fragments de sermons, sur divers sujets ; un traité mystique, sur ces paroles de saint Paul : « *Non enim quod volo facio bonum, sed quod odi malum hoc facio ;* » huit lettres, et une pièce dite *Testament de l'abbé Guillaume*, dans laquelle il raconte lui-même la fondation et relate les priviléges de l'abbaye de Fructuare.

Parmi les sermons, les plus remarquables sont ceux sur la charité et sur l'aumône ; et parmi les lettres, celles où il traite des vertus religieuses : l'humilité et l'obéissance.

Nous avons emprunté à ces œuvres plusieurs pages que nous donnons en entier dans l'histoire du Vénérable Guillaume. Nous aurions pu, sans augmenter beaucoup notre travail, offrir ici une traduction complète des écrits du saint abbé. Il nous a paru préférable de nous effacer davantage, pour le livrer, dans la pureté de son génie et de son style, à l'admiration des érudits et des amis de la science ecclésiastique.

I

SERMONES

S. GUILLELMI ABBATIS

SERMO I

SEU FRAGMENTUM DICTUM IN DEDICATIONE ECCLESIÆ
S. BENIGNI DIVION., A RADULPHO GLABRO
SERVATUM

Convenistis, fratres et sorores, grex pretio sanguinis redemptus, convenistis, inquam, ad nuptias
ipsius sponsæ, matrisque vestræ cœlestis et sempiternæ Ecclesiæ, quæ idcirco universalis dicitur,
non solum quòd in omnes mundi terminos
dilatatur, sed etiam quòd nulla immanitas cri-
minum illius superat, (si tantum fides adsit), dona
misericordiarum. Quæ scilicet Patriarcharum mys-
ticis præsignata figuris, Prophetarum ostensa præsa-
giis, Apostolorum auctoritate ac labore constructa,
et Martyrum sanguine consecrata ; in qua abluti ac
renovati a culpa veteris piaculi per salutaris undam
baptismatis, sicque induimini prima stola angelicæ
beatitudinis, quam amisistis in transgressione primi parentis, incolæ Paradisi. Deinde vero editis car-

nem ac potatis sanguinem illius omnipotentis Agni,
qui vos, præ ceteris mundi creaturis, formans et
redimens indicta benignitate, elegit ad sui atque
Patris regnum, Sanctique Spiritûs gloriam possi-
dendam ; ad quam, dilectissimi, tendere vos invito,
moneo, obsecro, per caritatis ignem, et humilitatis
atque caritatis continuam custodiam. Exsultare con-
tigisset mihi ex vestræ unanimitatis devotione in hujus sanctificationis concursum ; sed nimius mœror
mentem deprimit ex signis Satanæ quæ evidentissi-
me apparent in populo Dei. Non despicitis, quibus est adhuc mens sanior quæ scissuræ et detrun-
cationes vestium rabidissimæ ? Quæ attonsuræ per
cervices virorum ? Quàm turpis in barba chiripilatio
maxillarum ? Quàm nugacissima pene universorum
et infamissima actitatio ? Quàm lasciva ad omnes
pene sermones ori terricrepo juramenta ? Ista etenim universa recentia et nuper crassata non ex reli-
giositate christianitatis, sed rabie emersere ! Exinde
quoque pullulat radix omnium malorum superbia
cæterorumque vitiorum fomenta, atque vos ipsi judi-
cate si non ipsius famuli estis, cujus insignia et
stigmata in vobismetipsis geritis ; nam et me pudet
dicere, dum pœnitet reticere, quoniam expectastis
dulcedinem verbi, et ego propino vobis generaliter
amaritudinem, redarguationem. Moneo etiam illum,
si quis est in tota hac plebe, qui vel quinque solidos,
seu quippiam munus ad hujus sancti Martyris ob-

tulit reædificandam ecclesiam, quam præ oculis habetis, coram cunctis referat. — *(Dum ergo non inveniretur quispiam aliquid contulisse.....)* — Videte, fratres carissimi, inter quas spinas atque incendia pessimorum, hæc aula omnipotentis Dei, per fidem sui testis Benigni, ad tam elegantia excrevit ipso cooperante fastigia. Volo vos, si placet, assidue esse memores quam velox unicuique sit mundanæ curæ et ambitionis depositio. Propter quod obsecro, cum nostri Auctoris adjutorio, resistite vitiis et maligno diabolo, virtutes quoque præclaras assumite et colite, benignissimo Deo conditori ac redemptori vestro in cunctis obaudite, qui vos, per fidem, et orationes ac merita omnium fidelium suorum, dignos faciat ingredi cum eis sempiternæ gloriæ regnum, per Jesum-Christum dilectum filium suum. Amen.

SERMO II

DE ELEEMOSYNA [1]

Jubente Domino nostro Jesu Christo, esurienti tribuendum esse panem, potumque sitientibus,

---

(1) Sub nomine S. Augustini a Sirmundo inter xl. editus, nunc in Appendice rejectûs cum hoc titulo *De generalitate Eleemosynarum*. Ex codice nostro sub nomine S. Willelmi Abbatis.
(De Levis)

nudis vestem, et aliis indigentibus subveniendum.
Multi sunt qui existimant eleemosynam justis tantummodo præbendam esse; peccatoribus autem
nihil ejusmodi dari oportere. In hoc errore primum
sacrilegii locum Manichæi (1) tenent, qui credunt
in quocumque cibo Dei membra permixta et colli-
gata detineri: quibus censent esse parcendum, ne
a peccatoribus polluantur, et nodis miserioribus
implicentur. Hæc insania minus digna fortasse
refellitur, quæ sanorum omnium sensus offendit,
si tantummodo proponatur. Nonnulli autem nil tale
sentientes, ideo peccatores putant non esse pascen-
dos, ne contra Dominum conemur, cujus in eis
indignatio declaratur: tanquam ex hoc etiam nobis
possit irasci, quia eis volumus subvenire quos vult
ipse punire. Adhibent et testimonia Scripturarum
Sanctarum, ubi legimus: *Da misericordi, et ne suscipias peccatorem; et impiis et peccatoribus redde vindictam. Benefac humili, et ne dederis impio; quoniam
et Altissimus odio habet peccatores, et impiis reddet
vindictam* (2). Hæc verba quemadmodum intelli-
genda sint non intelligentes, in pravum sensum ea
vertunt, et contra Dei præcepta, quibus et justis, et
peccatoribus subveniendum jubet, cum ipsi proximi

(1) Manichæi enim hisce temporibus in Comitatu Astensi
degebant, ut ex Glabro Rodulpho Hist. lib. iv, cap. 2 et aliis.

(De Levis)

(2) Eccli. xii, 4, 6, 7.

nostri sint, et filii ejusdem Patris, quos amare debemus, sic et detestabili crudelitate induuntur, ut
non eis subveniant. Unde nos oportet de hac re, Fratres, vestram monere caritatem, ne cogitatione per-
versa cum divina voluntate non consentiatis.

2. — Omnibus esse impertiendam misericordiam docet Apostolus Paulus, apertissime dicens :
Infatigabiles, inquit, *cum tempus habemus, operemur
bonum ad omnes, maxime autem ad domesticos
fidei* (1). Unde revera satis apparet in hujusmodi
operibus justos esse præponendos. Quos enim alios
intelligamus domesticos fidei, cum alibi aperte sit
positum : *Justus ex fide vivit* (2)? Non tamen aliis
hominibus etiam peccatoribus, misericordiæ claudenda sunt viscera, nec si etiam adversum nos
hostilem animum gerant : ipso nostro Salvatore
dicente, ac monente : *Diligite inimicos vestros, benefacite his qui oderunt vos* (3). Neque hoc in libris
veteribus tacitum est, ibi enim legitur : *Si esurierit
inimicus tuus, ciba illum* (4): *si sitit, potum da
illi* (5). Quo etiam in Novo Testamento et Apostolus usus est.

3. — Nec ideo tamen falsa sunt, quæ supra

(1) Galat. vi, 10.
(2) Heb. x, 38.
(3) Math. v, 44.
(4) Prov. xv, 21.
(5) Rom. xii, 20.

retulerunt illi, quia et ipsa divina præcepta sunt: *da misericordi, et ne suscipias peccatorem.* Hæc enim ob hoc dicta sunt ne cuiquam peccatori propterea benefacias, quia peccator est; ut bene quid facias ei, qui te odit, non quia peccator est, sed quia homo est. Ita utrumque præceptum tenebis, nec ad judicandum remissus, nec ad subveniendum inhumanus. Omnis enim qui recte arguit peccatorem, quid aliud vult quam non esse peccatorem? Odit ergo homo quod et Deus odit: ut perimatur quod homo fecit, et liberetur quod Deus fecit. Peccatum quippe homo fecit ipsum, et hominem Deus. Et duo ista nomina cum dicimus, *Homo peccator*, non utique frustra dicuntur : quia peccator est, corripe ; quia homo est, miserere. Nec omnino liberabis hominem, nisi cum persecutus fueris peccatorem. Huic officio omnis invigilat disciplina, sicut cuique regenti apta, et accommodata est, non solum præsuli regenti plebem suam, sed etiam pauperi regenti domum suam, marito regenti conjugem suam. Omnes hi, cum boni sunt eis, quos regunt, bene utique regunt. Et servi juxta impertitam ab universorum Domino potestatem, qui etiam regentes regit, dent operam ut illi quos regunt et conserventur homines, et pereant peccatores. Ita implent quod scriptum est : *Da misericordi, et ne suscipias peccatorem :* ne hoc in illo salvum, quod peccator est, velint : *Et impiis et pecca-*

toribus redde vindictam, et in hoc, ipsum quod
impii et peccatores sunt, deleatur in eis. *Benefac
humili*, propter hoc quod humilis est. *Et ne dederis
impio*, propter hoc quod impius est; quia ob hoc
Altissimus odit peccatores, et impiis reddet vindictam.
Qui tamen, quia non solùm peccatores et impii,
verum etiam et homines sunt, *Facit oriri solem
suum super bonos et malos, et pluit super justos et
injustos*. Ita nulli hominum claudenda misericordia :
nulli peccatori peccata impunita relaxanda sunt.

Hinc itaque maxime intelligendum est, quoniam
non sit contemnenda eleemosyna, quæ quibusque
peccatoribus jure humanitatis impenditur, quando-
quidem Dominus sublevabat indigentiam paupe-
rum, etiam ex iis loculis, quos ex opibus implebat
aliorum. Quod si fortè quis dixerit, nec illos debiles,
et mendicos, quos Dominus jussit potius imitari,
nec illos quibus solebat de loculis erogare, peccatores fuisse : ideo non esse consequens, ut propter
hæc evangelica testimonia, etiam peccatores a mi-
sericordibus suscipi, vel pasci jubeantur : illud ad-
tendat, quod jam superius memoravi, quia utique
peccatores, et maxime scelerati sunt, qui oderunt
et persequuntur Ecclesiam, de quibus tamen dictum est : *Benefacite his qui oderunt vos*, ex hoc
exemplo Dei Patris, *qui facit solem suum oriri super
bonos et malos, et pluit super justos et injustos*. Non
ergo suscipiamus peccatores, propter quod sunt

peccatores, sed tamen eos ipsos quia et homines sunt, et proximi nostri : hac ipsa consideratione humaniter tractandi sunt a nobis. Persequamur in eis propriam iniquitatem, et miseremur communem conditionem : *Et sic infatigabiles cum tempus habemus, operemur bonum ad omnes, maxime autem ad domesticos fidei.*

SERMO III [1]

DE CARITATE, SUPER VERBA PSALMI :
Terra dedit fructum suum [2]

. . . .

. . . .

Quis est enim fructus tuus, Caritas? Si fratrem diligis, *terra dedit fructum suum.* Quæ terra? Utique illa, de qua dictum est: *Benedixisti, Domine, terram tuam* (3). Nam nisi terram tuam benedixisset Deus, produxisset tibi, et aliis, non fructum, sed spinas et tribulos. Hic est fructus terræ tuæ, quando non benedixit Deus: sed cum benedixit, profert fructum, caritatem. Cum ergo non diligis, sterilis es ; habes

---

(1) Inter Opera S. Augustini, et in Appendice Tractatus de Caritate. Sed valde mutilus, etsi ex altero Codice Divionensi erutus, et vero auctori tributus.

(De Levis)

(2) Ps. LXVI, 6.
(3) Ps. LXXXIV, 2.

forsitan folia, sed fructibus vacua : quia arboris tuæ fructus caritas. Ipsa quippe recte facta fructus est noster, quem reddimus agricolæ nostro.

Ecce positus es ut fructum afferas : quis te posuit? Putas tu te ipsum, **an** is qui dixit : *Posui vos ut fructum afferatis?* Si a te ipso positus esses, aut non fructum ferres, aut si ferres, agrestem, nullius saporis, a nemine colligendum, nec in horreo Patrisfamilias reponendum. Vide ergo, cum te posuerit Paterfamilias, ut fructum afferas, et si ipse reposcerit, ipsi reddas. Reddes utique suum, non tuum : suum, ad quem te posuit, caritatem ; tuum, ad quem non te posuit, malum : *Quia arbor quam non plantavit Pater eradicabitur* (1). Quare eradicabitur? Quia a se ipsa, non a Patrefamilias.

Dei agricultura es ; non tua, non aliorum. Neque arbor se ipsam plantat, neque se ipsam excolit : sane, et Paulus plantat, et Apollo rigat (2) ; sed quod Paulus plantat nihil est, et quod Apollo rigat nihil est : *Sed Deus dat incrementum* ; postquam suo nomine plantavit Paulus, aut cum ipso. Sed qui agricola est, idem et vitis : agricola ut plantet, ut inserat. Cui inserat? Utique alienæ arbori? Minime, sibi ipsi, ut viti veræ, ut sis et ipse palmes. Jam si palmes fueris, quis tibi fructum dabit, nisi vitis illa, cujus es palmes? Avelle palmitem a vite, quid

(1) Math. xv, 13.
(2) I. Cor. iii, 7.

fiet? Marcescet, sterilescet, morietur : amplius dico, comburetur.

Fratres, vos estis palmites : quandiu viti adhæseritis, fructum dabitis. Excidatis semel : quid de vobis fiet, et quid vobis ultra exspectandum manebit, quam in ignem projici? Caritas vitis, caritas palmes. Vitales succos infundit vitis palmiti ; et ideo jure de palmite fructus reposcit. Quales? Caritatis. Caritas dedit, caritas reposcit, redde caritatem ; caritatem viti, cujus es palmes, caritatem proximo, cum quo es palmes. Ama Deum, ama proximum. Frustra dico : Ama Deum, ama proximum : nam si Deum diligis, proximum diligis ; nec enim potes diligere Deum quin diligas proximum. Et sic diligendo Deum non tantum proximum diligis, sed te ipsum. Sed si non diligis Deum, nec proximum diligis, nec te ipsum. Nam quomodo potes amare sine amore? Et cujus est amor nisi boni? Et quid est bonum nisi Deus, qui et ipse mandat ut diligamus invicem. Quid Deus mandat? Ut diligatis. Quid mundus? Ut non diligatis : neque enim diligit, qui quæ mundus mandat ut diligat, diligit. *Manete in dilectione mea* (1). Non dixit : in dilectione mundi. Nescit mundus amare : artifex odii est. *Si mundus vos odit, scitote quia priorem me odio habuit* (2).

Sed quid audio, fratres ? *Nolite diligere mundum.*

(1) Joann. xv, 9.
(2) I. Joann. ii, 15.

Agnosco vocem : vox est dilecti et diligentis. Estne ergo discipulus supra magistrum? Magister dicit : *Hæc mando vobis ut diligatis* (1). Discipulus dicit : *Nolite diligere.* Utraque tamen vox veritatis, utraque vox ad amorem incitantis. Et quando Magister mandat ut diligamus, mandat etiam ut non diligamus : diligamus invicem palmes palmitem : non diligamus sancti profana, christiani sæculum. Et quando discipulus ait : *Nolite diligere,* imperat ut amemus : nam si odio mundum habuerimus, Deum diligimus. Ille affirmat : *diligite;* ille negat : *Nolite diligere;* nec tamen aliter, nec plus imperat ille, quam iste : *diligis.* Odio habes mundum. Odisti mundum? Deum diligis. In utraque caritas, in amando, ut odio habeas, in non amando, ut diligas. *Qui odit animam suam amat.* Qui amat, odit. Impletur quod dixit propheta : *Odium pro dilectione* (2), non utique eo sensu quo dixit propheta ; nam impendebat dilectionem, rependebant odium ; sed *odium pro dilectione,* hoc est : cum mundum oderis, rependetur tibi pro hoc odio dilectio Dei ; cum Deum dilexeris, rependetur tibi pro hac dilectione odium mundi. Ergo diligite, fratres, et non diligite. *Diligite* Magistri, *non diligite* discipuli, hoc est apud utrumque *amate.* Non poterat palmes discipulus aliud di-

(1) Joann. xv, 12.
(2) Ps. cviii, 5.

cere, quam vitis Magister. Veritas ubique, et in te, et in palmite. Nam vera vitis, quid aliud nisi veraces palmites profert? Et hæc in utroque veritas, semper erit caritas : quia Deus caritas est, et Deus est veritas : *Et qui in Deo est, in veritate manet*, et in veritate manet, quia caritas Dei in illo est.

SERMO IV

DE B. JOB. ET DE ELEEMOSYNA, DE NOBILIUM FASTU, ET AMORE PAUPERUM [1]

1. — In lectione quæ nobis lecta est, fratres carissimi, audivimus quod gloriosissimus Dei Athleta contra hostem callidissimum admirabiliter præliatus sit, et secundum quod Apostolus ait : *Spectaculum Deo, et angelis ejus* (2), et hominibus dignum, non sine ingenti admiratione audire, et quodammodo oculis fidei videre meruimus. Vidimus B. Job non solum contra felicitatem mundi, sed etiam contra paupertatem et asperrimos dolores, et contra filiorum orbitatem, fortiter et feliciter dimicantem. Qui cum esset dives, nullum contemptum habuit; cum penuriam pateretur, neminem blasphemavit, nec contra Dei dispensationem murmurare præsumpsit : sed locuples dicebat : *Domus*

---

(1) Inter opera S. Augustini primùm editus.
(2) II. Cor. iv, 9.

mea omnibus viatoribus patuit, et de velleribus ovium mearum calefacti sunt humeri infirmorum (1). Postea vero cum paupertate premeretur, in angustiis loquebatur : *Dominus dedit, Dominus abstulit : sicut Domino placuit, ita factum est* (2). Fortiter colluctatus est diabolus ; sed athletam Dei superare non potuit. Immanes suscitavit fluctus ; et firmissimam petram commovere non valuit. Machinationes suas adhibuit ; et turrim validissimam non prostravit. Arborem concussit, et decutere poma non valuit ; et ramos quidem confregit, sed radici non nocuit. Parietem perforavit, sed thesaurum auferre non potuit : thesaurum autem dico non auri et argenti, sed fidem justi. Hunc ejus thesaurum diabolus diripere festinabat, quando cum omni facultate nudatum plaga intolerabili cruciabat. Vidisti augmentari fluctus, vidisti petram firmissimam, vidisti turrim inexpugnabilem, vidisti Deum glorificatum, et diabolum confractum. Et quali nomine hunc justum appellem, ignoro. Athletam eum vocem ? Sed præcellit tantarum copia coronarum. Petram eum dicam ? Sed firmiorem video. Militem appellabo ? Sed robustiorem cerno constantia. Arborem eum dicam ? Sed decorosior invenitur. Turrim eum nominabo ? Sed eminet sapientia. Fructum illum appellem ? Sed

(1) Job. xxxi, 19, 20.
(2) Job. i, 22.

pretiosior demonstratur. Thesaurum eum nominabo? Sed copiosior esse dignoscitur. Et quali vocabulo appellem Sanctum illum, non invenio.

2. — Audiant hæc divites, audiant hæc pauperes, quemadmodum hic beatus vir in divitiis suis, et felicitate, benignus dispensator exstitit divitiarum, et in tentatione paupertatis, patienter et fortiter toleravit. Vides igitur non esse impossibile divitem esse in operibus bonis, et pauperem per patientiam egestatis posse esse beatum. Nolo mihi dicas : quia paupertatem timeo. Paupertatem times et peccatum non metuis? Nolo timeas paupertatem, sed iniquitatem time quæ mater est tormentorum. Dominus a te stipendium postulat, et dare ei non vis. Cum enim audis eum dicentem : *Quandiu fecistis uni ex minimis istis* (1) : utique si tribuas pauperi, Christo fæneras. Si contrahis a paupere manum tuam, quomodo, et qua fiducia, in illa die, et tu a Domino misericordiam postulabis? Nonne arguet te dicens : *vidisti me nudum, et non operuisti ; esurientem, et non pavisti?* Quid tu ad hæc respondebis, et quam veniam deprecaberis? Nonne conscientia tua te reum faciet, et obmutescere : et tu quidem multis et pretiosis, vel exquisitis deliciis interdum usque ad crapulam satiaris, et pauperi unde esuriem repellat, vel cibum simplicem dissimulas erogare. Vesti-

(1) Math. xxv, 40.

bus etiam nimium pretiosis indutus incedis, et pauperi nudo nec vilissimum tribuis vestimentum. Domum tuam in omni pompa componere contendis : forsitan nec in angulo ejus peregrinum vel pauperem recipis. Sed qui talis est, eum ei irrevocabilis advenerit finis, si pænitentia non subvenerit, perget ad inferos nudus bonis operibus, remanente domo cum omni ornatu suo in testimonium avaritiæ suæ. Unusquisque enim prætereuntium dicet : Hæc domus illius fuit raptoris, prædonis, avari. Quantas viduas afflixit, quantos orphanos denudavit, quantos miseros fecit, ut hanc domum tantis expensis de iniquitate quæsitis erigeret?

3. — Sed dicet aliquis : — nobilis sum, et in honore constitutus. — Nobilitatem nemo reprehendit, de istis dignitatibus nemo disputat, quæ a Deo bene hominibus conceduntur. Divites ergo in honoribus constitutos, si justè, et castè, et misericorditer vixerint, reprehendere nemo debet. Illi verò dolendi sunt, et lugendi, qui inflati superbia dignitatum putant se immortales cum ipsa dignitate futuros ; et non considerant conditionem suam, quia de terra sunt, et in pulverem redigentur, et pro parva lætitia vitæ hujus, (si tamen lætitia, vel vita dicenda est), perpetua sustinebunt tormenta. Attendis pauperem, et despicis, et non recogitas quoniam homo est sicut et tu ; homo, cara et amica possessio Dei. Homo cujus causa firmatum est cœlum, et extensum

est mare, fundata est terra, propter quem sol oritur, et occumbit, luna crescit, et deficit, astra micantia surgunt. Tunc ergo contemnis hominem pauperem, propter quem Deus talia et tanta constituit; ad extremum, ut adhuc amplius dicam, propter quem Dei Filius humanam carnem assumpsit, et opprobria, et flagella sustinuit, crucem pertulit, et flagelli amaritudinem sensit, mortem gustavit ad inferna descendit, et eos qui a diabolo detinebantur obnoxii sanguinis sui pretio liberavit? Ecce quanta et qualia humano generi pietas divina concessit. Videte ergo si justum est, ut a nobis pauper quisque despiciatur, cui tot beneficiis pietas divina largitur.

4. — Amemus ergo, fratres carissimi, et non despiciamus pauperes, vel peregrinos, ne nos ille despiciat, qui propter nos *pauper factus est cum esset dives* (1). Considerate, fratres, et diligenter attendite, quia ab initio nullum pauperem despicere voluit Deus. Nam, sicut in Scripturis divinis frequenter et diligenter audivistis, ut superbiam et vanitatem mundi reprimeret Deus, non elegit rhetores, non eloquentes, non consules, non divites, non potentes, quibus verbi sui secreta committeret : sed aut opiliones, sicut Patriarchas et B. David; aut piscatores sicut B. Petrum, vel reliquos Apostolos; ut per infirma destrueret fortia, et per humilia

____

(1) II. Cor. viii, 9.

excelsa et superba dejiceret. Amemus ergo pauperes, ut cum illo partem habere possimus, qui dixit :
Discite a me quia mitis sum et humilis corde (1). Nam
quia genus humanum per superbiam mortale vulnus acceperat, Christus medicamentum humilitatis
exhibuit. Noli ergo despicere humilem pauperem,
qui cum sibi pauper sit, facere te divitem potest.
Qui enim divites sunt imitentur beatum Job humiliter largas eleemosynas facientem. Non extollantur
in prosperis; et si sinistrum aliquid, Domino permittente, pertulerint, non deprimantur adversis;
et in nullo contra Dei judicia murmurantes, sed
humili et pia conscientia cum B. Job dicant : *Domi-*
nus dedit, Dominus abstulit; sicut Domino placuit,
ita factum est : sit nomen Domini benedictum : cui
est honor, et imperium, cum Patre, et Spiritu Sancto, in cuncta sæcula sæculorum. Amen.

SERMO V

DE ELEEMOSYNA [2]

Remedia peccatorum, fratres, medicina est eleemosyna : *Eleemosyna enim a morte liberat et non*
patitur hominem ire in tenebras (3). Patrocinatur in
die judicii homini, ut flammas æternas non timeat,

(1) Math. xi, 29.
(2) Inter opera S. Augustini primùm recensitus.
(3) Job. ii. 13,

sicut Jacobus in epistola sua dicit : *Superexaltat misericordia judicium, et judicium sine misericordia illi, qui non fecit misericordiam* (1). Sed talis debet esse ipsa misericordia, fratres, quæ suscipiatur, non quæ repellatur ; quæ peccata purget, non quæ animam gravet ; de bono, de justo labore, de propriâ facultate et non de pauperis egestate. Fratres, non vult Deus hominem a misericordia cessare, nec libenter adspicit Deus quemquam de fraudibus dantem, sicut Salomon propheta dicit : *Honora Deum tuum de justis laboribus tuis* (2). De justis laboribus jussit dari, de injustis vero rapinis prohibuit dari. Sed cum judicare cœperit Deus, dicturi sunt hi, qui de fraudibus vivunt et de spoliis miserorum eleemosynas faciunt : « Domine præcepta tua servavimus et in nomine tuo misericordias fecimus, pauperes pavimus, nudos operuimus et peregrinos hospitio recepimus. » Quibus dicturus est Deus : « Quod dedistis, dicitis, quod rapuistis, quare non dicitis? quos pavistis, memoramini, quare non recordamini quos necastis? Quos operuistis, gaudent, et quos expoliastis, plangunt ; quos hospitio recepistis, retinetis, et obliti estis quot de suis habitaculis exclusistis? Ego, ego misericordiam fieri jussi, fraudes et rapinas exerceri non mandavi. Unus repletur panibus, quem de rapinis satiasti, et benedicit Deum,

(1) Jacob. ii, 13.
(2) Prov. iii, 9.

non te, sed Deum ; quem necasti, ille miser necatus
ingemuit, et exaudivit gemitum ejus qui vidit quod
feceris ei. De malo acquiris et gaudes; rapis et
lætaris; pauper rogat et contristaris; prandium pa-
ras, et tales ad prandium vocas qui tibi vicem re-
pendant; ornas convivium, ne quid desit, et cum
amicis tuis epularis, et ante januam tuam rogantem
pauperem non audis; tu diversis bonis repleris, et
egentis non misereris; multis epulis distentus et
multo vino sopitus, pauperem rogantem contemnis.
Oblitus es dictum prophetæ dicentis : « *Qui*, inquit,
*averterit aurem suam ab egeno, et ipse invocabit
Dominum et non exaudiet eum* (1)? » Inclina aurem
tuam, audi egentis vocem et fame pereuntis, ut et
tuam vocem exaudiat tribulantis. Da de quo tibi
donare dignatus est Christus : ipse te divitem fecit ;
ideo redde illi quod suum est. Ipse se dicit accipere
quod pauperibus datur; sibi collatum clamat quod
in corde pauperis fuerit seminatum, sicut in Evangelio dicit : « *Facite vobis amicos de mammona iniquitatis, qui recipiant vos in æterna tabernacula* (2). »
Ecce habes, christiane, æternum tabernaculum, si
dederis pauperibus victum. Si quid das, illùc trans-
mittis, tibi in futuro reponis; non unde carnaliter
satureris, sed unde spiritualiter glorieris ; non unde
ventrem repleas, sed unde flammas extinguas; quia

(1) Prov. xxi, 13.
(2) Luc xvi, 9.

scriptum est : « *Elcemosyna a morte liberat et non patitur hominem ire in tenebras* (1). »

Misericordia est enim, fratres, quæ iram Dei avertit, a peccatis redimit, ignes futuros extinguit; sicut Salomon propheta dicit: « *Sicut aqua extinguit ignem, sic eleemosyna resistit peccatis* (2). » Da ergo egenti, confer non habenti, succurre fame pereunti: crudele est ut de quo habes, non des ei quem scis non habere; grave est, ut de tua abundantia non sustentes egentis inopiam. Unde semper flagellamur in fructibus, quia bene egentibus non facimus. Revera si consideres, homo : unde damna, unde calumniæ, nisi hinc de sterilitate vestra? Tu non das indigenti quod potes, quod te non gravat; venit una calumnia, perdis et quod non habes. Ventre pleno ambulas, et vacuum pauperis ventrem non consideras. Bene est tibi de bonis Dei, nihil indiges, honestis vestibus uteris, et nudum et trementem frigore non vestis. Si tibi dicat Deus : « Te ipsum ego feci, quod vivis meum est, quod habes ego dedi, et ingratus es. Aufero quæ dedi, nego quod donavi, dimitto te quem feci, et sine me vive si potes. Plus tibi dedi, ut haberes unde pauperi dares ; pauperi non dedi ob hoc, ut te probarem; non quia ambobus non habui unde darem, sed per

(1) Tob. IV, 11.
(2) Eccl. III, 33.

pauperem te volui probare. Ego sum qui divitem et pauperem feci, prærogatorem te constitui in bonis meis : fac misericordiam, quia nihil perdes, et me, qui tibi dedi, non offendes. Da, quid dubitas? Quia si dederis, ego plura dabo. Quid tibi soli vindicas quod ambobus dedi? Quare tu solus comedis quod ambobus creavi? Quasi tuo labori hoc assignas, aut tuum esse putas? Aufero auxilium meum, habe laborem tuum, aufero misericordiam meam, et tunc apparebit misericordia tua.

Ad hæc quid dicturus es miser? Miser es, qui miserum non vides, uteris solus bestiis, pecoribus, animalibus, avibus, serpentibus. Communis est cibus, et tu hominibus denegas victum? Sed credo, ideo non das, ne dando sinas, ne prærogando deficias. Si tu, qui hæc consideras tantum, finem vitæ tuæ non consideras? Etsi pecunia non finitur, vita tamen finitur, et quando non speras, ad te venitur. Sic non consideravit ille dives, qui in abundantia torquebatur et quasi de inopia quærebatur : « *Quid faciam, inquit, quomodo habebo, ubi fructus meos congregem?* (1) » Et audivit vocem Domini dicentis : « *Stulte, anima tua hac nocte auferetur a te, quæ præparasti cujus erunt?* (2) » O vanitas hujus divitis! Nescit si vival, et de fructibus cogitat ; nocte mori-

_____

(1) Luc xii, 17.
(2) Ibid. xii, 20.

turus fabricare disponit. Ecce audisti, et tu, christiane, quid timeas? Fac misericordiam. Quid dubitas? Non te defecerit qui te prærogatorem constituit. Ipsius est enim vox in Evangelio argumentantis incredulos et dicentis : « *Considerate volatilia Cæli, quoniam non seminant, neque metunt, quibus sunt cellaria, et Pater vester cælestis pascit illa* (1). » Si quæcumque habes tua esse dicis, si potes, constitue propter fures in domo tuâ vigiles, fode foveas, absconde divitias, fac tibi loculos et arcas ubi reponas, contra Dei voluntatem, tene, habe, vive si potes. Ergo, fratres, faciamus misericordiam, pascamus esurientes, nudos operiamus et peregrinos hospitio recipiamus. Bene ergo facientes non deficiamus, et tempore suo metemus vitam æternam, in sæcula sæculorum. Amen.

SERMO VI

DE CONTINENTIA (2)

Admonet nos lex divina et exhortatur, fratres carissimi, ut concupiscentiam hujus mundi devitantes, continentiæ salubri operam demus, ne nos illecebra voluptatum per varia ducat desideria, et laqueo mortis irretitos in præcipitium et voraginem

(1) Math. vi, 26.
(2) Inter opera S. Augustini primùm recensitus.

trahat inferni. Loquitur sapiens homo et dicit:
« *Post concupiscentias tuas non eas, et a voluntate
tua avertere: si præstas animæ tuæ concupiscentiam
ejus, faciet te gaudium inimicis tuis* (1). » Amor
enim istius mundi parit inimicitiam Dei, unde scriptum est: « *Qui vult amicus esse hujus sæculi, inimicus Dei constituitur* (2). » Hoc enim Apostolus
sciens Joannes, persuadet nos et dicit: « *Nolite
diligere mundum, neque ea quæ in mundo sunt; si
quis dilexerit mundum, non est caritas Patris in illo,
quia omne quod in mundo est, concupiscentia carnis
est, et concupiscentia oculorum, et superbia spiritus* (3). » Hoc et coapostolus ejus, Paulus rursus
monet et dicit. « *Qui emunt sint sicut quasi non
possidentes, et qui hoc mundo utuntur, quasi non
utantur, præterit enim figura hujus mundi* (4). »
Unde et ipse Salvator in parabola sua ostendit quod
divitiæ et voluptates sæculi suffocant verbum, ita
ut non referat fructum (5); et alibi præcipit dicens:
« *Qui vult venire post me abneget semetipsum, et
tollat crucem suam, et sequatur me* (6) » et item:
« *Qui non renuntiaverit omnibus quæ possidet, non*

---

(1) Eccl. xviii, 30 et 32.
(2) Jacob. iv, 4.
(3) Joan. ii, 15 et 16.
(4) I Cor. vii, 31.
(5) Math. xiii, 22.
(6) Ibid xxvi, 24.

potest meus esse diocipulus (1). » Hæc igitur consi-
derantes, fratres carissimi, perpendite quantum
necessaria vobis sit continentia, per quam Christi
discipulatu condigni, ad regnum potestis cum eo
venire perpetuum. Continentia vero et sobrietas non
in sola integritate carnis consistit, sed etiam in
cultu et ornatu, vita pariter et moribus consistit (2).
Debet enim unusquisque continens esse ab omnibus
illicitis ; his autem, quæ licita sunt, debet cum
modestia et sobrietate uti. Non enim decet Chris-
tianum, sæculi lucra inhiare, cui promissum est
regnum cœleste ; sed suo Domino per continentiam
condigne vivere, ut possit cum eo in perpetuum
gaudere. Castitatem debet amare et fornicationem
fugere ; non avaritiæ studere, sed victu et vestitu
contentus esse ; non superbire neque sperare in
incerto divitiarum, sed humiliter sentire et mundi
pompam contemnere. Non debet esse vaniloquax
et arrogans, non mendax, sed veritatem debet ex
ore et corde proferre, linguam suam a multiloquio
temperare (3) quia scriptum est : « *In multiloquio
non effugies peccatum* (4) ; » oculos contra vanitatem
claudere, auditum a scurrilitate et falsitate, imo
ab omni eloquio malo avertere ; risum excelsum et

(1) Luc xiv, 33.
(2) Ex S. Cypr. de discipl. et habitu virg.
(3) V. *Reg. Bened.* cap. iv.
(4) Prov. x, 19.

excussum non amare ; guttur et nasum ad illece-
bram dulcium ciborum et suavium odorum non
libenter adhibere, sed magis bonum et suavem odo-
rem virtutum appetere ; manus et pedes, et omnia
membra corporis sollicite custodire, ne fiant arma
iniquitatis peccato, sed magis potentiæ arma Deo
ad destruendum spiritalem inimicum (1); cor quoque
debet miles Christi ante omnia sollicita custodia
servare, ne forte illud jactantia extollat, invidia
perforet, avaritia infestet, libido exurat, tristitia
gravet, torpor et ignavia oneret, et ne illud, quod
gravius est, per novitatum præsumptiones hæresis
scindat. Qui enim cordis occulta per continentiam
quieta servare intùs contendit, utique et membra
corporis facilius contra pravos actus foris custodit ;
scriptum est enim : « *Omni custodia serva cor tuum,
quia ex ipso vita procedit* (2). » Item alibi : « *mors
tecum in introitu delectationis posita est* (3), » et
Salvator in Evangelio : « *Bonus*, inquit, *homo de
bono thesauro cordis sui profert bonum, et malus
homo thesauro cordis sui profert malum* (4). » Et
item : « *De corde*, ait, *exeunt cogitationes malæ, ho-
micidia, adulteria, fornicationes* (5). » Cum ergo,

(1) Ex eodem cap.Reg.
(2) Prov. iv, 23.
(3) In regulâ cap. vii.
(4) Math. xii, 35.
(5) Idem xv, 19.

fratres, de cordis radice fructus sive boni, sive mali exeant, necesse est ut primum cor mundemus, deinde carnem nostram per jejunia et vigilias ad laborem utilem castigemus, ne carnis libido mentem maculet. Difficile est enim, ut quotidie deliciis viventes mundum cor habeant. Unde dixit Apostolus : « *Castigo corpus meum et in servitutem redigo, ne forte cum aliis prædicaverim, ipse reprobus efficiar* (1). » Item : « *Qui autem Christi sunt,* ait, *carnem suam crucifixerunt cum vitiis et concupiscentiis* (2). » *Sobrie,* quippe, *et pie vivamus in hoc sæculo expectantes beatam spem et adventum gloriæ magni Dei et Salvatoris nostri Jesu Christi, qui dedit semetipsum pro nobis, ut nos redimeret ab omni iniquitate et mundaret sibi populum acceptabilem, sectatorem bonorum operum* (3); » ut cum venerit in majestate sua cum sanctorum angelorum millibus, pro bonis laboribus et sancta conversatione, reddat nobis præmia vitæ æternæ, potiusquam, pro desidia et voluptatis præsentis sæculi, cruciatum retribuat sempiternum ; quia veraciter de eo scriptum est : « *quod reddat singulis secundum opera* (4) » Jesus, videlicet Christus, qui cum Patre et Spiritu Sancto vivit et regnat Deus per omnia sæcula sæculorum. Amen.

(1) I Cor. ix, 27.
(2) Galat. v, 24.
(3) I Tit. ii, 12.
(4) Math. xvi, 27.

SERMO VII [1]

DE B. JOB

1. — Promptiorem me ad loquendum vestra sanctitas præmonet, etiam dudum de scripturis insinuata omni cum devotione dicendi fiduciam tribuit, quem Deus gratanter vobis audire monstravit; sic et nos vestra sanctitas de Job dicentem accipiat, ut audire se tanquam rusticum credat. Non fuco sermones infectos dicere arbitretur, qui illius magisterio simpliciter dicere profitetur. Adversus Job diabolus pugnam impetravit, cujus filios ruina cum extingueret, factus est post divitias inops, post familias solus, post numerosam sobolem nullius pater, patrimonio naufragus, in corpore edaces pœnas uno robore fidei sustinebat; divitiæ in inopiam ceciderunt. Hic nova expergitur nuditate, nullus fuit proximus, quia rara est miseris amicitia. Corporis sanitas vulneribus immutatur, gaudium in dolorem convertitur, nullus artus qui non flagellis valetudinis agitetur; denique sub sterquilinio jacuit præclara justitia, et cum vulnerata caro probaretur in membris, incolume pectus servabat interius. Nihil erat a capite usque ad pedes quod non affligeretur pœna. Undique circum vallantibus pœnis stetit; et unde fervebat diaboli invidia, inde sumpta est fati-

---

(1) Dubius nobis videtur. (De Levis). — Inter opera S. Aug. primùm fuit editus.

gata victoria. In corpore torquebatur, et spiritu probabatur. Vermibus corpus inquietis doloris tolerabat geminata supplicia, quam fluxæ carnis putredinem prædurabat fecunda calamitas : non noctibus quies, non diebus requies; torquebatur et orabat. Aliud postulabat hostis, aliud precabatur vociferatio confessoris. Dissolutis nervis, saniei profluvium asperior testa radebat, atrox cruciatus mutabat. Reges non agnoscebat, et confossum corpus in stercore recumbebat. In naufrago corpore incolumis justitia tutatur, et, periclitantibus membris, auctori vulnerum pectus servatur. Omnia, excepto spiritu, occupaverat hostis.

2. — Non fuit qui reciprocum redderet munus mercedibus, delicata matrona in alienis domibus servit, quæ imperare sueverat. Ubi, post solis occasum diurna supplicia durè transigebat, quietem exspectabat, et fatigatis matrona digitis succedentem diem lacrymantibus oculis deducebat; orbata in mœrore filiorum, mulier locatur, ut serviat, nec ad lacrymas vacat. Adhuc matrona, jam vidua, ubique mercenaria, nusquam domina ; nec sterilis, nec mater, uteri sui laniatus deflet : « Ecce inquit, marite, quæ pateris : *Dic aliquid adversus Deum et morere* (1). » Peccavit sola, quæ viro misericordiam denegabat; oblivisci uxorem Job in filiis didicerat

______

(1) Job. ii, 9.

et omnibus membris fluens, solus animus fideliter repugnabat. Bellator mundi, in uno viro torquetur, dum torquet, et pœna revertitur in auctorem : « *Ecce, inquit dominus, tradam illum tibi, animam illius tamtummodo custodi (2).* » Secure pugnat, qui, hoste metuente, servatur. Sic hostis furebat, ut timeret ; infligit dolorem crudelitas, et deficit in suis viribus. Pœna fugata, revertitur sanitas et cicatricibus felicior redditur medecina ; celerius curat Dominus quam vulnerat inimicus. In gaudia gemitus migravere et in fossis vulnerum numerabantur monumenta victoriæ. Propter Job regina, propter quem, et mercenaria. Duplici regreditur fœnore, ut amissa possent duplo recipere.

II

TRACTATUS

GUILLELMI ABBATIS

SUPER ILLA VERBA APOSTOLI :

(Rom. 7, 15, et seq.)

Non enim quod volo facio bonum, sed quod odi malum
hoc facio, et de Contemplatione Divina [1]

PROLOGUS

Multi propria imbecillitate perculsi, cum ab infantia sint ad malum proclives, et vix se contineant dicentes *malum bonum, ponentes tenebras lucem, lucem tenebras,* putant se assimilari Apostolo dicenti : *Non enim quod volo facio bonum, sed quod odi malum hoc facio ;* adeoque quod concupiscunt malum faciunt, aliosve hoc exemplo in errorem inducunt. Ne autem vos, fratres, simili modo decepti ab his, qui male sumunt salutarem cibum, in errorem permaneatis, et alios deducatis, ita vertentes in venenum quæ salutaria sunt : necesse est nobis disputa-

---

(1) Hic Tractatus jam editus fuit a RR. PP. S. Mauri in editione S. Augustini sine auctoris nomine, mutato exordio desumpto ex Serm. alias 45, nunc CLI S. August. Quem hic libenter suo vero auctori cum proprio exordio luci damus, parvis etiam variantibus lectionibus in corpore... (De Levis).

tione nostra lumen afferre iis qui ambulant in tenebris, ut deducamus eos a via erroris ad viam veritatis. Dominus sit illuminatio mea, et adjutor meus in difficultatibus explanandis, ne vos in aliqua obscuritate relinquam. Vos autem me pietatis affectu adjuvate. Oportet igitur ut virtutum sensus ex intimo dicentes metiamur affectu, et quod beatus Apostolus dixerit bonum, quidve comparatione ejus pronuntiaverit malum, non nuda significatione verborum, sed eodem quo ille, discutiamus intuitu, et intellectu quoque ejus secundum dignitatem pronuntiantes, et meritum perscrutemur. Tunc enim sententias Deo inspirante prolatas, secundum propositum ac voluntatem ejus comprehendere poterimus, cum eorum a quibus promulgatæ sunt statum et meritum perpendentes, non verbo sed experimento, parem induerimus affectum, pro cujus qualitate sine dubio vel concipiuntur universi sensus, vel sententiæ proferuntur.

I. — *Quodnam illud bonum est quod Apostolus non potuit perficere*

Quamobrem quid sit principaliter bonum quod Apostolus non potuerit perficere cum vellet, diligentius indagemus. Multa enim novimus bona quæ beatum Apostolum omnesque illius meriti viros et habuisse per naturam et acquisisse per gratiam negare non possumus. Est enim bona castitas, laudabilis continentia, miranda prudentia, larga humani tas, circumspecta sobrietas, modesta temperantia, pia misericordia, sancta justitia, quæ omnia in Apostolo Paulo ejus que consortibus ita plena atque perfecta fuisse non dubium est, ut virtutum potius quam verborum magisterio ab eis religio doceretur. Quid, quod jugi Ecclesiarum omnium cura ac pervigili sollicitudine semper exusti sunt? Quantum hoc misericordiæ bonum, quanta perfectio est pro scandalizantibus uri, cum infirmantibus infirmari? Cum ergo tantis Apostolus abundaverit bonis, quid illud est boni cujus perfectione caruerit, non poterimus agnoscere nisi in illum, quo ipse locutus est, profecerimus affectum. Omnes itaque quas diximus eum habuisse virtutes, quamvis velut gemmæ splendidissimæ atque pretiosæ sint, tamen si præclaræ illi atque præcipuæ margaritæ quam ille evangelicus negotiator inquirens, universis quæ possidet venditis, comparare desiderat conferantur, ita eorum meritum revilescit atque contemnitur, ut, eis sine cunctatione distractis, unius tantum boni possessio locupletet bonorum innumerabilium venditorem. Quid ergo est unum quod illis tantis tamque innumeris bonis, tam incomparabiliter præponatur, ut spretis abjectisque omnibus solum debeat possideri? Nimirum illa pars optima, cujus magnificentiam ac perpetuitatem cum relicto susceptionis atque humanitatis officio Maria præclegisset ita prædicatur a Domino : *Martha, Martha, sollicita es et turbaris erga plurima (1) : paucis vero opus est, aut etiam uno. Maria bonam partem elegit, quæ non auferetur ab ea.* Una ergo et sola est contemplatio Dei cui merito omnia justificationum merita universa virtutum studia postponuntur. Et illa quidem omnia, quæ in Apostolo Paulo fulsisse prædiximus non solum bona et utilia, verum etiam magna atque præclara. Sed sicut, verbi gratia, stanni metallum quod alicujus utilitatis et gratiæ putabatur, fit argenti comparatione vilissimum, et auri comparatione evanescit argenti meritum ; aurum quoque ipsum gemmarum collectione contemnitur ; et ipsarum nihilominus quamvis insignium multitudo gemmarum unius margaritæ candore superatur : ita illa omnia merita facultatis, quamvis non solum in præsenti bona et utilia sint, verum etiam domum æternitatis acquirant, tamen si divinæ contemplationis meritis conferantur, vilia, atque ut ita dixerim, vendibilia censebuntur.

*II. — Res creatæ unde valde bonæ ; quare
tamen vanitas*

Et ut hanc eamdem comparationem etiam Scripturarum confirmet auctoritas, nonne de universis quæ a Deo creata sunt, generaliter Scriptura dicit : *Et ecce omnia quæ fecit Deus bona valde* (2) : et iterum : *Universa quæ fecit Deus, bona in tempore*

(1) Luc x, 41.
(2) Gen. i, 31.

suo (1)? Hæc igitur quæ in præsenti non solum bona simpliciter, verum etiam cum additamento *valde bona* pronuntiantur : (sunt enim revera in hoc mundo commorantibus nobis, aut ad usum vitæ, aut ad corporis medicinam, aut ad aliquam causam ignotæ nobis utilitatis : vel certè in eo etiam *valde bona* quod faciunt nos invisibilia Dei, a creatura mundi, *per ea quæ facta sunt intellectu conspicere* (2); sempiternam quoque virtutem ejus ac divinitatem ex tanta tamque ordinata molitione fabricæ mundialis, et omnium quæ in ea sunt subsistentia contemplari) : hæc tamen omnia nec boni nomen tenebunt si futuro illi sæculo comparentur, ubi nulla bonorum immutatio, nulla est veræ beatitudinis formidanda corruptio. Cujus mundi ita beatitudo describitur : *Erit lux lunæ sicut lux solis, et lux solis septempliciter, sicut lux septemdierum* (3). Magna igitur hæc et præclara intuitu atque mirifica, si futura ex fide repromissionibus conferantur, continuo vanitas apparebunt, dicente David : *Omnia sicut vestimentum veterascent, et sicut opertorium mutabis eos, et mutabuntur; tu autem idem ipse es, et anni tui non deficient* (4). Ergo quia nihil est per semetipsum stabile, nihil immutabile, nihil bonum nisi

(1) Eccl. iii, 11.
(2 Rom. i, 10.
(3) Isai. xxx, 26.
(4) Psalm. c. i, 27, 28.

Deitas sola; omnes vero creaturæ ut beatitudinem æternitatis vel immutabilitatis obtineant, non hoc per suam naturam, sed per Creatoris sui participationem et gratiam consequentur, tenere meritum bonitatis Creatori suo collata non possunt.

III. — *Bonitas humana Divinæ bonitatis intuitu mala*

Quod si etiam manifestioribus adhuc testimoniis hujus sententiæ rationem voluerimus adstruere, nonne multa pronuntiari bona in Evangelio legimus, et arborem bonam (1), et thesaurum bonum? Nam et bonum hominem, et bonum servum, *quia non potest*, inquit, *arbor bona malos fructus facere* (2) : et bonus homo de bono thesauro cordis sui profert bona, et : *Euge, serve bone et fidelis* (3) : et utique omnes secundum se bonos esse non dubium sit ; si respiciamus ad bonitatem Dei, nullus eorum pronuntiatur bonus, dicente Domino : *Nemo bonus nisi solus Deus* (4). Cujus intuitu etiam ipsi Apostoli, qui electionis merito bonitatem generis humani multis excesserant modis, mali dicuntur esse a Domino ad eos ita loquente : *Si ergo vos cum sitis mali, nostis bona data dare filiis vestris, quanto magis Pater vester, qui in cœlis est, dabit bona petentibus*

(1) Math. vii, 18.
(2) Math. xii, 35.
(3) Math. xxv, 23.
(4) Luc xviii, 29.

se (1). Denique sicut bonitas nostra, supernæ bonitatis intuitu, in malitiam vertitur, ita etiam justitia nostra divinæ collata justitiæ, panno menstruatæ universa justitia nostra similis deputatur, dicente Isaia Propheta : *Sicut pannus menstruatæ universæ justitiæ nostræ* (2).

IV. — *Lex in se bona, Evangelii intuitu non bona*

Et ut aliquid adhuc evidentius inferamus, legis quoque ipsius præcepta vitalia, quæ dicuntur ordinata per angelos in manu Mediatoris (3), et de qua idem Apostolus : *Itaque lex,* inquit, *sancta, et mandatum sanctum et justum et bonum* (4), si perfectioni evangelicæ conferantur, minime bona divino pronuntiantur oraculo, ait enim : *Et dedi eis præcepta non bona, et justitias in quibus non vivent in eis* (5). Apostolus quoque ita novi lumine Testamenti gloriam legis affirmat obtundi, ut eam evangelici comparatione fulgoris nec glorificatam esse pronuntiet dicens : *Nam nec gloriosum est id quod glorificatum est propter excellentem gloriam* (6). Quam comparationem etiam in parte contraria, id est in peccatorum meritis compensandis Scriptura con-

(1) Luc XI, 13.
(2) Isai. LXIV, 6.
(3) Galat. III, 19.
(4) Rom. VII, 12.
(5) Ezech. XX, 25.
(6) II. Cor. III, 10.

servat, ut eos qui multo minus peccaverint, impiorum collatione justificet dicens : *Justificata est Sodoma ex te* (1). Et iterum : *Quid enim peccavit soror tua Sodoma ?* (2) *Et justificavit animam suam aversatrix Israel, comparatione peccatricis Judæ* (3). Ita igitur et universarum merita virtutum quæ superius comprehendi, cum per se bona atque pretiosa sint, tamen theoricæ claritatis comparatione fuscantur. Multum etenim Sanctos quamvis bonorum operum, terrenis tamen studiis occupatos, a contemplatione summi illius boni retrahunt ac retardant.

V. — Sanctis ipsis non deest unde jugiter gemant, ut sunt pugnæ interiores et exteriores

Cum ergo semetipsos quotidie sentiant Sancti terrenæ cogitationis pondere prægravatos, ab illa mentis sublimitate decidere, et invitos, imo etiam nescientes, in legem peccati mortisque traduci ; atque ut cætera prætermittam, illis saltem quæ superius comprehendi, bonis quidem ac justis, sed tamen terrenis, a conspectu Dei operibus avocari, habent profecto pro quibus ad Deum jugiter ingemiscant, habent pro quibus in veritate humiliati atque compuncti, non verbis tantummodo sed affectu, semet-ipsos pronuntient peccatores, ut veniam pro omni-

(1) Ezech. XVI, 52.
(2) Ezech. XVI, 48.
(3) Jerem. III, 12.

bus quæ quotidie superati fragilitate carnis incur-
runt a gratia Domini jugiter postulantes, veras pœnitentiæ lacrymas indesinenter effundant : quippe qui
videant iisdem ipsis se, pro quibus continuo dolore
vexati sunt, etiam usque ad Deum jugiter ingemiscant, æstibus involutos, etiam ipsas supplicationes
suas offerre se sine cogitationum anxietate non
posse. Experti igitur se humanis viribus desidera-
tam fidem, obsistente carnis sarcina, non posse contingere, neque illi præcipuo summoque bono secundum cordis sui desiderium posse conjungi ; sed ab
ejus intuitu captivos ad mundana traduci, ad gratiam Dei qui impios justificat convolantes, cum
Apostolo protestantur : *Infelix ego homo, quis me
liberabit de corpore mortis hujus? Gratia Dei per
Christum Jesum Dominum nostrum* (1). Sentiunt enim
se bonum istud quod volunt, non posse perficere ;
sed illud quod nolunt, quodque oderunt malum, id
est cogitationum motus, et curam temporalium
rerum semper incidere. Et condelectantur quidem
legi Dei (2) secundum interiorem hominem, qui visi-
bilia universa transcendens, conatur Deo soli semper
uniri ; sed vident aliam legem (3) in membris suis,
id est in natura humanæ conditionis insertam, quæ
repugnat legi mentis eorum, pertrahit sensum vio-

(1) Rom. vii, 24, 25.
(2) Rom. vii, 22.
(3) Rom. vii, 23.

lenta lege peccati, compellens scilicet eos, relicto
illo principali bono, terrena cogitatione submitti.
Quæ quamvis necessaria atque corpori utilis videa-
tur, cum dispensationi religiosæ cujuspiam necessi-
tatis impenditur, comparatione tamen illius boni,
quod Sanctorum omnium oblectat intuitum mala
utique ab eis ac fugienda decernitur qui per eam
quoquo modo vel ad modicum tempus ab illius
perfectæ beatitudinis gaudio retrahuntur.

*VI. — Lex peccati, ob quam Adam vendidit hominis
libertatem, ut omnes homines servi nascantur*

Vere enim lex peccati est, quam humano generi
prævaricatio sui induxit auctoris, per illius noxam
in quam lata est æquissimi judicis illa sententia :
*Maledicta terra in operibus tuis, spinas et tribulos
germinabit tibi, et in sudore vultus tui edes panem
tuum* (1). Hæc, inquam, est lex membris omnium
inserta mortalium, quæ repugnat legi mentis nostræ, eamque a divino arcet intuitu ; quæ maledicta
terra in operibus nostris post agnitionem boni ac
mali cogitationum spinas cœpit ac tribulos germi-
nare : quarum aculeis carnis obtusis semina præfo-
cantur, ne illum panem nostrum qui de Cœlo descendit, qui confortat cor hominis, edere absque vultus nostri sudore possimus. Omne igitur humanum
genus huic generali legi sine ulla exceptione subji-

____

(1) Gen. iii, 27.

citur. Nullus enim est quamvis sanctus qui supra-
dictum panem non cum sudore vultus sui, et sollicita cordis intentione percipiat; cæterum communi
isto pane multi, ut videmus, divites sine ullo vultus
sui sudore vescuntur. Quam etiam legem Beatus
Apostolus spiritalem asserit dicens : *Scimus enim
quia lex spiritalis est : ego autem carnalis sum ve-
numdatus sub peccato* (1). Spiritalis enim lex est quæ
jubet nobis ut in sudore vultus nostri comedamus
illum panem verum qui de Cœlo descendit : sed nos
carnales fecit venumdatio illa peccati.

Quod, rogo, istud cujusve peccatum est? Sine
dubio Adæ, cujus prævaricatione, atque ut ita dicam, negotiatione damnosa fraudulentoque commercio venditi sumus. Omnem enim prolem suam,
serpentis persuasione seductus, illiciti cibi percep-
tione distractam, jugo perpetuæ servitutis addixit.
Hic namque mos solet inter vendentem ementemque
servari, ut is qui se alieno cupit dominio mancipare,
aliquid pretii pro jactura propriæ libertatis et addic-
tione perpetuæ servitutis a suo consequatur emp-
tore. Quod etiam inter Adam atque serpentem mani-
festissime videmus impletum. Ille enim a serpente
pretium libertatis suæ esu interdictæ arboris capiens
a naturali libertate discessit, illique maluit semetipsum perpetua vendere servitute a quo vetiti pomi

____

(1) Rom. VII, 14.

lethale pretium fuerat assecutus : qua deinceps conditione constrictus, non immerito omnem posteritatis suæ progeniem perpetuo eidem cujus effectus est servus, subdidit famulatu. Quid enim aliud servile conjugium potest procreare quàm servos?

*VII. — Dominus hac lege non decidit jure suo :
sed hominem invitum potest liberare, etsi
injustum et malum*

Quid ergo? Numquid emptor iste versutus et callidus Domino vero atque legitimo jus dominationis eripuit? Non ita est : neque enim sic ille omne peculium Dei, unius fraudis dolositate pervasit, ut potentiam dominii sui verus Dominator amitteret, qui ipsum quoque emptorem, quamvis refugum vel rebellem, tamen jugo reprimit servitutis. Sed quia omnibus rationalibus creaturis arbitrii libertatem Creator indulserat, eos qui se contra fas edacis concupiscentiæ transgressione vendiderant, invitos ad ingenitam libertatem revocare non debuit. Abhorret siquidem ab illo justitiæ et pietatis auctore, quidquid bonitati æquitatique contrarium est. Malum enim fuerat si concessæ libertatis beneficium revocasset injustum : si liberum hominem potentia sua opprimens atque captivans, libertatis acceptæ privilegium exsequi non scivisset ; cujus salutem in futura tunc sæcula reservavit, ut recto ordine compleretur statuti temporis plenitudo. Oportebat enim ejus sobolem tamdiu sub avita conditione durare,

quousque eamdem originalibus vinculis liberatam,
in antiquum libertatis statum prioris, Domini gratia, pretio sui sanguinis reformaret : quam pietatis
instinctu, potuit etiam tunc salvare, sed noluit, quia
eum decreti sui irrumpere sanctionem æquitas non
sinebat.

VIII. — *Iniquitas, nostræ venditionis causa, et Redemptionis obstaculum*

Vis nosse causam venditionis tuæ? Audi ipsum
Redemptorem tuum per Isaiam Prophetam apertissime proclamantem : *Quis est iste liber repudii matris vestræ quo dimisi eam ? Aut quis est creditor meus,
cui vendidi vos* (1)? Ecce in iniquitatibus vestris
dimisi matrem vestram. Vis etiam evidenter agnoscere cur te jugo servitutis addictum redimere potentiæ suæ virtute noluerit? Audi quid ad superiora,
quibus eisdem famulis causam voluntariæ venditionis exprobrat, adjecerit : *Numquid abbreviata et
parvula facta est manus mea, ut non possim redimere,
aut non est in me virtus ad liberandum*(2)? Sed quid
huic potentissimæ misericordiæ ejus semper obsti-
terit, idem Propheta demonstrat : *Ecce*, inquit, *non
est abbreviata manus Domini, ut salvare nequeat,
neque aggravata est auris ejus ut non exaudiat; sed
iniquitates vestræ diviserunt inter vos et Deum ves-*

(1) Isai. L.
(2) Ibid.

trum, peccata vestra absconderunt faciem ejus a vobis ne exaudiret (1).

Quia ergo carnales nos fecit, et spinis ac tribulis condemnavit illa prima Dei maledictio, nos ita iniquo pater noster commercio venumdedit, ut bonum quod volumus agere, nequeamus, dum divisi a memoria summi Dei, ea quæ humanæ fragilitatis sunt, cogitare compellimur, dum puritatis amore flagrantes, incentivis naturalibus, quæ penitus ignorare velimus etiam inviti plerumque compungimur : *Scimus quia non habitat in carne nostra bonum* (2); id est, hujus quam diximus theoriæ, atque puritatis perpetua jugisque tranquillitas, sed factum est istud pessimum ac lugubre divortium, ut cum mente legi Dei servire velimus, nunquam scilicet volentes a caritate divina dimovere conspectum, tamen carnalibus tenebris circumfusi, quadam lege peccati, ab eo quod bonum novimus, cogamur avelli : scilicet ad curas cogitationesque terrenas, ab illa mentis celsitudine decidentes, ad quas nos lex peccati, id est, illa sententia Dei, nos immerito condemnavit, quam primus delictor excepit. Et inde est quod beatus Apostolus cum apertissime fateatur inevitabili se, vel omnes sanctos, peccati hujus necessitate constringi, tamen neminem eorum ob hoc esse damnandum, audenter enuntiat dicens : *Nihil ergo*

____

(1) Isai. LIX, 1, 2.
(2) Rom. VII, 18.

nunc damnationis est his qui sunt in Christo Jesu. Lex enim spiritus vitæ in Christo Jesu liberavit me a lege peccati et mortis (1) : id est, quotidiana gratia Christi, omnes sanctos suos ab hac lege peccati et mortis, in quam jugiter vel nolentes coguntur incurrere, cum remissionem debitorum suorum a Domino precantur, absolvit.

III

EPISTOLÆ

—

EPISTOLA I AD PATREM

Consolatoria de morte matris suæ Perinzæ.

Hæc humanæ naturæ, Pater mi, infelix conditio est, ut omnes nascentes moriantur. Divinæ gratiæ est auxilio ejus in ipsâ mori. Qui sanctè et piè vivit, moritur, et nativitatis defectus corripit, et ubi in nativitate nobis comites sunt lacrymæ, et gemitus, in morte justi lætitia, et gaudium. Mater mea dilecta Perinza uxor tua mortua est, quia mortalis nata est : attamen cum dives esset virtutibus, et meritis plena ad Cœlum mors eam perduxit. Non te, Pater mi, decipiant amor carnalis, dolor et luctus, quoniam hæc omnia fidem tuam non augent, sed

(1) Rom.

minuunt. Fides enim etsi cæca non rerum vanitates, non mundi cupiditates, non pietatis speciem diligit. Absterge ergo dolorem, et luctum cordis tui : si salvam a Deo factam credis uxorem tuam, matrem meam, tuarum lacrymarum non indiget. Si perditam times (oh quidnam scribo!) officis ejus virtuti si perditam formidas, et dilectioni tuæ ; si damnatam credis dilectioni tuæ detrahis, et ardenti amori ejusdem, quo ipsa Deum prosequebatur. Lætandum est ergo in ejus morte, dum ipsa cum gaudio mortem suscepit, et cum risu in Cœlum volavit, quo nos exoptat et pro nobis precatur. Neque tibi mirum esse credo, neque ignotum, quod Scripturæ Sacræ docent de morte sanctorum, somnum esse, ut dicit Psaltes : *Cum dederit dilectis suis somnum* (1) et alibi Salomon : *Si dormieris non timebis, quiesces et suavis erit somnus tuus* (2). Benè ergo justis mors somnus est, et secura pausatio, quod ediscere potuisti in morte uxoris tuæ. Ad quid ergo angeris, ad quid dolore opprimeris? Effunde lacrymas tuas super contritione tua in signum veræ pœnitentiæ, non super mortem mulieris tuæ, super mortem Redemptoris nostri, qui nos vocat ad cœlum per pœnitentiam, non autem super redemptos a Domino. Quacunque alia causa lacrymaris, inutiliter lacrymaris. Nondum ex hoc eam a corde et animo tuo evellere

(1) Psalt. cxxvi.
(2) Prov. c. iii.

cupio, quam vere dilexisti. Sit semper tibi præsens sit semper ante oculos tuos tantæ virtutis exemplar. Lauda eam, magnifica illam omni modo, ut suo exemplo te perducat ad summum bonum. Cogitationes humanas et nimirum severas, quæ solius humanitatis sunt repelle a te. Hoc nunc ardenter exopto, hoc totis viribus cupio, ut filius tuus, neque hoc solum desiderium exagitat cor, et animam meam, alia permulta me angunt, quæ, pacato animo tuo cum Christo, cui soli honor et gloria, alias tibi aperiam ; in Deo te bene valere exopto.

EPISTOLA II AD PATREM

Qua eum exhortatur ad monasticam vitam suscipiendam.

Gaudium et lætitia sit tibi, Pater mi Roberte, filius tuus, et frater Guillelmus.

Si cum aliis loquerer, quam cum patre meo, dicerem utique non affectu loqui, ut auctoritatis pondus rationibus, et sermoni meo rationes augerem. Sed cum loquor tibi, Pater mi, et te amore prosequi dico et hoc addit rationibus meis omnipotentiæ pondus. Sum filius tuus monachorum institutum amplectens, valedixi utique carni, et sanguini, nunquam tamen filialem dilectionem, quæ a natura est, prætermisi. Fateri coactus sum summa benevolentia te complecti, noc possum te in deliciis non habere. Hic amor non est alienus a disciplina monachali. Quæ enim terrena sunt ex animo, et ex toto corde meo odio habui, et contempsi propter Deum. Ast nisi te amarem, et in Deo, et in me peccarem, quia Deus, qui jubet proximum diligere, et parentes simul jubet honorare, et diligere. Quæ dilectio ut charitas Dei, qua ipse diffunditur in cordibus nostris, et animam nostram tali, ac tanto fecundat affectu, quæ quidem nos justificat. Nam Deus pater est omnium, et non potest non amari, et ipse est, qui donum hoc nobis tribuit, ut eum amemus. Tu pater meus es, ex te ergo est, ut amem te; si vero hoc monachali habitu inductus esses, oh quam majori cum affectu te diligerem!

Et ut clarius dicam, si abrenuntiares huic sæculo, et sacer esset amor meus, et persona tua sancta, et beatus spiritus meus. Scio carnem et sanguinem non consensurum fore huic meæ et forsan tuæ voluntati: « *quia semper caro concupiscit adversus spiritum* ». Terrenæ autem substantiæ, divitiæ, honores, parentes etiam majorem tibi obicem ponent. At stultus esset, qui ab his illaqueari se sineret. Vanitatem enim sequuntur omnes, qui dignitates, et honores, atque divitias hujus sæculi amant, quia nullatenus satiare mentem possunt, sicut promittunt; sed quanto plus abundant, tanto magis esurientem animam faciunt.

Considera, Pater mi, in arenis propinquorum fluminum Orci et Amallonis percurrunt simul aqua et aurum. Quid hæc docent, nisi terrena omnia esse transitoria? Ensis tuus, qui tot palmas tecum tulit, spe aliarum multarum, vellet te illaqueare, compescere, ne huic sæculo abrenuntiares; cogitationes hæ tibi catenam facient, qua constringent te ire, quo non vis. Sepulcra tropheis ornata tuorum majorum, honores, dignitates in auribus dicent tibi, ut in sæculo permaneas, et majora tibi parari. Sed de his, quid tibi, et animæ tuæ? Oh, quam te spe majoris gloriæ alliciet spiritualis militia! Non desunt pugnæ, non bella in ipsa « *Spiritus concupiscit adversus carnem. Caro adversus spiritum* » et Dominus cum gaudio dicit (LUC I. 21): « *Cum audieritis prælia, et seditiones, nolite terreri* » quia interius, et exterius nos passuros esse vult. Exterius, ab hostibus, et a fratribus, interius a spiritibus. Bella hæc sine materialibus armis inienda sunt, sed tamen incruenta non sunt. In illis qui vincunt, non sine sanguinis effusione vincunt. Infirmus triumphat de fortiore. Gloria fructus castrorum centuplex tibi augebitur. Loquuntur nunc de te Longobardia, Italia, Gallia, Germania, tunc omnes gentes loquentur. Non meî exemplo utere, quia puer ingressus sum in hac militia, sed exemplo tot imperatorum, regum, et comitum, qui gloriæ mundi valedixerunt, et divitias, et honores contempserunt, ut se Deo dicarent. Cum tu dux fuisti exercituum, scire etiam debes, quid sit imperata facere. Nec tamen hoc grave esse debet obsequi. Obedientes se disciplinæ monasticæ præbuerunt Augusti, reges, et comites. Cur tu eorum exempla sequi renueris, et eo magis in Locediensi monasterio, in quo sub vexillo? Et tutela Archangeli Michaelis pugnabis, qui cum esset dux angelorum, omnes angeli boni pro gloria Dei cum eo adversus Satan, et angelos ejus certamen inierunt, et vicerunt eum. Divitiæ igitur, honores, dignitatesve, atque trophæa si te adstringere non valent ad non serviendum Deo, quanto minus caro, et sanguis. Forsan filii tui fratres mei....? Funes hæ cum carnales sint facilius, et simplici abdicatione frangi possunt, et exemplo tuo potes etiam illos ad meliorem frugem revocare, et ad Deum summum bonum perducere, ut aquila, quæ provocat pullos suos ad volandum, et radiis solis opponi et contemplari. Ceterum addam, quidnam fuit Perinzæ uxoris tuæ mors, nisi divinus nuntius, quo prædicebat tibi valedicendum huic sæculo? Dominus Deus fregit vincula tua carnalia, et reliquit te solum, ut vitam monasticam amplecteris. Charitas est dulce, et salutare mentium vinculum, quas quantumvis corpore separatas copulat, atque conjungit, et unum facit. Si ergo Perinza ex hoc sæculo migravit, et mortua est, speramus tamen in gloriam Dei esse, et pro nobis orare. Exi nunc tu sponte de terrâ tuâ, de cognatione tua, et sic age, voluntaria tua electione, qualis ipsa jure naturæ tributum solvere, et virtutum meritis prædita coacta fuit ad Cœlum evolare.

De felicitate anachoretarum pauca dissero, neque de eorum gaudiis loquor, quia etsi sub cortice austeritatis ipsi trahantur, qui Creatori inserviunt remoti a sæculo, tamen tam ineffabilia sunt, quæ verbis exprimi non possunt. Dicam etiam in deserto descendere manna a cœlo, et eam gustare non denego, et cœlesti hoc cibo vescor, et socium, et ducem meæ consolationis angelorum omnium principem S. Michaelem archangelum et Cœlorum Reginam Mariam habeo Dominam. Ah, Pater mi, si jam lacrymis meis commotus fuisti, et cessisti : cur nunc non meis rationibus? Cum sim filius tuus, nequeo hac cœlesti felicitate frui, quin mecum te optem, et participem te faciam de tali gaudio, et cœlesti pane. A legibus damnatus essem si te cohæredem bonorum meorum non vocarem, et fructum non dedissem tibi ex eis. Cupio tecum vivere, et cum Christo Deo meo ut vivas exopto, et amplector te in Deo, et cum ipso. Amen.

EPISTOLA AD S. ODILONEM ABBATEM CLUNIACENSEM

De Morte Ottonis Guillelmi Comitis Burgundiæ et de Monachis ejectis a monasterio Veziliacense.

Melle, favoque dulciori Domno P. O. Frater Guillelmus cum cæteris fratribus summæ felicitatis munus. Omnes, quæ circa vos sunt flagranti desiderio certi esse cupientes litterulas vobis misimus, horum, quæ apud nos geruntur indices. Interius quidem divina gratia, vestrisque meritis suffragantibus, bene valemus. Exterius vero, credimus, quibusdam infortuniis graviter fatigamur. Audistis jam, ut credimus, rebus humanis excessisse Comitem Guillelmum, et apud Divionem sepultum. De obitu Comitis Richardi missum non habuimus, nec aliquid didicimus, nisi quantum a dicentibus audivimus. Præter ea innotescimus paternitati vestræ, quod monasterium Veziliacense, agente Landrico Comite, monachis ejusdem loci, cum Abbate turpiter ejectis Dommus Otto suscepit, sine consultu episcopi Augustodunensi. Hac de causa in tanta ira contra vos, et nos, locumque nostrum concitatus est, ut non solum mala, quæ per se, suosque poterit, minatur nobis irrogare, monasterium videlicet Magabrense auferrendo, et omnia altaria, quæ in suo episcopatu habemus, excommunicando ; sed, et omnes quotquot potest episcopos, clericos, laicos

cujuscumque Ordinis, aut dignitatis in nostras ini-
micitias commovendo. Excommunicavit etiam nostræ Congregationis fratres, ut nullus jam dicto loco
inhabitet, ecclesiamque ingrediatur, vel aliquid
divinum officium in ea celebrare præsumat. Ipsi
vero fidentes apostolicis privilegiis, quibus libertas
ejusdem loci ab antecessoribus provisa est, pro
nihilo ejus sententiam computaverunt, et nihil de
interdictis dimittere curaverunt. Sed litteras de hac
causa ab eo directas despectui habentes in terram pe-
dibus conculcandas projecerunt; unde non solum ipse
majori ira accensus est, sed et apud omnes, longe,
lateque hoc audientes grandis calumnia contra nos
exorta est. Universi enim, qui hæc audiunt non
solum inimici, sed et qui ante videbantur amici,
illius injustitiam contra nos auctorizant, nosque
inauditæ præsumptionis, et etiam apud sæculares
horrendæ cupiditatis inculpant, dicentes non licere
qualemcumque Abbatem a proprio honore, qualibet
ex causa, amovere, sine canonica examinatione, et
judicio episcopi, ad cujus diœcesim noscitur pertinere. Hæc et ejusmodi quamplura, non modo ab
æmulis, verum, et a consentaneis audientes, et ab
episcopo vinculo anathematis, quo fratres ligaverat
ut absolveret nullo modo antequam relicto loco
cum suis omnibus ad vos reverterentur impetrare
valentes, aliud consilium salubrius invenire nequi-
vimus, præter quod ex vestra parte eis mandavimus,

ut ad vos revertantur quantocius : ne aliquis periculo excommunicationis subjaceat subita morte præventus. Hæc vero an Comes Landricus permittat, vel ipsi velint facere, nobis manet incertum. Quæ cuncta vobis intimare curavimus cupientes vestram voluntatem, et jussionem de his omnibus littera vestra cognoscere quantocius. Valete.

EPISTOLA. AD FRATRES DIVIONENSES

Qua conqueritur, quod tarde miserint Fructuariam de S. Odilone, et de obedientia ei debita

Frater Guillelmus Abbas cunctis Fratribus Divionense cœnobium incolentibus Christi gratiam, æternamque salutem. Quod tarde Domini, sanctissimique Patris Odilonis mihi adventum mandastis, valde effectus sum tristis, quia quem longe positum dulcissimæ ac benignissimæ gratia consolationis decreveram quærere, propriam visitantem patriam non potero videre. Cui quantum potestis servitii vice mea, vestraque precor, ac moneo exhiberi, ne causa nostræ absentiæ ejus obsequium in aliquo contingat negligi. Fratres quoque omnes moneri volo, ut tanti respectu Patris studiosiores fiant in Christi servitio. Ego vero alibi positus pro posse vestris insisto profectibus, quos Deus augeat vestris juvando precibus.

EPISTOLA AD P. JOANNEM XX

*Qua eum hortatur dona temporalia, maxime quia
per orbem Italicum spiritualia auri argentive
pretio distrahebantur.*

Parcite, quæso, parcite, qui dicimini sal terræ
et lux mundi. Sufficiat hominibus jam semel Christum fuisse venditum pro communi salute universorum. Jam enim refugæ veri luminis solo nomine
Pastores ovile Christi, imno membra illius, videte
post vos, quo eant. Si juxta fontem tepet rivus, in
longinquum fœtere nulli dubium est. Idcirco cura
quibusdam venditur ad suum interitum. Volo vos
Pastores ac Pontifices omnes in commune judicis
securim gestantes ante januam assistentis memores.

EPISTOLA AD EUMDEM S. PONTIFICEM

*Qua eum monet ne Ecclesiam Constantinopolitam
universalis nomen sibi attribuere patiatur.*

Gratia Dei, et reverentia B. Petri apostoli sedi in
orbe terrarum Excellentissimo indepto Papæ
Johanni, Guillelmus Cruci Christi servus sedem judicii cum Apostolis et coronam regni.

Magistri Gentium dictis instruimur seniorem non
increpandum. Idem tamen alias dicit : *factus
insipiens ... vos me coegitis.* Idcirco igitur filiationis

diligentia hortamur communem vestram Paternitatem, ut in uno imitemini cogitationes hominum providentem Dominum Salvatorem, ut dicatis ad aliquem vobis unanimum, quemadmodum et ipse Petro. *Quid dicunt homines de me?* Si vero responsum ejus de fide fuerit, animadvertite qualiter sonuerit; si clare, custodite ne obfuscetur; si vero obscure, lux mundi oranda est, qualiter ita fulgentes, ut universis in gremio Ecclesiæ constitutis, ad viam mandatorum Dei gradiendum lumen præbeatis. Sed est fama rei, quæ nuper apud nos accidit, de qua quis audiens, si non scandalizatur noverit se longe ab amore superno disparari. Quoniam licet potestas Romani Imperii, quæ olim in orbe terrarum monarches viguit, nunc per diversa terrarum loca innumeris rogatur sceptris, ligandi solvendique in Cœlo, et in terra potestas incumbit magisterio Petri. Atque idcirco ista diximus, ut animadvertatis non aliter Græcos quam cœnodoxia hoc quod audivimus apud vos requirere impetravisse. De cetero quoque optamus, uti universalem decet antistitem vos acrius in correptione et disciplina sanctæ Apostolicæ Ecclesiæ vigere, æterneque et feliciter in Christo valere.

EPISTOLA AD MONACHOS

*De obedientia Patribus præstanda et de humilitate
servanda ab his qui in deserto degunt.*

Nihil itaque sic Deo placet, quomodo obedientia.
Cham (vel Caïn) maledictus fuit et post multa
sæcula manet ejus maledictio. Quod dicitur « *semen
Chanaan et non Juda* » quia patri non est obsecutus. Ceterum Sem, qui est obsecutus patri
benedictionem habuit in omnia sæcula. Hoc itaque
dico: non est filiorum judicare de patribus. Nemo
vadit ad magistrum, et docet didascalum suum.
Venisti ad me, ut docerem te litteras: si tibi scrip-
sero, et dixero tibi, scribe quomodo rego, et ego
scribo, utique imitari debes, quem magistrum eli-
gisti. Aliquis doctus est? Et vadis ad peritiorem
magistrum. Hoc totum quare dico? Ut obedientiam
exhibeamus in patres nostros. Quia qui patribus
non obsequitur, Deo non obsequitur. Dicit enim
Dominus: « *Qui vos spernit, me spernit* ». Quoniam qui contemnit Apostolos, contemnit Christum,
qui contemnit Patres, contemnit Christum qui
in patribus est. Hoc dico, quia hic in nobis
summa, et sola virtus est obedientia. Si jejunaveris
diebus ac noctibus, orationemque feceris, si in sacco
fueris, et in cinere, si aliud nihil feceris, nisi quodcumque præceptum est in lege, et tibi fueris, quasi
sapiens, et obediens patri non fueris, omnes virtutes

perdidisti. Una obedientia plus valet, quam omnes virtutes aliæ. Jejunium, vel continentia, nisi te diligenter attenderis, superbiam tibi facit: superbia autem inimica est Deo. Nihil sic odio habet Deus, quam superbiam. Quicumque non obedit non facit de sanctitate, sed de superbia. Ideo enim non obedit, quia meliorem se credit illo, cui non obedit.

Similiter dico vobis: omnia peccata odio habet Deus, mendacium, perjurium, furtum, latrocinium, adulterium, fornicationem, in quibus, si quis deprehensus fuisset, non posset oculos levare, sed sic eum haberemus quasi execrabilem: si quis superbus est, multo pejus peccatum facit quam adulterium, et tamen loquitur cum eo. Qui fornicator est, potest aliquid dicere: vicit me caro mea, superavit me adolescentia mea. Non quod semper facere debeat siquidem, et hoc odio habet Deus, sed in comparatione mali dico, quicumque autem aliud peccatum fecerit, verbi gratia, si furtum fecerit, excusare potest. Quid enim dicit? Propterea furtum feci, quia egebam, quia fame moriebar, vel quia ægrotabam. Superbus quid dicere potest? Ideo superbus quodcumque malum facit, quid excusationis, non habet. Cetera vitia eis nocent, qui ea committunt; ceterum superbia plus omnibus nocet. Hoc ergo dico ut non cogitetis modicum peccatum esse superbiam. Nam ergo quod dicit Apostolus: « *Ne quis*, inquit, *incidat in judicium diaboli.* » Vide ergo quoniam quicumque inflatur in judicium diaboli incidit. Hoc ergo dico secundum, quod scriptum est: « *Deus superbis resistit, humilibus autem dat gratiam,* » ut omnia quidem peccata fugiamus, maxime autem superbiam. Dico vobis de superbia semper tibi sapiens videtur si quis de fratribus dederit ei consilium, et dixerit ei frater, non debes sic agere; non eum dignatur audire, quia se magis sapientem putat quam illum, qui dat consilium. Et quid dicit in corde suo? Ego mihi sapientior: ego ergo non habeo consilium? Numquid tu es sapientior me, licet non dicat, tamen ex eo quod contemnit consilium fratris in corde suo loquitur.

Ergo hoc dico: qui superbiam habet, sine causa habet alias virtutes. Habet virtutes? Imo non habet, sed videtur habere. Qui enim hoc habet, quod contrarium est Deo, quomodo potest aliquid habere, quod amicum sit? Superbia in monasterio quare fiet? Si jejunamus erigimur, si orationem facimus pro peccatis, et in superbiam erigimur. Aliquis jejunat pro peccatis suis, et pro peccatis suis agit pœnitentiam? In superbiam elevatur. Ideo jejunas, ideo oras, ideo præcepta facis, ut contra Deum facias.

Monachus si superbus est, multo melius ei erat, si uxorem duxisset. Ego simpliciter dico et libera fronte dico. Hoc dico, quod quicumque superbus est, melius erat ei (et hoc in comparatione mali dico) ut omnia alia vitia haberet, et ex malis suis inclinaretur ad pœnitentiam, et non omnes despiceret. Si autem post peccata ageret pœnitentiam, utique Dei misericordiam inveniret. Qui autem superbus est, omnium malorum habet principium, et non agit pœnitentiam, quasi justus sit. Propterea superbia contraria est Deo, quia Deo non subjicitur. Sic enim se habet quasi justus, superbus qui non agit pœnitentiam pro malis suis, et gloriatur quasi pro bono.

Hæc quare dixerim, et vos ipsi intelligitis, et aliorum miseriæ, nostra debent esse exempla. Propterea venimus in monasterium, libertatem sæculi perdidimus, ut servitutem Christi accipiamus. Deinde ista de fratribus loquor, qui solent sedere longius a monasterio, ne eis nasci debeat superbia de exemplo. In cœnobio venisti, in eo vixisti, placuit tibi, ut maneres in decimo milliario? Non debet synaxim sanctorum fratrum contemnere. Non te ideo viliorem putes, si ad fratres veneris in civitatem. Si necessitatem haberes ire, et videre mulieres, et necesse habuisses ire ad plateas, recte non ires. Ad synaxim sanctorum fratrum non vadis? O vos, qui manetis in secreto, aut meliores estis fratribus, qui sunt in cœnobiis, aut pejores: si meliores estis, venite, ut discatis, quæ nescitis. Superbia nascitur, quando aliquis dicit se secretum sedere, et fratres non dignatur videre, et visitare, et in superbiam erigitur. Hæc propterea loquor præsente sancto fratre, qui hoc opus facit: ut hoc quod ego loquor huic sciatis, et opere facere.

Denique multi sancti patres, qui vere patres pœnitentes sunt, qui regunt animas sanctorum, quando aliquos viderint juniores ire ad deserta, et ad cœnobium non venire et in superbia esse, vadunt, et vim eis faciunt, et adducunt eos, non ut noceant, sed ut tollant eis superbiam. Hoc propterea dico, ut illi, qui monent in secretis et veniunt ad cœnobium, et fratres visitant, ab his, qui sunt in cœnobiis non arceantur, non arguantur quasi impatientes, sed quasi qui humiles sint. Nemo dicat de vobis, ecce ille, qui in eremo sedet, quia non patitur venire; propterea venit, ut te ædificet, non ut destruat, et ut superbiam perdat. Videte qualis vitæ sit. Vivit in deserto, et tamen gloriam non habet eorum, qui in deserto sunt.

Deus itaque omnipotens omnia quæ locutus sum orationibus sanctorum nos quoque implere faciat. Nihil enim grande est dicere, sed facere. Sed ego, quod facere non possum et loquor. Ideo loquor, ut qui potest facere faciat. « *Qui habet aures au-diendi, audiat* » in Christo Jesu Domino nostro, cui honor, virtus, et potestas in sæcula sæculorum. Amen.

EPISTOLA AD ADOLESCENTES

De religiosâ conversatione et confessione sacerdotali

(Ex. cod. Vati. 143. p. 108)

Dilectissimis in Christo filiis bonæque spei adolescentulis, 'qui in ecclesia Deo Jesu deservire videntur atque ab ecclesiasticis erudiuntur magistris in domo Dei.

Ego, Guillelmus, bene cupiens salutis vestræ æternæ prosperitatis in Christo Deo salutem.

Desiderans vos, filii carissimi, in salute animarum proficere vestrarum, ideo aliquas paterno affectu vobis admonitiones dulci sermone dirigere studui, ut per eas præsentis vitæ prosperitatem, et futuræ, Deo miserante, beatitudinem habere mereamini, et fragiles vestræ ætatis annos in Dei servitio edocti ad profectum senectutis diem adducere. Vos quoque, sancti patres, lumina hujus paternæ congregationis doctores et ductores in omni bonitate juventutis, deprecor, ut admoneatis eos, id est discipulos vestros, ut studio se discant, quæ Deo placeant et ad salutem animarum pertineant suarum, quatenus ex illorum profectu et prosperitate vos perpetuam apud Dominum habeatis mercedem. Exhortamini illos sobriè, castè, pudicè cum omni humilitate et obedientia Deo servire in bonis moribus, et sancta conversatione, et religiosa castitate, et maxime de confessione, quia multæ sunt contra

adolescentulos diabolicæ fraudis insidiæ in desiderio
carnali et ceteris adolescentiæ vitiis. Sed nihil,
Deo donante, proficit in sua malitia diabolus, si
puram volunt juvenes facere confessionem et fructus pœnitentiæ agere, id est ut vulneribus vulnera
non super adjiciant et sanata non resauciant. Salutare siquidem pœnitentiæ est remedium pœni-
tenda iterum non perficere ; scriptum est enim :
« *Pœnitentibus Deus dedit partem justitiæ* » (1).

Age igitur pœnitens, propria scelera confitere,
pande per confessionem tuæ iniquitatis secretum ;
nota sunt Deo quæ in occulto fecisti, quæ, si non
dixerit lingua, non poterit celare conscientia. Frustra inter parietes tua æstimas crimina abscondi ;
patet Deo omne quod absconditum putas ; etsi
hominis oculos in peccatis effugere valeas, nullatenus Dei aspectum latere poterit, quidquid gesseris.
Dic per confessionem peccata antequam judicis
iracundiam sentias. Crede mihi totum veniale erit
quod peccasti, si confiteri non erubesceris et per
pœnitentiam purgare curaberis, dicente Psalmo-
grapho : « *Dixit adversum me injustitias meas
Domino, et tu remisisti impietatem peccati mei* » (2).
Exspectat Dominus a nobis confessionis sacrificium,
ut præstet nobis delectabile indulgentiæ munus,
« *qui vult omnes homines salvos fieri et neminem*

(1) Eccl. xvii, 20.
(2) Ps. xxxi, 6.

perire. » (1) Eo dicente in alio loco Scripturæ : « *In quacumque die peccator conversus fuerit et ingemuerit, omnia peccata sua oblivioni traduntur.* » (2)

O singulare clementissimi Judicis beneficium ! O magnificum divinæ pietatis thesaurum ! Propter hoc a peccantibus vult confessionis munus accipere, ut non inveniat quo dulcis esse debeat Non simus ingrati tantæ benevolentiæ Redemptoris nostri, qui magis vult ignoscere quam punire, magis salvare quam perdere: Adquiritur Domino quod non punitur in servo, et magis confertur auctori, si deputatus pœnæ, veniæ condonetur. Nec optat ulcisci qui paratus est misereri, ipso de se per Prophetam dicente. « *Nolo mortem peccatoris sed convertantis vitam.* » (3) Unde et in Evangelio ipsa veritas ait : « *Sic erit gaudium in cœlo coram Patre meo et angelis ejus, super uno peccatore pœnitentiam agente.* » (4) et in Propheta: « *Dic tu injustitias tuas prior, ut justificeris.* » (5) Ecce benignus est largitor veniæ, qui præbet pro luctu temporali æternitatis gaudium, ipso dicente : « *Beati qui lugent nunc quoniam ipsi consolabuntur.* » (6) Et in alio loco: « *Venite ad me omnes qui laboratis et onerati estis, et*

(1) I Tim. ii, 4.
(2) Ezech. xxxiii, 12.
(3) Ezech. xxxiii, 11.
(4) Luc xv, 7.
(5) Ps. xxxix.
(6) Math. xi, 28.

ego reficiam vos. » (1) A te enim (ut diximus) *dic tu prior injustitias tuas, ut justificeris* et non condemneris, ut maneat in te præmium pœnitentiæ, non vindicta peccatorum. Numquid quasi nescius Dominus confiteri hortatur peccata qui priusquam gesta essent præsciebat, cujus providentiæ omnia patescunt occulta. Tunc enim poteris perfectum consequi beneficium medicinæ, si non celes medico tua vulnera conscientiæ. Opinor enim nisi interpelletur medicus, non curatur ægrotus. Confessio tua medicina est vulnerum tuorum et salutis tuæ certissimum subsidium. Homo æger a medico quærit medicinam, qui sæpe incerto labore desudat in ægroto ; Deus vero sine labore sanat, sine tarditate medicamenta veniæ præstat, si devota lacrymis scripta in auribus pietatis suæ legatur pœnitentia. Nullus te homo melius reficit, quam qui fecit, nec alius sanat, nisi qui flagellat et curat. Solus novit enim operis sui fragilitatem, qui hoc tantum exspectat ut fatearis ; mora non erit ut saneris. Qui per prophetam Ezechielem ait : « *Cum conversus fueris et ingemueris, tunc salvaberis* » (2) Datur nobis a benignissimo judice locus accusandi nosmetipsos in peccatis nostris coram sacerdote Dei, ne iterum accuset nos in eis diabolus coram

(1) Math. v, 5.
(2) Ezech. iii, 19.

judice Christo. Vult ut ignoscatur in hoc sæculo ne puniatur in futuro. Igitur pius Pater, dum videt per pœnitentiam peccata nostra a nobis damnari, gaudet misereri, et proprium exercere munus misericordiæ in pœnitentes optat, sicut per Isaiam testatur : « *Ego sum qui deleo iniquitates tuas.* » (1) Et iterum : «*Convertimini ad Dominum Deum vestrum* ; *quia misericors et pius est, patiens et multæ misericordiæ.* » (2) Hoc sciens David ait :   « *Peccatum meum cognitum tibi feci, et injustitias meas non operui.* » (3) E contra, si peccatum, quod fecerit homo, negatur, pœna reatus accumulatur, quia punitur contumacia in sceleris negatione.

Sed dicis forsitan : me terret magnitudo peccatorum meorum; quinimo tanto magis insistendum est tibi, o peccator, in medicina confessionis, ne pereas in putredine vulnerum. Si medico erubescis aperire multiplices vulnerum dolores ; nullatenus divinæ abundantiam clementiæ numerositas tuorum superare poterit peccatorum : « *Ne tardes de die in diem*, dicit Scriptura, *converti* (4); » quia nescis quid superventura pariet dies, quia qualem te ultimus invenerit dies talis judicaberis. Nec te voluit Deus illum præscire diem, ut semper paratus

(1) Isaje XLIII, 25.
(2) Ioël II, 13.
(3) Ps. L.
(4) Eccl. V, 8.

esses; qualem optas ante judicem stare, talem te parandum habes tempus operandi. Esto negotiator devotus : *Eme tibi regnum Dei pœnitentiæ lucris*, memor Domini dicentis : « *Pœnitentiam agite, et appropinquabit vobis regnum Dei* (1). » Pro te igitur, o juvenis, Deus homo factus est, ut te salvaret in vitam; seipsum tradidit in mortem, ut te redimeret. Quid tu jaces in morte scelerum? Surge et dic : « *Pater, peccavi in cœlum et coram te* (2). » Adduc tibi tuæ pœnitentiæ testem fidelem. Munda vis habere vestimenta? Quare non multo magis quæris mundam habere animam? Sordidus procedere non vis in conspectu hominum? Quare non multo magis quæris mundam habere animam? Sordidus procedere non vis in conspectu hominum? Quare non multo magis sordidum peccatis te procedere in conspectu Dei? Lava te lacrymarum fonte, ne quid in te illius oculus majestatis offendat. Quis, rogo, cadens, non quærit surgere? Quis infirmatur, et non desiderat convalescere? Quis periclitatur, et non optat evadere? Pœnitebit te postmodum tarditas, si non cogitaveris quod animæ tuæ proficit ad salutem.

Exurge, fili, exurge, placare Patrem pœnitentia quem offendisti scelere. Confitere culpam, ut sa-

---

(1) Hæc mutuata a S. Columbano.
(2) Luc xv, 18.

neris a medico, esto in tuâ sollicitus salute. Si tu
ipse tui ipsius non habes curam, quis tibi prodesse
poterit, vel quis tibi fidelis erit, si tu ipse tibimet
infidelis esse probaveris? Infidelitas est magna, te
non curare de salute tua, te morientem in peccatis,
non ressuscitare per pœnitentiam. Quanto longius
recessisti pro scelerum magnitudine a Deo, tanto
fortius per pœnitentiam adpropinquare studeas.

Clemens Pater paratus est accipere, si non tar-
daveris revertere. Aspera tibi videtur conversio,
carnalia relinquere desideria; sed tibi multo durior
conditio æternis te tradere flammis, et pro modico
tempore luxuriæ, pœnis tradi perpetuis. Quantum-
modo infernalibus deputati tormentis converti vo-
luissent, si spatium illis daretur convertendi. Omnia
quidem hujus sæculi dura in comparatione tormentorum infernalium, levia, et quodammodo jucunda
videntur. Servisti diabolo in luxuria, servi Christo
in castitate, utriusque rei finem attende. Illa siquidem, id est luxuria, hominem mittit in flammas.
Castitas, caritati conjuncta, nos deducit in regnum
Dei.

Revertere in viam, de qua aberrasti. In jejuniis
corpus afficitur, sed pulchritudo animæ reparatur,
vilis fit corporis cultus, sed ipse præcipuus est sanctitatis ornatus; vigiliarum assiduitas in orationibus
et laude Dei, angelicæ est imitatio vitæ. Parcus cibus est pastus animæ. Si habes unde pauperibus

eroges, porrige manum ; quia manus pauperis
gazophilacium Christi est, nec de bono opere misericordiæ te juste excusare poteris, dum calix aquæ
frigidæ mercede remunerabitur perpetua ; visitare
infirmos, mœrentes consolari, hospitibus incurrere,
fame vel siti laborantes reficere possessio est regnum Dei in cœlis, sicut in Evangelio legitur. In
talium, o fili, operum executione peccatorum remis-
sio habetur, insuper et perpetuæ beatudinis præstat
ingressum. Noli degeneris animi esse Dei filius : in
Baptismo consecratus es ; sed tam excellens nobi-
litas dedignatur habere filios. Excute de collo tuo
jugum captivitatis diabolicæ, recurre ad pietatem
paternæ dilectionis, revertere ad Deum, fili, revertere et ex mortuo revivisce, et ex perdito reparare.
Quærit ovem bonus Pastor errantem et amplius
inventa, quam perdita gratulatur. Animadverte clementissimam dominicæ pietatis sententiam dicentis : « *Non enim veni vocare justos, sed peccatores* (1) ; »
quia magis optat salvare, quam damnare, et plus
cum sanctis nos gaudere, quam cum diabolo punire.
Vocat nos per ipsum ; vocat per Scripturas ;
vocat etiam per doctores catholicos, ut reverta-
mus ad eum, qui paratus est nos accipere, si non
erimus pigri ad eum venire. Audiamus beatum
Joannem Evangelistam ad pœnitentiam nos exhor-

(1) Math. ix, 13.

tantem ; dicit enim in Epistola sua : « *Si dixerimus quia peccatum non habemus, nosmetipsos seducimus et veritas in nobis non est. Si autem confessi fuerimus peccata nostra, fidelis et justus Deus, qui nobis peccata nostra dimittat et mundet ab omni iniquitate* (1). » Si nullus est sine peccato, quis est qui pœnitentia non indigeat? Quæ sine confessione vix fructuosa fieri valeat? Consideremus Beati Jacobi Apostoli dicentis : « *Confitemini . alterutrum peccata vestra* (2). » Recordemur quod Redemptor noster publicanum peccatorem se confitentem, phariseo se in sua laudantem justitia prætulerit. Scit enim Conditor noster fragilitatem naturæ nostræ. Ideo medicamenta pœnitentiæ vulneribus nostris prædonavit. Dicamus cum Propheta : « *Sana me Domine et sanabor; salvum me fac et salvus ero* (3). » Item. « *Domine, sana animam meam quia peccavi tibi* (4). »

Idcirco, carissimi filii, festinate ad confessionis medicamentum ; aperite vulnera in confessione, ut medicamenta proficere valeant in vobis. Transeunt hujus vitæ dies, et incerta est hora unicuique nostrûm, qua revertatur pulvis in pulverem et spiritus redeat ad Dominum, qui dedit illum, ut judicetur secundum opera sua. Auditura tunc erit anima

(1) 1 Joan. i, 8.
(2) Jacob. v, 16.
(3) Jerem. xvii, 14.
(4) Ps. xl, 5.

quidquid hic carne copulata gessit in occulto, si nunc erubescit confiteri peccata sua et per pœnitentiam emendari. Stabit accusator malignus contra eum, qui quondam suggessit illi, ut peccaret. Si nos neglexerimus prævenire faciem judicis in confessione, quæcumque enim humiliter confitemur in nostris peccatis, nihil horum diabolus habet potestatem in nobis objicere in illo tremendo judicio nostræ vitæ. Agite nunc, juvenes, adolescentes et pueri, liberate vosmetipsos de diabolica servitute, concurrite per pœnitentiam ad clementissimam Omnipotentis pietatem. Nolite per desideria carnis vestræ perdere cœlestia et æterni regni inter angelicos cœtus beatitudinem. Sed confortate vosmetipsos et viriliter pugnate contra adversarium vestrum, ut feliciter mereamini coronari cum sanctis Dei et perpetuam cum illis possidere gloriam.

Et vos, sanctissimi hujus familiæ magistri et patres, docete filios vestros piè, sobriè, castè, vivere coram Deo in omni humilitate, et obedientia, et sanctitate; et puram facere sacerdotibus Christi confessionem peccatorum suorum; et pœnitentiæ lacrymis abluere sordes luxuriæ carnis; nec eas iterum implere, quia posteriora vulnera pejora prioribus, scientes nosmetipsos salutis filiorum vestrorum æternam habere apud Deum remunerationem, quatenus quorum mysteriis utimini in terris, eorum prosperitates mercedem habeatis perpetuam in cœlis.

IV

TESTAMENTUM

« In nomine Sanctæ, et Individuæ Trinitatis notum fieri volumus fratribus nostris tam præsentibus, quam futuris ex omnibus Sanctæ Ecclesiæ filiis, cujuscumque Ordinis, honoris, et dignitatis, quod monasterium noviter constructum in loco, qui Fructuaria antiquo nuncupatur vocabulo liberrimum, atque absolutissimum constat ab omni subjectione debita, cuique Diœcesi, vel Monasterio, cujus rei causa exponere, et manifestare curamus, ne cuique subrepat male, et inconsiderate occasionis tumultus. Quidam frater noster carnali germanitate Gotofredus nomine, quum esset sub habitu sæculari, et libere degeret in paterna hæreditate elegit funditus sæculum relinquere, et post Deum ire. Denique expetens sanctum Divionense Cœnobium illuc volente Deo suscepit habitum monasticum. Verum omnes fratres ejusdem loci, qui præsentes fuerunt, et oculis hoc viderunt, hoc sciunt, et scire possunt, quomodo idem D. Gotofredus in prædicto loco nullam fecit legalem donationem ex proprio, quod reliquerat patrimonio, quia in eo successerat frater ejus Nitardus jure hæreditario, qui non multo post secutus est fratrem suum in prætitulato Divionensi Monasterio. Denique Robertus, qui solus ex fratribus suis remansit laicus inter cætera possessionis suæ dona ipse, et prædictus frater ejus Nitardus, quæ Domini contulerunt ad construendum Monasterium specialiter locum Fructuaria dictum, ita ut possidebant quietum, et solidum Gontardo venerabili viro Taurinensi Archidiacono tradiderunt, ut inde faceret legale testamentum, quod appellatur Judicatus, quod et factum est eo rationis tenore, ut postquam præfatorum fratrum possessioni transiret in Domini possessionem nullo modo primam, et antiquam perderet libertatis dignitatem. Ergo quoniam de hereditate nostrorum carnalium antecessorum fiebat hæres Christus per prædictorum duorum nostrorum germanorum manus. Tandem sicut incœptum est justo voto ita decenter expletum est adjuvante Deo interea confirmatum est, et stabilitum solide, et inconcusse, ne subjaceat ulli Episcopo, sive Monasterio, seu sæculari dominio, et corroboratum Imperialibus, et regalibus, sive episcopalibus præceptis, atque privilegiis. Insuper autem subnixum scripto Apostolico a Summis Pontificibus universalis Ecclesiæ prius a D. Papa Joanne, deinde ab ejus successore D. Papa Benedicto, ubi in Lateranensi Basilica sedebat undique circumfultus plena Synodo, in qua, exceptis Abbatibus, vel reliquis diversi Ordinis, seu dignitatis fidelibus, quadraginta affuere Episcopi cum S. Petri Cardinalibus, qui omnes testamentum, quod Domino Papæ Benedicto ipsi lectum fuit, post eum confirmaverunt, et signantes signaverunt, atque jaculo excommunicationis, et maledictionis pariter omnes illum damnaverunt, quicumque illum molestare tentaverit sanctionem tantæ auctoritatis, nemo movere debet ad occasionem quempiam ex nostris fratribus, sive aliquem loco insidiare volentem injustis conspirationibus, ut materiam hujus libertatis calumniandæ inde sumere conentur, quod in cœnobio, ubi superius nominati fratres sanctæ conversationis habitum susceperunt. Abbas sum ordinatus, et in adificando Monasterio Fructuariensi apposui manus. Quoniam et me defendit, sicut supra monstratum est, justa occasio, et locum tuetur ista restitutio, quia ab ingenuis possessionibus antiqua libertate liber est Deo donatus, et quia paupertacula eorumdem fratrum, et germanorum nostrorum non sufficiebat, ut stabiliretur ad votum virorum multorum præcipue Arduini Regis, et Bertæ uxoris ejus in Monasterio est fundatus. Præterea Nitardus inde per legale testamentum successor effectus patrimonium, quod reliquerat Gotofredus postea Fructuariæ legitima traditione donavit funditus. Sed ne quælibet justa occasione malæ susceptioni detrahendis seminarium nasceretur cum beneplacito D. Brunonis Episcopi de prædictis omnibus a voto nostro non discrepantis, et fratrum, amicorumque utriusque partis sumptas insigniora ornamenta ab eodem Monasterio, et in memoriam ipsius ad eum consolandum Divionem transmissas, scilicet textum unum auro, gemmis, et lapidibus mire ornatum. Casulam auro decoratam, et duæ stolæ deauratæ cum earum manipulis, et unum cingulum, atque quatuor amicti deaurati. Itaque causis redditis hujus descriptionis superest, ut confirmetur subsequentibus idoneis testibus cum certis testimoniis. Ad quam confirmationem etc. Ego Frater Guillelmus dictus Abbas veridica affectione, sicuti coram ipso loquens testor Dei pro amore in supradictis fideliter infudasse, et nunc propria subscriptione hoc testamentum confirmans omnes subscribentes ad æqualem hujus retributionis mercedem votis omnibus pro posse admitto, et sic præsentes, et absentes quam plures subscribere exoro testes.

PIÈCES

JUSTIFICATIVES

GÉNÉALOGIE MATERNELLE DU VÉNÉRABLE GUILLAUME

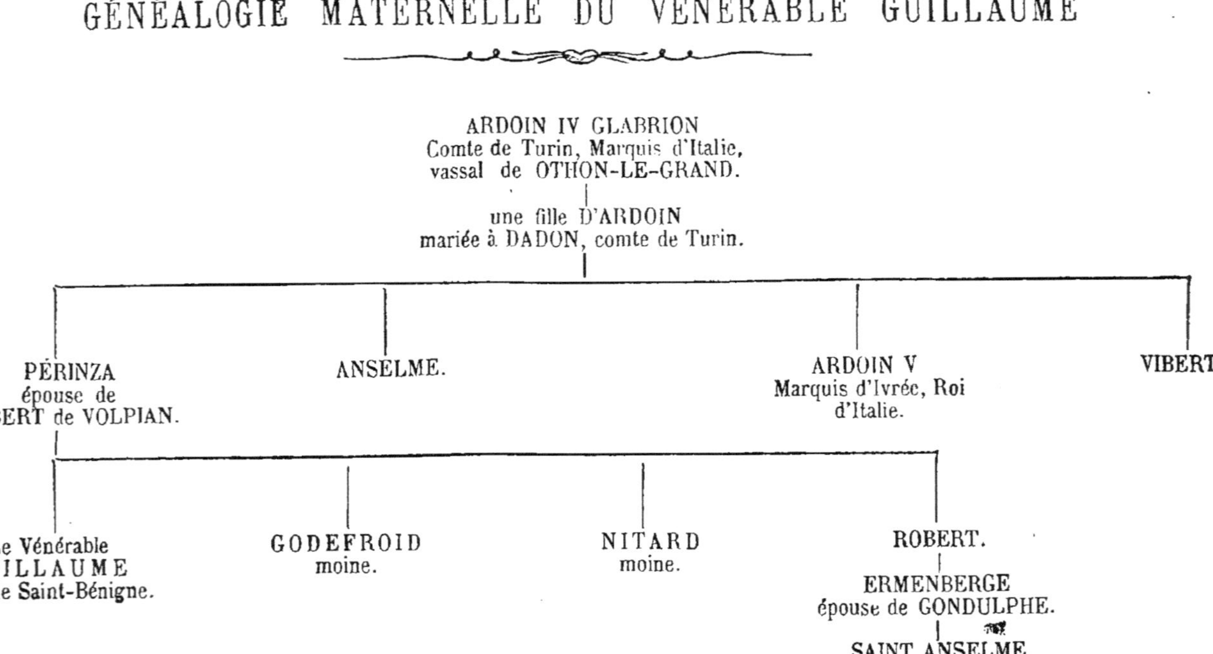

BULLE DU PAPE JEAN XVIII

IV NON. DECEMBRIS MVI

(Ughelli *Italia Sac.* III, pag. 356.)

Johannes Episcopus servus servorum Dei, Willelmo Abbati, salutem.

Quoniam concedenda sunt quæ rationabilibus desideriis pertinere noscuntur nostri Apostolatus auctoritas ad roborandam piam devotionem sancta loca construentium in præstandis privilegiis debet minime abnegari. Igitur innuendum in Dei charitate tuæ petitionis votum, quia per venerabilem *Vallerium Eduorum pontificem* a nobis postulare studuit, quatenus monasterium, quod ad laudem et gloriam Christi Domini nostri, et ejus gloriosissimæ Genitricis Virginis Mariæ, et sancti Martyris Benigni honorem construere jam summo cœpisti desiderio in Comitatu Ipporiensi inter duos fluvios, Orcum videlicet et Amalonem situm in loco qui dicitur *Fructuaria privilegiis Sanctæ Romanæ et Apostolicæ Sedis omnimodo decoretur firmissimæ stabilitatis corrobatione, et subluitione, ac patrocinio S. Universalis, cui Dei auctoritate deservimus Ecclesiæ jam ex hoc constitutum alterius nunquam juri et ditioni submittatur*. Ideoque justis faventes desideriis hac nostra decernimus Apostolica auctoritate, idipsum præfatum Christi Genitricis et Sancti Benigni, quod construere niteris monasterium, amodo et usque ad finem sæculi sub patrocinio et tuitione Sanctæ Romanæ et Apostolicæ Matris Ecclesiæ cum omnibus quæ ad illud pertinent, permanenda statuimus. *Namque sub Divini Judicii obtestatione et B. Petri Apostolorum Principis, nostræque humilitatis interdictione, ut nullus unquam Imperatorum, Regum, Episcoporum, Ducum, Marchionum, Comitum, nullusque hominum in quolibet ordine et ministerio constitutus molestare, causis vel ordinationibus ejusdem Monasterii violenter incumbere, aut in possessionibus vel ornamentis,* quæ ibi a fidelibus collata vel conferenda Abbati, fratribusque inibi secundum regularem insiitutionem, ut modo Deo servientibus temeraria præsumptione hujus nostri privilegii notitiam præsumat auferre, aut decimæ redditum ab eis exigere, seu de dominicatis terris hactenus excultis, pratis,

vineis, seu quibuslibet rebus vel animalibus, sive de omnibus
incultis, quæ eorum industria sunt vel fuerint exculta, sive in
ipso loco Fructuariæ, ubi situm videtur ipsum Monasterium,
vel ubicumque ipsi aliquid ex jam dicti Monasterii jure possidere visi fuerint. Contestamur quæ etiam etc. Saruientes quod
*tam Gontardi Judicatum quam episcopale Decretum pluri-
morum jam Pontificum, ad corroboranda quæ in ejusdem
Judicati cartula continentur, subscriptione firmatum* ex
auctoritate Omnipotentis Dei qui B. Petro Apostolorum primo,
claves regni Cœlorum tradidit , et ejusdem primi Pastoris, ac
nostra ipsius vices, quamvis indigne, gerentibus, presente
privilegii pagina confirmamus atque roboramus. Si quis autem
etc.

Dat. IV decembris MVI.

CHARTE DE LAMBERT ÉVÊQUE DE LANGRES

en faveur de l'Abbaye de Fructuare

(1017)

(Ex Guichenon Bibliot. Sebus., Cent. II, N° LXXIX, p. 306. —
De Levis præf., p. 32.)

Ego Lambertus sanctæ Lingonensis Ecclesiæ Episcopus. Notum fieri decrevit tam præsentibus quam futuris quod quidam
ex dilectis dilectus *Abbas* videlicet WILLELMUS adiit paternitatem nostram justis precibus ut synodali Decreto quoddam
testamentum, quod ad votum præventu mortis beatæ memoriæ
prædessoris nostri *Brunonis* adimplere nequivit benignitas,
nostræ benevolentiæ perficeretur auctoritate ; quod quidem
non immerito tanto facilius debet impetrare, quanto Dei co-
gnoscitur zelus id omnino postulare. Quidam enim suus carnali propagine *germanus* nomine GODEFREDUS ad sanctam ve-
niens conversionem, totum quodcumque habuit secum Deo
devote contulit, ea maxime intentione, ut de proprio suo cons-
trueretur Monasterium, quod ne *alicujus Episcopio vel Cœnobio fieret aliqua subjectione abnoxium.* Solerti pertractatum
est concilio, ut in quodam loco antiquitus FRUCTUARIA dicto

ædificaretur, quod legalem per chartulam a NITARDO ET RO- BERTO *germanis ipsius* GOTEFREDI cuidam *Guntardo Levitœ* traditum est, ut inde ipse faceret judicatus testamentum, sub liberrima omnino conditione. Quod et factum est, sed non sine multorum, maxime ARDUINI *regis* et BERTÆ *uxoris ejus* adju- torio ; quorum sagaci industria legali legaliter confirmata sunt testamenta et sancto *Divionensi* cœnobio non parvi pretii, ut patet, collata sunt ornamenta ; scilicet textum unum auro, gemmis et lapidibus mire ornatum, casula auro decorata, duæ stolæ deauratæ cum earum manipulis, et unacum cingulum atque quatuor amicti similiter deaurati, quod et ideo facere studuerunt, ut et locus unde Fructuariensis videlicet sumpsit exordium, his honestaretur emolumentis, et hoc memores in posterum non habeant unde scandalum struere iniqua possint voluntate. Et nos igitur æquitatis jura appendentes, et anima- rum lucris magis quam cupiditatibus pervesorum consulentes, sed et sancti prædecessoris nostri promissa complentes a pri- vilegiis quoque apostolicis atque decretis episcopalibus, a præ- ceptis denique Imperialibus ac Regalibus non discrepantes, *Fructuariense cœnobium* cum omnibus quas posidere videtur rebus tam mobilibus quam immobilibus in *nulla subjectione in nullo jure cuiquam nostri Episcopii pertinentiœ obnoxium proclamantes*, quinimmo sub proprio pastore, ut per omnia absoluta *libertate a Romana Sede sibi concessa potiatur*, et a sublato hujusmodi subjectionis vinculo constet alienum. Vo- lumus et nos, et statuimus sub *synodali Decreto*, ut nullus monacus, aut præscripti videlicet *Domini* WILLELMI *abbatis* successor contra præfatum locum aliquid querelæ vel calum- niæ inferat vel quidquam proprietatis subjectionis requirat. Ut sit igitur ipse locus *Fructuaria* dictus, nostra quoque auctori- tate inconvulsa stipulatione liber et absolutus, et ab omni querela immunis, et in fructificandis animabus semper Christo Duce sacris aptus incrementis testibus ex nostro clero admis- sis, nostra subscriptione signamus. — Signum Lamberti Lingo- nensis Sedis Episcopi. — Signum Beraldi archidiaconi. — S. Beraldi abbatis S. Stephani Divionensis. Actum apud Divio- nem publice III id. Januar. anno ab Incarnatione Domini MXVII, Indict. XV, regnante *Roberto* rege Francorum. Ego Oddo cancellarius in Synodo sanctæ Lingonensis ecclesiæ hoc testamentum perlectum, et ab omni Synodo laudatum et con- firmatum recognovi et subscripsi.

BULLE DU PAPE BENOIT VIII

PUBLIÉE DANS LE CONCILE DE LATRAN

In nomine sanctæ et individuæ Trinitatis, amen. Anno, qui computatur ab Incarnatione Domini MXV, residente in synodo domino et glorioso papa Benedicto juxta Basilicam Lateranensem, *adfuit quidam Abbas Willelmi nomine* a materno universalis ecclesiæ sinu suppliciter exposcens, videlicet ut monasterio Fructuariensi, quod in honorem Dei et Domini nostr. J. C., ejusque intemeratæ Genitricis, in paterno solo cons-[i] truxerat apostolica dignitas libertatis suffragium exhiberet, cujus Romanæ Sedis non contemnenda sublimitas assensum idcirco tam facillime præbuit, quia præfatum monasterium in deserto loco, unde nullus unquam Episcopus alicujus decimæ redditum noscitur habuisse, fundavit, et apostolica regalia, necnon etiam Imperiala testamenta acquisivit justum votum justumque laborem pie cunctis juvantibus. Præterea idem ipse *Varemundus Hiporiensis Episcopus in cujus Episcopii limite idem locus situs esse videtur manu propria firmavit, pluresque firmare rogavit Episcopos testamentum,* ubi sub excommunicationis nostræ minatione prohibetur temeraria cunctorum hominum audacia, videlicet ne quis Regia, Episcopalis, vel cujuspiam mundani vel ecclesiastici ordinis dignitas valeat sub quacumque occasione sæculoris accubitus vel ecclesiasticæ Religionis habitatores illius loci ullo modo inquietare ; unde etiam Dominus Benedictus universalis Pontifex ad confirmationem testamentorum omnium, unde corroboratus est locus ipse Fructuariensis, sacro suo etiam dotavit privilegio. Insuper hoc, cui hæc sancta synodus favens subscriberet, exarare benigne præcepit decretum.

PRIVILÉGE DU ROI ROBERT

AU MONASTÈRE DE FRUCTUARE

(1023)

(**Ex** diplom. Roberti Francorum Regis apud Mabillon
acta S. S. O. S. B. sæcul. VI, p. 467. — Migne
Patrolog. T. 141, col. 961, epist. 12.)

In nomine sanctæ et individuæ Trinitatis. Ego Robertus gratia Dei Francorum rex.

Noverit omnium sanctæ Matris Ecclesiæ fidelium industria ut præsens sed etiam futura, quod quidam noster Comes *Guillelmus* nomine nostræ serenitatis adiit præsentiam rogans et obnixe postulans ut quamdam ecclesiam in honore S. Martini sacratam in suburbio Belnensis castri sitam olim abbatiam sed jam omnino destructam quam etiam jure nostri beneficii possidebat se mihi liceret credere, eo conventionis ténore ut eamdem ecclesiam *cuidam congregationi in loco Fructuariæ juxta Alpes* Deo regulariter servienti quominus traderemus perpetualiter habendam. Cujus rationabili et dévotæ petitioni libenter condescendere volui, quoniam eidem cœnobio jampridem quamdam abbatiam sanctæ Mariæ in suburbio Cabilonensi sitam cum ecclesia Busciani et Alodum Cassiniaci cum ecclesia ejusdem Villæ per præcepti firmitatem concesseram. Quæ omnia dedi instinctu et petitione Domini *Guillelmi Abbatis* ejusdem loci *Fructuariensis devoti fundatoris* interveniente et subscribente Gosfrido Cabilonensi episcopo cum reliquis episcopis qui interfuerunt Concilio nuper *Ariaci* habito. Innotesco igitur cunctis prædictam Belnensem ecclesiam *Guillelmum comitem* mihi reddidisse et me eam Fructuariensi cœnobio dedisse, erga quem locum taliter nostræ benevolentiæ inculcamus affectum, ut quicumque in omni nostræ ditionis regno pro redemptione peccatorum suorum aliquid in ibi conferre voluerit nostræ auctoritatis habeat assensum, et sicut nostri præcepti auctoritate firmavimus, ita etiam legaliter dandi in posterum habenda absque declamatione decernimus, et harum rerum conventionem annuli nostri impressione signamus.

Actum Avaloni anno Incarnati Verbi 1023 regnante Roberto 27º Ego Balduinus cancellarius relegendo subscripsi.

LETTRE DE BENOIT VIII

A BRUNON ÉVÊQUE DE LANGRES

(1012)

*[Ex Pérard, recueil de pièces curieuses servant à l'hist. de
Bourgogne pag. 172. — Paris 1664. —
Migne Patrolog. T. 139, col. 1579].*

Benedictus sanctæ universalis Ecclesiæ præsul, Brunoni
Lingonum præsuli, salutem et apostolicam benedictionem.

Monasterii martyris Benigni, quo WILLELMUM *in sancto
proposito studiosum monacum* abbatem a te didicimus ordi-
natum, privilegia prædecessorum meorum, præcepta etiam
filiorum nostrorum regnum Franciæ a te, vel ab *ipso abbate*
mihi transmissa relegi, atque ut tua ponebat bonitas corroboranda statui. Quicumque igitur de burgo, claustro, cimeterio,
potestatibus appendiciisque omnibus quæ juris prædicti sancti
noscuntur, ipsi sanxerunt, et quæ antecessores tui suis decretis censuerunt, hæc Dei Beatique Petri Apostoli, et nostra auctoritate privilegii nostri littera confirmandum decrevimus.
Harum si quis contrarius transgressor exstiterit, anathematis
mucrone se a nobis multatum pro certo noverit. Monemus
etiam prædictum locum tua protectione defendi ab externorum
infestationibus et a tuorum importunitatibus; et quoniam novimus te, quod successores tuos timemus non agere proposito
religionis favore monasticæ, et eumdem locum a te construi et
amari, ideo prohibemus, *denominato abbate suppliciter exo-
rante,* a te vel a tuis successoribus divinum ibidem officium
interdici; quod etiam beati Gregorii auctoritate confirmamus,
qui Joannem episcopum de urbe veteri pro hoc ipso increpat
et interdicit, ne in cœnobiis divina officia celebrari prohibeat,
quia quoties vel aliquid inusitatum in monasterio geritur, tenor
inde regularis impeditur, non parum a custodia religionis
relaxatur. Quo exemplo decernimus in Divionensi monasterio
divinum officium pro Sanctæ Statu Ecclesiæ continuo celebrari,
quatenus frequentata celebratio missarum et orationum turbines ac procellas infestantium valeat sedare, nisi, quod absit,

Lingonensi Ecclesiæ vel eidem monasterio, infractione, aut
præsulis prædictæ Ecclesiæ proditione sive captione aliquo
modo accidente, pro quibus sponte debent ab officio cessare.
Valete.

Data pridie Kalende decembris, per manus Petri Sanctæ
Apostolicæ Sedis bibliothecarii, indictione X.

LETTRE DE BENOIT VIII

AU VÉNÉRABLE GUILLAUME

*Par laquelle il affranchit le monastère de Dijon de la
juridiction épiscopale.*

(1012)

*(De Levis vita pag. 93, N° IX. — Pérard Recueil pag. 273.
— Migne Patrolog. T. 139, col. 1582, N° II).*

Benedictus Papa sanctæ universalis Ecclesiæ præsul, dilecto
in Christo Jesu filio *Willelmo* abbati Monasterii Divionensis,
ejusque successoribus regulariter substituendis salutem et
Apostolicam benedictionem.

Ex injuncto nobis officio sanctorum locorum quieti debemus
invigilare, ut quanto quietius, tanto devotius in eis Domino
serviatur. Propterea, carissime fili Willelme, petitionibus tuis
annuentes Monasterium vestrum sub protectione Apostolica
conservandum statuimus, et ne ab Episcopo Lingonensi aut
ejus successoribus divinum in ipso Monasterio interdica-
tur officium prohibemus. Quod etiam B. Gregorii auctoritate confirmamus, qui Joannem episcopum de urbe veteri pro
hoc increpat et interdicit, ne divinum officium prohibeat in
cœnobiis celebrari, quia quoties hoc, vel aliquid inusitatum in
Monasteriis geritur, tenor inde regularis impeditus non parum
a custodia Religionis relaxatur. Quo exemplo decernimus in
Divionensi Monasterio divinum officium pro statu sanctæ
Ecclesiæ continue celebrari ; quatenus frequentata celebratio
missarum et orationum, turbines et procellas infestantium

valeat sedare, nisi, quod absit, Lingonensi Ecclesiæ, vel eidem Monasterio infractione, aut prædictæ Sedis Præsulis captione aliquo modo accidente, pro quibus sponte debent ab officio cessare, omnium etiam Monachorum tuorum quoslibet excessus secundum Dei timorem et B. Benedicti regulam, paterna animadversione habeas castigare, vel ulli Episcoporum liceat interdicti proferre sententiam, seu quibuslibet angariis vel indictionibus fatigare, quamdiu ipsi Monachi vestræ disciplinæ subdi voluerint, et regularibus institutionibus supponi. Quæcumque vero privilegia Prædecessorum meorum, quæcumque præcepta Regum vel Imperatorum, quæcumque scripta Lingonensium Antistitum, aliarumque personarum idem Cœnobium noscitur possidere, nos præsenti decreto corroboramus, necnon possessiones, dignitates, atque libertates, quæ in ipsis paginis continentur annotatæ, auctoritate B. Petri et nostra, integras et illibatas perpetuo manere sanximus. Horum si quis contrarius transgressor extiterit, anathematis mucrone se a nobis multatum pro certo noveret. — Datum Kal. Decembris per manus Petri S. Apostolicæ Sedis Bibliotecarii, Indict. X.

MARTYROLOGES

QUI DONNENT LE TITRE DE *SAINT* A L'ABBÉ DE
SAINT-BÉNIGNE.

In Martyrologio Benedictino Menardi : Kal Jan. :
« Fiscammi, depositio *Sancti* Guiliemi Abbatis, discipuli
Sancti Maioli. »

Martyrologium Monasterii Norimbergæ : VII Id Junii (1) :
« Divione in Gallia, *Sancti* Guillelmi Abbatis. »

Catalogus generalis Sanctorum ex variis Martyrologiis,
auctore Philippo Ferraro Alexandrino, Ordinis Servorum
B. M. V. Sanctissimo Domino Urbano VIII dicatus, Venetiis
1625 :
« VII Idus Junii.
« Divione in Gallia, *Sancti* Guillelmi Abbatis. »

Martyrologium Gallicanum, auctore Andrea du Saussay,
Lutetiæ Parisiorum, 1637 :
« VII Idus Junii :
« Divione, Ordinatio seu Benedictio *Sancti* Guillelmi Abbatis Monasterii Sancti-Benigni, ferventissimi fulgentissimique
sua ætate religionis sideris. Cujus felix in morte occasus, imo
beatissimus ad vitam immortalem ortus, annua veneratione
colitur Kalendis Januarii. »

---

(1) Le 7 Juin est le jour où l'abbé Guillaume reçut la consécration abbatiale des mains de l'évêque Brunon.

Menologium Benedictinum Sanctorum, Beatorum, atque illustrium hujusdem Ordinis Virorum elogiis illustratum opera et studio R. P. Gabrielis Buccellini Monachi, Theologi Monasterii Weingartensis, Augustæ Vindelicorum, 1656, sic se habet :

VII JUNII

« Divione in Burgundia, depositio *Sancti* Guillelmi Abbatis. Hic ex monacho Cluniaciensi Divionensis cœnobii S. Benigni Abbas, non morum solummodo exquisita probitate, sed et Scripturarum divinarum scientia insigniter effulsit ; neque cœnobium solum illud, adductis eo duodecim lectissimis e cœnobio Cluniacensi Patribus, reformavit, sed et alias Abbatias præstantissimas.... restituit et de Burgundia imprimis æternum meruit, magno Odiloni nonnullis comparatus. De utròque Tritem, : « Floruit, inquit, religio per famosos Abbates, sanctitate præstantes in Burgundia per Odilonem Cluniacensem et Guillelmum Divionensem.

Præfuit vir sanctus multis annis et cœnobium imprimis Divionense, in quo primo adventu octoginta monachos reperit, non tam reditibus, quam viris perfectis locupletavit, adeo ut non immerito illud magno Fulberto *Paradisus* appellaretur, et antiqua ejus gloria a mellifluo Doctore nostro Bernardo (*Epist.* xv,xvi) plurimum celebraretur.

I JANUARII

« Eodem die *Sancti* Guillielmi Abbatis Fiscannensis congregationis Cluniacensis, admirabili vitæ sanctitate celebris, et monastici ordinis strenui Reformatoris, cujus similiter memoria transfertur ad diem 22 Januarii. »

Ex Calendario pro Ecclesia et Diœcesi Eporediensi ab Ill. et RR. Episcop. approbato ad annum 1808, sub die 1ª Jan. legitur :

«... *S.* Guglielmo figlio di Perinza sorella del Re Ardoino Marchese d'Ivrea, Ab. di Digione, e fondatore del Monastero di S. Benigno di Fruttuaria nel 1003. »

EPITAPHE

RAPPORTÉE PAR RAOUL GLABER

—

Pater monachorum,
Fundatorque cœnobiorum,
Eximius Willelmus
Migravit e sæculo ad beatam
Requiem, in Neustriæ
Partibus, in Fiscanensi videlicet
Monasterio
Supra mare oceanum constituto
Quod a Rothomagensi
Urbe milliaribus distat,
Sepultus est, uti tantum
Condecebat virum, in loco optimo
Ejusdem ecclesiæ.

—

TABLE DES MATIÈRES

CHAPITRE VII

Fondation de l'abbaye de Fructuare. — L'abbé Guillaume relève la basilique de Saint-Bénigne

CHAPITRE VIII

Deuxième voyage en Italie (1002). — Consécration de Fructuare (1003)

CHAPITRE IX

L'abbé Guillaume à Fécamp (1003-1005)

CHAPITRE X

Trosième voyage en Italie (1014). — Monastère de Bénédictines à Fructuare

CHAPITRE XI

La basilique et la Rotonde de Saint-Bénigne

CHAPITRE XII

La vie religieuse à Saint-Bénigne sous le Vénérable Guillaume

—◦◇◦—

ERRATA

Introduction, p. x, ligne 4, *lisez :* Aussi pendant que l'épiscopat tombé çà et là en des mains indignes...

Chap. ii, p. 25, ligne 6, *lisez :* et s'il ne put retenir ses larmes en présence de la couche funèbre d'un père si chéri, du
moins il ne pleura pas...

Chap. vii, p. 86, ligne 14, *lisez :* (1770-1776)...

Chap. xiii, p. 172, ligne 10, *lisez :* Ainsi croissait....

Troyes. — BERTRAND-AU, Imprimeur-Libraire de l'Évêché.

www.ingramcontent.com/pod-product-compliance
Lightning Source LLC
LaVergne TN
LVHW050312060726
842525LV00002B/510